前　言

概率论与数理统计是研究随机现象统计规律的一门学科. 作为理工科学生的必修课程之一,它是一门将理论和实际联系在一起的学科,既有很强的理论性,又有很强的实用性. 许多学生在后续的学习阶段仍然会接触到很多和概率统计课程相关的课程,如随机过程、时间序列分析、回归分析等.

概率论与数理统计课程的任务是使学生了解概率与数理统计的基本概念和基本理论,初步掌握处理随机现象的基本思想和方法,培养学生运用概率统计方法分析和解决实际问题的能力,为学生学习后续课程和进一步获得近代科学技术知识奠定必要的数学基础.

本书按照简明、易懂和突出实用性的原则编写. 在编写过程中注重基本概念和基本理论的描述,为加深学生对统计思想的理解、提高学生的实践能力,增加了基础理论在部分相关专业的应用实例. 根据概率统计的广泛应用性,各章节的内容结合学生的工程背景和社会实际问题,编写了许多概率统计在不同领域中的应用案例.

本书是“十三五”移动学习型规划教材中的一本,由叶润萍教授、陆海霞教授任丛书主编. 本书由虞冰、纪燕霞、王莉任主编,参与编写的老师还有费绍金、季海波、余永龙. 本书的编写得到了宿迁学院教务处和文理学院领导的大力支持. 另外,审稿同志对原稿提出了宝贵的改进意见. 在此,我们一并表示衷心感谢.

由于编者水平有限,加之编写时间仓促,本书不足之处在所难免,恳请广大读者给予批评指正.

编　者

目　录

"十三五"移动学习型规划教材

概率论与数理统计

丛书主编　叶润萍　陆海霞
主编　虞　冰　纪燕霞　王　莉

机械工业出版社

本书是工科类概率论与数理统计课程的教材，根据全国高校工科类本科数学基础课程教学基本要求介绍该课程的基本理论与方法．全书共9章，内容有：随机事件与概率、随机变量及其概率分布、二维随机变量及其概率分布、随机变量的数字特征、大数定律与中心极限定理、样本及样本分布、参数估计、假设检验、回归分析方法简介．本书的特点是注重基本概念和基础理论，注意基本概念和基础理论间的内在联系；与社会实际问题联系紧密，实例很多，叙述直观明了．每章配有习题与练习题，适当融入一些研究生入学考试中的试题．

本书可供高等院校工科本科和其他非数学类专业的学生使用，也可供工程技术人员参考．

图书在版编目（CIP）数据

概率论与数理统计/虞冰，纪燕霞，王莉主编．—北京：机械工业出版社，2019.8（2024.8重印）

“十三五”移动学习型规划教材

ISBN 978-7-111-62892-7

Ⅰ．①概…　Ⅱ．①虞…②纪…③王…　Ⅲ．①概率论-高等学校-教材②数理统计-高等学校-教材　Ⅳ．①O21

中国版本图书馆CIP数据核字（2019）第103719号

机械工业出版社（北京市百万庄大街22号　邮政编码100037）

策划编辑：汤　嘉　责任编辑：汤　嘉　任正一

责任校对：潘　蕊　封面设计：张　静

责任印制：单爱军

北京虎彩文化传播有限公司印刷

2024年8月第1版第2次印刷

184mm×260mm·10.75印张·269千字

标准书号：ISBN 978-7-111-62892-7

定价：33.00元

电话服务　　　　　　　　网络服务

客服电话：010-88361066　　机　工　官　网：www.cmpbook.com

010-88379833　　机　工　官　博：weibo.com/cmp1952

010-68326294　　金　书　网：www.golden-book.com

机工教育服务网：www.cmpedu.com

第1章

随机事件与概率

概率论与数理统计是随机数学的两个分支,是研究和揭示随机现象的统计规律性的数学学科,它们在数学与社会生活的各个领域有着广泛的应用.把它引入到管理、金融、政治等社会学科,可为人们的正确决策提供科学依据,对社会生活产生深刻的影响.

随机事件与概率是概率论与数理统计中最基本的概念,本章将介绍随机事件和概率的概念与性质,给出随机事件之间的关系与运算规则,在不同条件下给出随机事件概率的计算公式,并对相互独立的随机事件进行研究.

1.1 随机事件与样本空间

1.1.1 随机试验

概率影响着我们生活中的方方面面,这些影响随处可见,比如确定保险费用、新药物的引进、天气预报等.概率伴随着随机性而产生.法国数学家皮埃尔·西蒙·拉普拉斯(Pierre Simon Laplace)(1749—1827)曾将概率经典地总结为:“概率是由我们的未知和已知组成的.”因此,当我们遇到不确定性时,我们就要使用概率了.

在观察自然界和人类社会中各种事物的变化规律时,我们把对某个感兴趣对象的观察过程称为试验.在试验条件不变的情况下,重复试验或观察,结果总是确定的现象称为**确定性现象**.例如,在标准大气压下,水加热至100℃必然沸腾;长为 a,宽为 b 的矩形面积为 ab.

在一次试验中可能出现不同结果,而在相同条件下大量重复试验中,各个结果呈现某种规律性的现象称为**随机现象**.这种规律性称为**统计规律性**.例如,抛掷一枚均匀的硬币,观察出现正面还是反面;穿过某十字路口的汽车和行人的数量;公交车站排队候车的人数与乘客的候车时间等.

概率论就是研究随机现象的统计规律性的数学学科.

定义 1.1 一个试验若满足下列条件:

(1) 试验可以在相同的条件下重复地进行;

(2) 每次试验的可能结果不止一个,但事先知道每次试验所有可能的结果;

(3) 每次试验前不能确定哪一个结果会出现,则称该试验为**随机试验**,常用字母 E 表示.

例如,抛掷两枚均匀的硬币,观察出现正面还是反面. 我们容易看出这个试验满足定义 1.1 中的三个条件,首先在试验条件不变的前提下试验可以重复进行,其次在试验之前我们并不知道哪一个结果会出现,但是试验的所有可能结果只有(正,正)(正,反)(反,正)(反,反)这四种,其中"正"表示出现正面,"反"表示出现反面. 为了表达的简便,定义 1.1 中的三个条件也可简记为重复性、明确性和随机性.

例 1.1 判断下列试验是否为随机试验,并说明理由.

(1) E_1:抛掷一枚均匀的骰子,观察出现的点数.

(2) E_2:在单位圆内任取一点,记录它的坐标.

(3) E_3:记录某电话交换台单位时间内接到的电话呼叫次数.

(4) E_4:从一批灯泡中任取一只,测试它的使用寿命.

容易看出例 1.1 中的四个试验都满足定义 1.1 中的三个条件,因此它们都是随机试验.

1.1.2 随机事件与样本空间

由定义 1.1 可以知道,虽然我们不能预知每次试验会出现什么结果,但随机试验的所有可能出现的结果应该是已知的. 研究任何一个随机试验,首先要弄清楚该随机试验的所有可能出现的结果. 随机试验的每一个可能的结果称为**基本事件或样本点**,记作 ω. 它是一个最为基本的元素. 如例 1.1 中随机试验 E_1 有 6 个样本点,它们分别是"出现 1 点""出现 2 点"……"出现 6 点"这六个可能的结果;随机试验 E_2 中如果用 (x,y) 表示平面上的点坐标,那么所有满足不等式 $x^2+y^2<1$ 的点坐标 (x,y) 都是样本点,因此随机试验 E_2 有无穷多个样本点.

全体样本点的集合称为**样本空间**,记作 Ω. Ω 可以是有限集,也可以是无限集.

例 1.2 用集合的形式写出下列随机试验的样本空间.

(1) E_1:抛掷一枚均匀的骰子,观察出现的点数.

$\Omega_1=\{i \mid i=1,2,3,4,5,6\}$,其中 i 表示出现的点数是 i.

(2) E_2:在单位圆内任取一点,记录它的坐标.

$$\Omega_2=\{(x,y)\mid x^2+y^2<1\}$$

(3) E_3:记录某电话交换台单位时间内接到的电话呼叫次数.

$\Omega_3=\{x\mid x=0,1,2,\cdots,n,\cdots\}$,其中 x 表示单位时间内接到的电话呼叫次数是 x 次.

(4) E_4:从一批灯泡中任取一只,测试它的使用寿命(单位:h).

$\Omega_4=\{x\mid x\geqslant 0\}$,其中 x 表示灯泡的使用寿命是 xh.

由上面的例题可以看出:样本空间可以是有限集,也可以是无限集,相应地称为**有限样本空间**(如 Ω_1)和**无限样本空间**(如 Ω_2,Ω_3,Ω_4). 无限样本空间的样本点个数又可分为可列多个(如 Ω_3)或不可列无限个(如 Ω_2,Ω_4).

当我们通过随机试验来研究随机现象时,常常不是关心某一个样本点在试验后是否出现,而是关心满足某些条件的样本点在试验后是否出现. 例如,在例 1.2 随机试验 E_4 中,如果当灯泡使用寿命超过5000h需要更换,这时我们关心的是试验结果是否大于 5000h,满足这一条件的样本点组成了样本空间的一个子集. 我们称随机试验的样本空间的子集为**随机事件**. 简称**事件**. 常用大写字母 A,B,C……表示.

在一次试验后,如果随机事件 A 中所包含的某个样本点出现,那么称事件 A 发生. 否则,称事件 A 不发生. 在例 1.2 随机试验 E_1 中,设事件 A 表示“出现奇数点”,只要试验的结果是出现 1 点、3 点、5 点中的某一个,就认为事件 A 发生.

通过前面的介绍,我们发现在概率论中研究的事件常常会以下述一些形式出现. 它可以是仅含一个样本点的随机事件(即基本事件);也可以是由若干个样本点构成的样本空间的子集.

样本空间 Ω 是其自身的一个子集,因而也是一个事件. 由于样本空间 Ω 包含所有的样本点,因此每次试验后,必定有 Ω 中的一个样本点出现,即 Ω 必然发生,称 Ω 为**必然事件**. 而空集 $\varnothing$ 也是 Ω 的一个子集,因而也是一个事件. 由于 $\varnothing$ 不包含任何一个样本点,因此每次试验后,$\varnothing$ 必定不发生,称 $\varnothing$ 为**不可能事件**.

1.2　事件的关系与运算

概率论主要研究随机事件的统计规律. 对于较复杂的事件,我们希望能用若干个简单事件进行表示. 为此,我们需要研究事件之间的关系和运算. 在 1.1 节中,我们已经指出随机事件是样本空间的子集. 因此,事件之间的关系与运算和集合之间的关系与运算是一致的. 我们可以用集合论中相应的符号来表示事件之间的关系. 在学习本节内容时,我们不仅要从集合的角度理解,更要从“事件发生”的角度去理解. 韦恩图也是一种表示事件之间的逻辑关系的有效方法.

1.2.1 事件的关系与运算

1. 包含关系

若事件 A 发生,导致事件 B 必然发生,则称事件 B 包含事件 A. 记作 $B\supset A$ 或 $A\subset B$,如图 1.1 所示.

2. 相等关系

若 $A\supset B$ 且 $B\supset A$,则称事件 A 与 B 相等. 记作 $A=B$.

3. 事件的并(和)

事件 A 与 B 至少有一个发生的事件称为事件 A 与 B 的并(和),记作 $A\cup B$. 即"事件 A 发生或事件 B 发生",如图 1.2 所示.

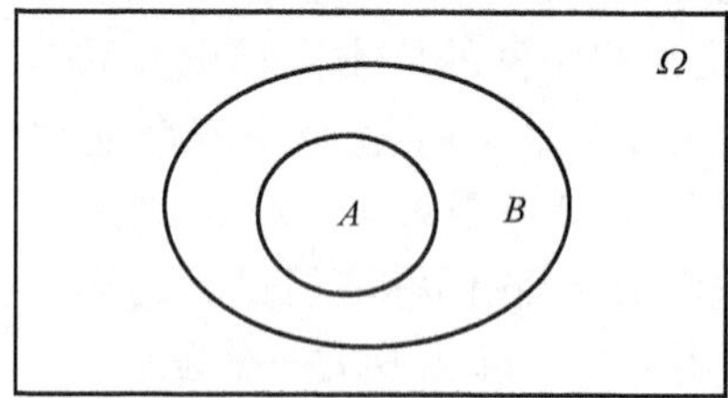

图 1.1 事件的包含关系

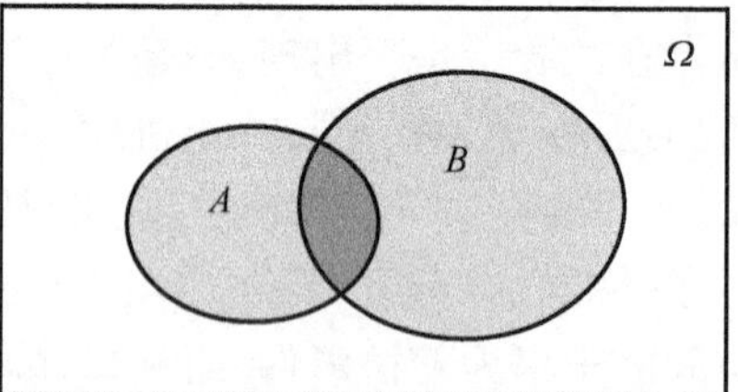

图 1.2 事件 A 与 B 的并(阴影部分)

类似地,可给出 n 个事件的并以及可列多个事件的并的定义.

称事件 $A_1,A_2,\cdots,A_n$ 中至少有一个发生的事件为 n 个事件 A_1, $A_2,\cdots,A_n$ 的并,记作 $A_1\cup A_2\cup\cdots\cup A_n$,可简记为 $\bigcup\limits_{k=1}^{n}A_k$.

称可列多个事件 $A_1,A_2,\cdots,A_n,\cdots$中至少有一个发生的事件为可列多个事件 $A_1,A_2,\cdots,A_n,\cdots$的并,记作 $A_1\cup A_2\cup\cdots\cup A_n\cup\cdots$,简记为 $\bigcup\limits_{k=1}^{\infty}A_k$.

4. 事件的交(积)

称事件 A 与 B 同时发生的事件为事件 A 与 B 的交(积),记作 $A\cap B$ 或 AB,如图 1.3 所示.

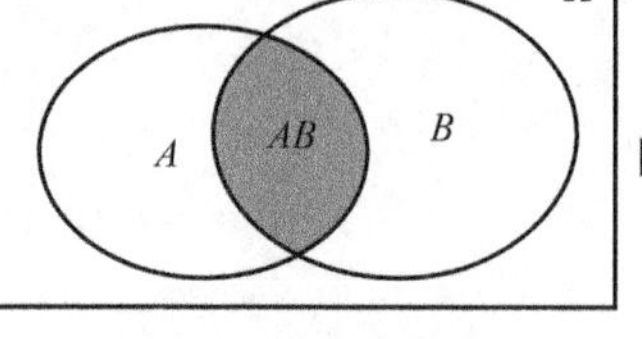

图 1.3 事件 A 与 B 的交(阴影部分)

类似地,可给出 n 个事件的交以及可列多个事件的交的定义.

称事件 $A_1,A_2,\cdots,A_n$ 同时发生的事件为 n 个事件 $A_1,A_2,\cdots,A_n$ 的交,记作 $A_1A_2\cdots A_n$,简记为 $\bigcap\limits_{k=1}^{n}A_k$.

称可列多个事件 $A_1,A_2,\cdots,A_n\cdots$同时发生的事件为可列多个事件 $A_1,A_2,\cdots,A_n,\cdots$的交,记作 $A_1A_2\cdots A_n\cdots$,简记为 $\bigcap\limits_{k=1}^{\infty}A_k$.

5. 互不相容(互斥)

若事件 A 与 B 不可能同时发生,即 $AB=\varnothing$,则称事件 A 与 B 互不相容(或互斥).

由互不相容的定义,我们可以看出,当事件 A 与 B 互不相容时,如果事件 A 发生,那么事件 B 一定不发生;反之亦然,即如果事件 B

发生,那么事件 A 一定不发生,如图 1.4 所示.

若 n 个事件 $A_1,A_2,\cdots,A_n$ 中任意两个事件互不相容,即 $A_iA_j=\varnothing$ $(i\neq j,i,j=1,2,\cdots,n)$,则称事件 $A_1,A_2,\cdots,A_n$ 两两互斥.

6. 事件的差

称事件 A 发生,而事件 B 不发生的事件为事件 A 与 B 的差,记作 $A-B$,如图 1.5 所示.

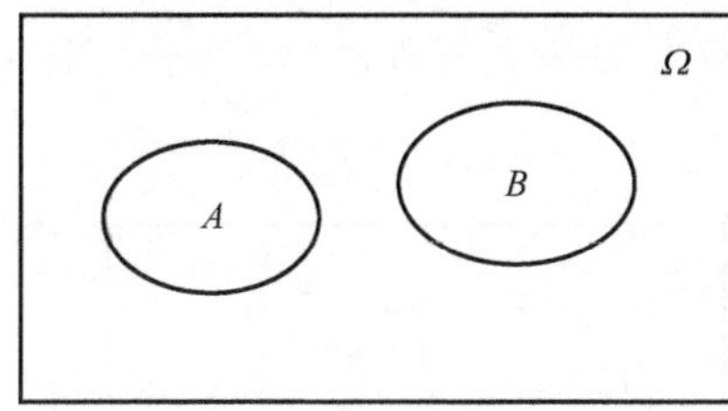

图 1.4　事件 A 与 B 互不相容

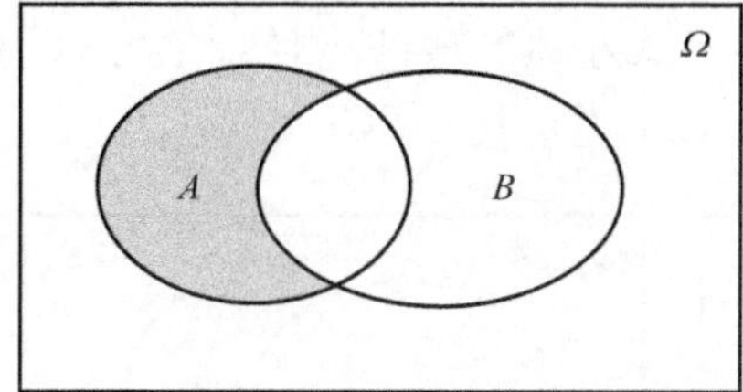

图 1.5　事件 A 与 B 的差(阴影部分)

由韦恩图易知,事件 A 与 B 的差 $A-B$ 表示去掉 A 中 A 与 B 相交的部分,即 $A-B=A-AB$.

7. 对立事件(逆事件)

若事件 A 与 B 满足:$A\cup B=\Omega$ 且 $AB=\varnothing$,则称事件 A 与 B 互为对立事件或互为逆事件. 记作 $B=\bar{A}$. 当然,也有 $A=\bar{B}$.

在理解对立事件的概念时,我们要注意以下几点:

(1) 事件 A 与 B 互为对立事件的充要条件是 $A\cup B=\Omega$ 且 $AB=\varnothing$.

(2) 若事件 A 与 B 互为对立事件,则事件 A 与 B 一定互斥. 但反之不成立(见图 1.4).

这是学生的易错点,在学习时要注意区分互斥和对立事件,正确理解二者的概念和关系.

(3) 由对立事件的定义容易得出,一个事件的对立事件的对立事件是其自身,即 $\bar{\bar{A}}=A$.

(4) 由事件的差的定义可知,事件 $A-B=\{$事件 A 发生,而事件 B 不发生$\}$,这一事件也可等价表示为"事件 A 发生且事件 $\bar{B}$ 发生",即事件 A 与 $\bar{B}$ 同时发生,所以 $A-B=A\bar{B}$.

(5) 由图 1.3 和图 1.5 我们发现,$A=AB\cup A\bar{B}$,显然这里的事件 AB 与 $A\bar{B}$ 互斥. 因此,任意一个随机事件总可以表示成两个互斥事件的并.

1.2.2　事件的运算规则

1. 交换律:$A\cup B=B\cup A,AB=BA$.

2. 结合律:$(A\cup B)\cup C=A\cup(B\cup C),(AB)C=A(BC)$.

3. 分配律:$(A\cup B)C=AC\cup BC,(AB)\cup C=(A\cup C)(B\cup C)$.

4. 德·摩根律(对偶原则):$\overline{A\cup B}=\bar{A}\cap\bar{B},\overline{AB}=\bar{A}-\bar{B}$.

结合律、分配律和德·摩根律还可以推广到任意有限个事件或可列个事件.

德 · 摩根律是事件的并与事件的交互相转换的重要公式，对任意 n 个事件有

$$\overline{\bigcup_{k=1}^{n} A_k} = \bigcap_{k=1}^{n} \overline{A_k}, \overline{\bigcap_{k=1}^{n} A_k} = \bigcup_{k=1}^{n} \overline{A_k}.$$

在证明上述等式时，可以先证明等式左边的事件里任一结果都包含于等式右边的事件，再证明等式右边的事件里任一结果都包含于等式左边的事件. 当然，也可以用韦恩图来进行理解. 比如分配律 $(A\cup B)C = AC\cup BC$（见图 1.6）.

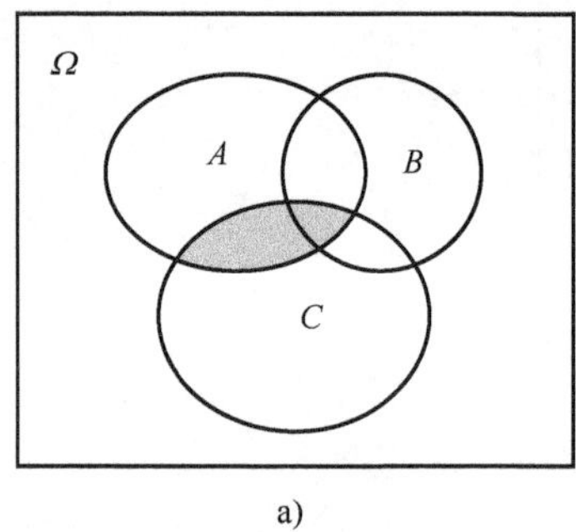

a)

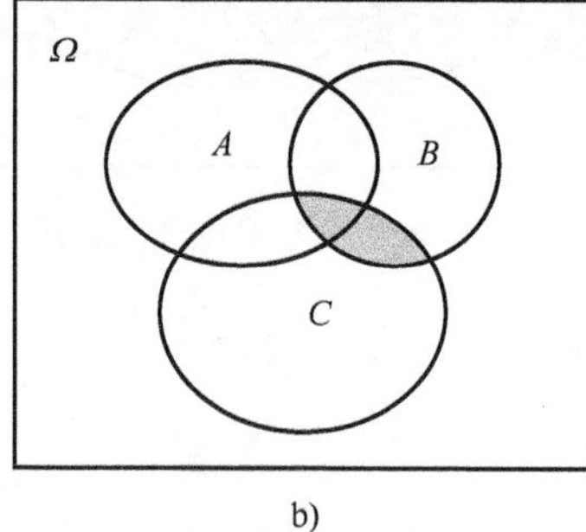

b)

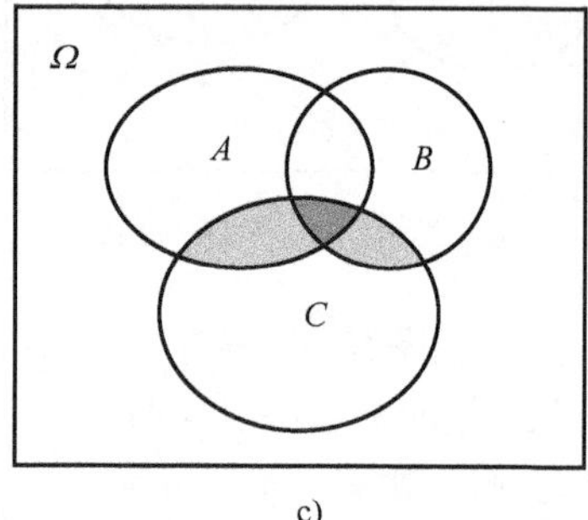

c)

图 1.6 分配律 $(A\cup B)C = AC\cup BC$

a）AC（阴影部分） b）BC（阴影部分） c）$AC\cup BC$（阴影部分）

例 1.3 设 A,B,C 是随机事件，试用 A,B,C 表示下列事件.

（1）A 与 B 发生，C 不发生； （2）A,B,C 中恰有一个发生；

（3）A,B,C 中至少有一个发生；（4）A,B,C 中恰有两个发生；

（5）A,B,C 中至少有两个发生；（6）A,B,C 中有不多于一个事件发生.

解 （1）“A 与 B 发生，C 不发生”等价于“A、B、$\bar{C}$ 三个事件同时发生”，故可表示为 $AB\bar{C}$.

（2）“A,B,C 中恰有一个发生”有三种情况：三个事件中只有 A 发生（即 $A\bar{B}\bar{C}$）；只有 B 发生（即 $\bar{A}B\bar{C}$）；只有 C 发生（即 $\bar{A}\bar{B}C$）. 而这三种情况只要至少有一种发生即可，故可表示为 $A\bar{B}\bar{C}\cup\bar{A}B\bar{C}\cup\bar{A}\bar{B}C$.

（3）由有限多个事件的并定义可知“A,B,C 中至少有一个发生”可表示为 $A\cup B\cup C$.

（4）与（2）的思路类似，“A,B,C 中恰有两个发生”可表示为 $AB\bar{C}\cup A\bar{B}C\cup\bar{A}BC$.

（5）“A,B,C 中至少有两个发生”包括两种情况. 一种是“A,B,C 中恰有两个发生”，另一种是“A,B,C 都发生”，即 $AB\bar{C}\cup A\bar{B}C\cup\bar{A}BC\cup ABC$.

另一种理解是“A,B,C 中至少有两个发生”有三种情况：三个事件中 A,B 发生，C 是否发生未知（即 AB）；同理，三个事件中 B,C 发

生(即 BC);三个事件中 A,C 发生(即 AC).而这三种情况只要至少有一种发生即可,故可表示为 $AB\cup BC\cup AC$.

显然,这里 $AB\bar{C}\cup A\bar{B}C\cup\bar{A}BC\cup ABC$ 与 $AB\cup BC\cup AC$ 表示的都是事件"A,B,C 中至少有两个发生".我们也可利用分配律证明两者是相等的.

(6) 仿照前面的处理方法,"A,B,C 中有不多于一个事件发生"可表示为 $A\bar{B}\bar{C}\cup\bar{A}B\bar{C}\cup\bar{A}\bar{B}C\cup\bar{A}\bar{B}\bar{C}$;或者等价于"$A,B,C$ 中至少有两个事件不发生",表示为 $\bar{A}\bar{B}\cup\bar{B}\bar{C}\cup\bar{A}\bar{C}$.

另外,我们发现第(5)和(6)中的两个事件互为对立事件,因此也可表示为 $\overline{AB\cup BC\cup AC}$.

思考题:

1. 设 $A=\{$甲产品畅销,乙产品滞销$\}$,则 $\bar{A}$ 表示什么事件?

答:$\bar{A}$ 表示"甲产品滞销或乙产品畅销".

2. 设 A,B 是随机事件,则 $(\bar{A}\cup B)(A\cup B)(\bar{A}\cup\bar{B})(A\cup\bar{B})=?$

答:不可能事件 $\varnothing$.

1.3 概率的公理化定义

"概率"这一数学术语对于我们来说并不陌生,在进行天气预报时就有"明天降水概率 20%".因此,事件的概率就是描述事件发生的可能性大小的数量指标.如何定量刻画事件发生的可能性大小是概率论的核心内容.

人们经过长期的实践发现,虽然个别随机事件在一次试验或观察中可以出现也可以不出现,但在大量试验中会呈现出明显的规律性——**频率稳定性**.

1.3.1 频率

1. 频率的定义

定义 1.2 若事件 A 在 n 次重复试验中出现 n_A 次,则称 $f_n(A)=\frac{n_A}{n}$ 为事件 A 在 n 次试验中出现的**频率**,其中 n_A 称为事件 A 在 n 次试验中出现的**频数**.

2. 频率的性质

由频率的定义,我们容易得出一些频率的性质.

(1) $0\leqslant f_n(A)\leqslant 1$;

(2) $f_n(\Omega)=1, f_n(\varnothing)=0$;

(3) $f_n(A\cup B)=f_n(A)+f_n(B)-f_n(AB)$;

(4) 若 $AB=\varnothing$(互斥),则 $f_n(A\cup B)=f_n(A)+f_n(B)$;

(5) $f_n(A)=1-f_n(\bar{A})$;

(6) 若$A\subset B$,则$f_n(A)\leqslant f_n(B)$.

3. 频率稳定性

表1.1 引例历史上抛掷硬币试验

试验者	抛掷次数	出现正面的次数	出现正面的频率
德·摩根	2048	1061	0.5180
蒲丰	4040	2048	0.5069
皮尔逊	12000	6019	0.5016
	24000	12012	0.5005
维尼	30000	14994	0.4998

由表1.1中的试验数据可以发现:随着试验次数的增大,出现正面的次数约占总试验次数的一半.

大量试验证实,当重复试验的次数n逐渐增大时,频率$f_n(A)$呈现出稳定性,逐渐稳定于某个常数.这就是随机事件的**频率稳定性**(也称统计规律性).重复多次进行试验,计算频率$f_n(A)$,用它来表征事件A发生可能性的大小是合适的.

1.3.2 概率的统计定义

定义1.3 在进行大量重复试验中,随机事件A发生的频率具有稳定性,即当试验次数n很大时,频率$f_n(A)$在一个稳定值$p(0\leqslant p\leqslant 1)$附近摆动,规定事件$A$发生的频率的稳定值$p$为概率,即$P(A)=p$.

概率可以通过频率来“测量”(这一点将在本书5.2大数定律一节中进一步说明),但概率的统计定义在使用时有不便之处.首先,在实际中我们不可能对每一个事件都做大量的试验;其次,无论做多少次试验也无法让我们得到那个事先并不知道的“确定数值”概率.

尽管频率没有解决问题,但我们从频率的稳定性和频率的性质得到了启发,明白了刻画随机事件发生的可能性大小的指标应满足的条件.

1.3.3 概率的公理化定义及其性质

1. 概率的公理化定义

定义1.4 设随机试验的样本空间为Ω,若对Ω中任一事件A,有且仅有一个实数$P(A)$与之对应,满足如下公理:

公理1)(非负性) $0\leqslant P(A)\leqslant 1$;

公理2)(规范性) $P(\Omega)=1$;

公理3)(可列可加性) 当事件$A_1,A_2,\cdots,A_n,\cdots$两两互斥时,有$P\left(\bigcup\limits_{i=1}^{\infty}A_i\right)=\sum\limits_{i=1}^{\infty}P(A_i)$,则称$P(A)$为随机事件$A$的**概率**.

说明 概率的公理化定义没有给出具体计算概率 $P(A)$ 的方法，但是它给出了衡量一个指标是否有资格作为概率的评价标准.

2. 概率的性质

由概率的三条公理可导出下面概率的一些重要性质.

(1) $0 \leqslant P(A) \leqslant 1$;

(2) $P(\Omega)=1, P(\varnothing)=0$;

(3)(**有限可加性**)若事件 $A_1, A_2, \cdots, A_n$ 两两互斥，则有 $P\left(\bigcup_{i=1}^{n} A_i\right)=\sum_{i=1}^{n} P(A_i)$;

特别地，若事件 A, B 互斥，则有 $P(A \cup B)=P(A)+P(B)$;

(4)(**加法公式**)对于任意两个事件 A, B, $P(A \cup B)=P(A)+P(B)-P(AB)$;

(5) $P(\bar{A})=1-P(A)$;

(6)(**减法公式**)对于任意两个事件 A, B，有 $P(A-B)=P(A)-P(AB)$. 特别地，若 $B \subset A$，则有 $P(B) \leqslant P(A)$ 且 $P(A-B)=P(A)-P(B)$.

证明 (1) $0 \leqslant P(A) \leqslant 1, P(\Omega)=1$ 已由公理1)和公理2)给出，此处不再说明.

(2) 由公理3)可知，若令 $A_i=\varnothing, i=1,2,\cdots,n,\cdots$，则有

$$P(\varnothing)=P\left(\bigcup_{i=1}^{\infty} A_i\right)=\sum_{i=1}^{\infty} P(A_i)=\sum_{i=1}^{\infty} P(\varnothing),$$

由公理1)非负性知 $P(\varnothing) \geqslant 0$，故由上式得 $P(\varnothing)=0$.

(3) 在公理3)中，令 $A_{n+1}=A_{n+2}=A_{n+3}=\cdots=\varnothing$，则有

$$\begin{aligned}
P\left(\bigcup_{i=1}^{n} A_i\right) &= P\left(\bigcup_{i=1}^{\infty} A_i\right)=\sum_{i=1}^{\infty} P(A_i) \\
&= \sum_{i=1}^{n} P(A_i)+P(\varnothing)+\cdots+P(\varnothing) \\
&= \sum_{i=1}^{n} P(A_i).
\end{aligned}$$

(4) 根据事件的关系与运算可知，对任意事件 A, B 有 $A \cup B=A\bar{B} \cup B$，其中 $A\bar{B}$ 与 B 互斥. 于是由性质(3)得 $P(A \cup B)=P(A\bar{B})+P(B)$.

又 $A=A\bar{B} \cup AB$，其中 $A\bar{B}$ 与 AB 互斥. 于是由性质(3)又得 $P(A)=P(A\bar{B})+P(AB)$，即 $P(A\bar{B})=P(A)-P(AB)$.(性质(6)减法公式得证)

故 $P(A \cup B)=P(A)+P(B)-P(AB)$.

(5) 由于 A 与 $\bar{A}$ 互为对立事件，根据性质(3)易知，$1=P(\Omega)=P(A \cup \bar{A})=P(A)+P(\bar{A})$，于是有 $P(\bar{A})=1-P(A)$.

(6) 减法公式已在性质(4)中证明，若 $B \subset A$，显然有 $AB=B$，故

$P(A-B)=P(A)-P(B)$成立. 又因为$P(A-B)\geqslant 0$,故有$P(B)\leqslant P(A)$.

上面我们给出了概率的一些性质,在已知一些事件概率来计算较复杂事件的概率时,其中的一些公式会起到非常重要的作用. 其中加法公式也可推广至n个事件的情形,对任意n个事件$A_1,A_2,\cdots,A_n$,有

$$P\left(\bigcup_{i=1}^{n}A_i\right)=\sum_{i=1}^{n}P(A_i)-\sum_{1\leqslant i<j\leqslant n}P(A_iA_j)+\sum_{1\leqslant i<j<k\leqslant n}P(A_iA_jA_k)+\cdots+(-1)^{n-1}P(A_1A_2\cdots A_n).$$

例 1.4 设A,B互斥,$P(A)=0.4$,$P(A\cup B)=0.7$,求$P(B)$.

解 由于$AB=\varnothing$,则$P(A\cup B)=P(A)+P(B)$,所以

$$P(B)=P(A\cup B)-P(A)=0.7-0.4=0.3.$$

例 1.5 设$P(A)=0.4$,$P(B)=0.25$,$P(A-B)=0.25$,求(1)$P(AB)$;(2)$P(A\cup B)$;(3)$P(B-A)$;(4)$P(\bar{A}\bar{B})$.

解 (1)由$P(A-B)=P(A)-P(AB)$可得

$$P(AB)=P(A)-P(A-B)=0.4-0.25=0.15;$$

(2)$P(A\cup B)=P(A)+P(B)-P(AB)=0.4+0.25-0.15=0.5$;

说明 根据加法公式$P(A\cup B)=P(A)+P(B)-P(AB)$和减法公式$P(A-B)=P(A)-P(AB)$易得出

$$\begin{aligned}P(A\cup B)&=P(A)+P(B)-P(AB)\\&=P(B)+P(A-B)\\&=P(A)+P(B-A).\end{aligned}$$

在第(2)问中,由题设条件注意到,也可以用公式$P(A\cup B)=P(B)+P(A-B)$来计算$P(A\cup B)$,而不必事先算出$P(AB)$.

(3)**方法 1** $P(B-A)=P(B)-P(AB)=0.25-0.15=0.1$;

方法 2 由$P(A\cup B)=P(A)+P(B-A)$可得

$$P(B-A)=P(A\cup B)-P(A)=0.5-0.4=0.1;$$

(4)利用对立事件$P(\bar{A}\bar{B})=1-P(A\cup B)=1-0.5=0.5$.

例 1.6 设事件A与B同时发生必导致事件C发生,则(   ).

A. $P(C)=P(AB)$;　　B. $P(C)\geqslant P(A)+P(B)-1$;

C. $P(C)=P(A\cup B)$;　　D. $P(C)\leqslant P(A)+P(B)-1$.

分析 由题意知,$AB\subset C$,于是有

$$\begin{aligned}P(C)&\geqslant P(AB)\\&=P(A)+P(B)-P(A\cup B)\\&\geqslant P(A)+P(B)-1\ (\text{因为}0\leqslant P(A\cup B)\leqslant 1)\end{aligned}$$

故选择 B.

思考题:

1. 设事件A,B,C有$P(A)=P(B)=P(C)=\frac{1}{4}$,$P(AB)=$

$P(BC)=0, P(AC)=\frac{1}{8}$，求事件 A,B,C 都不出现的概率.

提示 (1) 由对立事件有 $P(\bar{A}\bar{B}\bar{C})=1-P(A\cup B\cup C)$;

(2) $P(A\cup B\cup C)=P(A)+P(B)+P(C)-P(AB)-P(BC)-P(AC)+P(ABC)$;

(3) $ABC\subset AB$.

2. 若 A,B 是任意两个随机事件，则(　　)(2015 年数学一考研真题).

A. $P(AB)\leqslant P(A)P(B)$;

B. $P(AB)\geqslant P(A)P(B)$;

C. $P(AB)\leqslant \frac{1}{2}[P(A)+P(B)]$;

D. $P(AB)\geqslant \frac{1}{2}[P(A)+P(B)]$.

答案：C.

1.4 古典概型与几何概型

下面讨论在概率论发展初期就开始研究的一类概率问题(即古典概型)的概率计算. 它适用于有限的离散概率空间，并且每个样本点都等可能出现.

1.4.1 古典概型

定义 1.5 若一个试验具有如下特征：

(1) 样本空间的元素(即样本点)只有有限多个；

(2) 每个样本点发生是等可能的，

则称此试验为**古典概型**.

设古典概型 E 的样本空间中只有 n 个样本点，即 $\Omega=\{\omega_1, \omega_2, \cdots, \omega_n\}$. 因为每个样本点发生是等可能的，且样本点总是两两互斥的，于是由公理 2) 和公理 3) 显然有

$$P(\{\omega_1\})=P(\{\omega_2\})=\cdots=P(\{\omega_n\})=\frac{1}{n}.$$

由此，我们可以得到古典概型中任一事件 A 的概率计算公式

$$P(A)=\frac{\text{事件 } A \text{ 中所含样本点数}}{\text{样本空间 } \Omega \text{ 中的样本点总数}}.$$

用上面的公式计算古典概型中事件的概率时，关键是计算样本空间中的样本点总数和事件中所含的样本点数目.

如何计算样本空间 Ω 和事件 A 中的样本点数？

1) 用样本点的集合形式写出样本空间 Ω 和事件 A，直接数集合中元素的个数，即为相应的样本点数.

2）利用加法原理、乘法原理、排列组合（见附录）等方法来计算样本空间 Ω 和事件 A 中的样本点数.

例 1.7 将一枚均匀的硬币连续抛掷两次，计算事件“只出现一次正面”以及“至少出现一次正面”的概率.

分析 记 $A=\{$只出现一次正面$\}$，$B=\{$至少出现一次正面$\}$，则用集合形式表示样本空间 Ω 和事件 A,B 为

$$\Omega=\{(\text{正},\text{正}),(\text{正},\text{反}),(\text{反},\text{正}),(\text{反},\text{反})\},$$
$$A=\{(\text{正},\text{反}),(\text{反},\text{正})\},$$
$$B=\{(\text{正},\text{正}),(\text{正},\text{反}),(\text{反},\text{正})\}.$$

解 记 $A=\{$只出现一次正面$\}$，$B=\{$至少出现一次正面$\}$，则

$$P(A)=\frac{2}{4}=\frac{1}{2},P(B)=\frac{3}{4}.$$

例 1.8 设有 50 张考签，编号分别为 1,2,…,50，则

（1）任抽一张，求抽到前 10 号考签的概率；

（2）任抽两张，求抽到的两张都是前 10 号考签的概率；

（3）无放回地抽两次，每次一张，求抽到的两张都是前 10 号的概率；

（4）无放回地抽 10 次，每次一张，求最后一次抽到双号考签的概率.

解 记 $A=\{$抽到一张前 10 号考签$\}$，$B=\{$抽到的两张都是前 10 号$\}$，$C=\{$最后一次抽到双号考签$\}$，则

（1）$P(A)=\dfrac{C_{10}^{1}}{C_{50}^{1}}=\dfrac{1}{5}$；（2）$P(B)=\dfrac{C_{10}^{2}}{C_{50}^{2}}=\dfrac{9}{245}$；

（3）$P(B)=\dfrac{A_{10}^{2}}{A_{50}^{2}}=\dfrac{9}{245}$；（4）$P(C)=\dfrac{25A_{49}^{9}}{A_{50}^{10}}=\dfrac{1}{2}$.

这里的随机试验虽然都是抽取考签的问题，但因为抽取方式的不同和关心的结果不同，它们的样本空间是不一样的. 我们要正确地找出每次试验的样本空间，确定样本空间所含的样本点总数.

注意到，第（2）和（3）两问中求解的都是事件$\{$抽到的两张都是前10 号$\}$的概率，计算结果相同. 但由于抽取方式不一样，一个是“任抽两张”（无次序），一个是“无放回地抽两次，每次一张”（有次序），所以计算式并不相同. 因此，在计算古典概率时，要注意选取的方式有无次序，是否可重复选取.

例 1.9 把 10 本书随意放在书架上，求其中指定的 5 本书放在一起的概率.

提示 在计算事件 A 中的样本点数时，可先将指定的 5 本书捆绑在一起看作一个整体，将其与余下的 5 本书做排列，然后再将指定的 5 本书做排列.

解　记 $A=\{$指定的5本书放在一起$\}$,则 $P(A)=\dfrac{6!\ 5!}{10!}=\dfrac{1}{42}$.

例1.10　从5双不同的手套中任取4只,这4只手套中至少有两只手套配成一双的概率是多少?

分析　**方法1**:"4只手套中至少有两只手套配成一双",可理解为"4只中恰有2只配成一双"或"4只配成两双"这两个事件至少有一个发生.

方法2:利用对立事件概率的关系."4只手套中至少有两只手套配成一双"的对立事件为"4只手套都配不成双".

方法3:"4只手套中至少有两只手套配成一双"也可以这样构成:先从5双中任取一双,其余的2只从余下的8只中取,但要减去可能配成两双的重复事件数.

解　记 $A=\{4$只手套中至少有两只手套配成一双$\}$,则

方法1:$P(A)=\dfrac{C_5^1C_4^2C_2^1C_2^1+C_5^2}{C_{10}^4}=\dfrac{13}{21}$.

方法2:$P(A)=1-P(\bar{A})=1-\dfrac{C_5^2C_2^1C_2^1C_2^1C_2^1}{C_{10}^4}=\dfrac{13}{21}$.

方法3:$P(A)=\dfrac{C_5^1C_8^2-C_5^2}{C_{10}^4}=\dfrac{13}{21}$.

思考题:

任意将10本书放在书架上,其中有两套书,一套3本,另一套4本,求下列事件的概率:(1) 3本一套放在一起;(2) 两套各自放在一起;(3) 两套中至少有一套放在一起.

提示　仿照例1.9.

1.4.2　几何概型

古典概型需假定试验结果是有限个,这限制了它的适用范围.如果样本空间 Ω 有无数多个样本点,且 Ω 构成了一个 n 维空间中的区域,而在某种意义上每个样本点发生是等可能的,称这种试验模型为几何概型.

先看一个假想的引例.假如明天清早,天上会向学校礼堂前的草地上掉一个馅饼,让你去接,你一定会找一个最大的饭盆去接,因为饭盆的面积大,准确地说是饭盆的面积与这块草地面积之比大,接到这个馅饼的概率也就大.至于在草地的什么地方去接,那到没有关系,因为从天上掉向草地的任何一个"面积元"上,都是等可能的.这就是几何概型问题.

定义1.6　如果样本空间 Ω 构成 n 维空间中一个度量有限的

区域 Ω,事件 $A\subset\Omega$ 构成了区域 Ω 中的一个子区域 S_A,则称 $P(A)=\dfrac{S_A\text{的测度}}{\Omega\text{的测度}}$为事件 A 的几何概率.

其中,当 $n=1$ 时,Ω,S_A为直线上的区间,其测度为对应区间的长度;当 $n=2$ 时,Ω,S_A为平面上的区域,其测度为对应区域的面积;当 $n=3$ 时,Ω,S_A为三维空间中的区域,其测度为对应区域的体积.

几何概型中的“等可能性”是指在区域 Ω 中随机选取的点落入子区域 S_A的概率与 S_A的测度成正比,而与 S_A的位置、形状无关. 计算几何概率时,关键是找出事件 A 所对应的子区域 S_A.

例 1.11　(**会面问题**)甲乙二人约定在 6h 到 7h 之间在某处会面,并约定先到者应等候另一个人 15min,过时即可离去,计算两人能会面的概率.

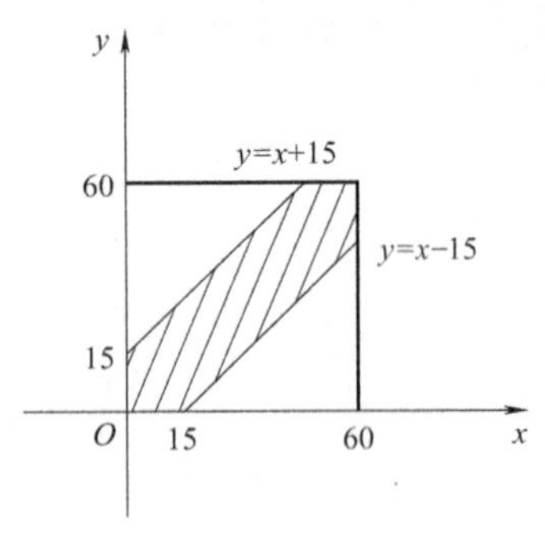

图　1.7

解　以 x,y 分别表示甲乙到达约会地点的时间,则两人能会面的充要条件是 $|x-y|\leqslant 15$.

设 $A=\{$两人能会面$\}$,则如图 1.7 所示.

$\Omega=\{(x,y)\mid 0\leqslant x\leqslant 60,0\leqslant y\leqslant 60\}$,

$S_A=\{(x,y)\mid |x-y|\leqslant 15\}$,

所以

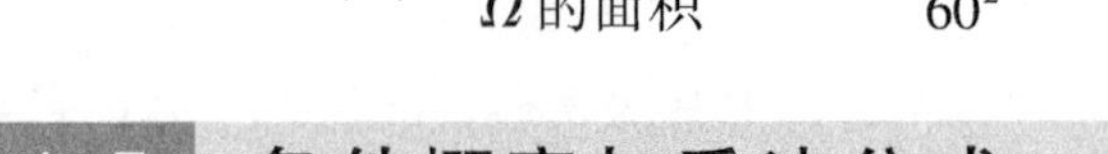

$$P(A)=\frac{S_A\text{的面积}}{\Omega\text{的面积}}=\frac{60^2-2\times\dfrac{1}{2}\times 45^2}{60^2}=\frac{7}{16}.$$

1.5　条件概率与乘法公式

在实际问题中常常需要考虑在固定试验条件下,外加某些条件时随机事件发生的概率. 例如,在信号传输中,往往关心的是接收到某个信号的条件下,发出的也是该信号的概率有多大? 在人寿保险中,关心的是人群中已知活到某个年龄的条件下,在未来一年内死亡的概率等等.

1.5.1　条件概率

定义 1.7　设 A,B 是两个随机事件,若 $P(A)>0$,则称已知事件 A 发生的条件下事件 B 发生的概率为事件 B 的**条件概率**,记作 $P(B\mid A)$.

例 1.12　连续两次抛掷均匀的骰子,已知两次掷出的点数之和为 9,第一次掷出 6 点的概率是多少?

分析　记 $A=\{$两次掷出的点数之和为 9$\}$,$B=\{$第一次掷出 6 点$\}$,例 1.12 要计算的是条件概率 $P(B\mid A)$. 由题设的条件可知,当

已知事件 A 发生后，随机试验的样本空间发生了改变，这相当于试验的条件已经改变. 在新的试验条件下，事件 $A=\{(2,7),(3,6),(4,5),(5,4),(6,3),(7,2)\}$（含 6 个样本点）成为新的样本空间，其中的样本点是等可能发生的. 已知事件 A 发生后，事件 B 发生等价于事件 $AB=\{(6,3)\}$（含 1 个样本点）发生. 于是由古典概率的计算公式有 $P(B|A)=\frac{1}{6}$.

问：(1) 如何计算条件概率？

在已知事件 A 发生的条件下，样本空间发生了改变，此时求事件 B 的条件概率，只要考虑在新的样本空间 Ω_A 中事件 B 所含的样本点个数. 因此，条件概率 $P(B|A)$ 是事件 A 发生的条件下，缩减的样本空间 Ω_A 中事件 B 的概率.

(2) 条件概率与交（积）事件概率是一样的吗？

一般地，$P(B|A)\neq P(AB)$.

1) 从样本空间讲，计算交事件概率 $P(AB)$ 的样本空间为 Ω；计算条件概率 $P(B|A)$ 的样本空间为 Ω_A.

2) 凡涉及事件 A,B 同时发生的用 $P(AB)$；凡有“先后”关系的用 $P(B|A)$.

例如，在例 1.12 中由古典概率计算公式有 $P(AB)=\frac{1}{6\times 6}=\frac{1}{36}$，而 $P(B|A)=\frac{1}{6}$，从而 $P(B|A)\neq P(AB)$.

从例 1.12 的分析中，我们发现

$$P(B|A)=\frac{AB\text{ 中所含样本点数}}{A\text{ 中所含样本点数}}=\frac{AB\text{ 中所含样本点数}/\Omega\text{ 中样本点总数}}{A\text{ 中所含样本点数}/\Omega\text{ 中样本点总数}}=\frac{P(AB)}{P(A)}.$$

于是得到条件概率的计算公式

$$P(B|A)=\frac{P(AB)}{P(A)},\text{其中},P(A)>0.$$

类似地，$P(A|B)=\frac{P(AB)}{P(B)}$，其中 $P(B)>0$.

注　(1) 一般地，$P(B|A)\neq P(AB)$ 且 $P(B|A)\neq P(B)$；

(2) 容易验证，条件概率满足概率定义中的三条公理，所以 $P(\bar{B}|A)=1-P(B|A)$.

例 1.13　一个家庭中有两个小孩，已知其中一个是女孩，求另一个是女孩的概率.（假设生男生女是等可能的）

解　有两个小孩的家庭其样本空间 $\Omega=\{$(男,女),(女,男),(男,男),(女,女)$\}$，设 $A=\{$两个孩子中有一个是女孩$\}$，$B=\{$另一

个是女孩},则

$$P(B|A)=\frac{P(AB)}{P(A)}=\frac{\frac{1}{4}}{\frac{3}{4}}=\frac{1}{3}.$$

当然,例 1.13 也可这样求解,已知事件 A 发生后,样本空间缩减为 $\Omega_A=\{(男,女),(女,男),(女,女)\}$,其中的 3 个样本点是等可能发生的.此时事件 B 发生只有(女,女)这一可能,故由古典概率有 $P(B|A)=\frac{1}{3}$.

在求解例 1.13 时,可能有些同学会给出这样的解法.样本空间 $\Omega=\{$两个都是男孩,两个都是女孩,一个男孩一个女孩$\}$,当事件 A 发生后,样本空间缩减为 $\Omega_A=\{$两个都是女孩,一个男孩一个女孩$\}$,故有 $P(B|A)=\frac{1}{2}$.这个结果是错误的,错误的原因在于所选择的样本空间包含的三个结果并不是等可能出现的.

例 1.14 市场上灯泡 70% 产自甲厂,30% 产自乙厂,甲乙两厂的产品合格率分别为 95%、80%,从市场上的灯泡中随机抽取一个,记 $A=\{$抽到甲厂生产的灯泡$\}$,$B=\{$抽到合格的灯泡$\}$,求 $P(B|A)$,$P(\bar{B}|A)$,$P(B|\bar{A})$,$P(\bar{B}|\bar{A})$,$P(AB)$.

解 由题设可知 $P(B|A)=0.95$,$P(B|\bar{A})=0.8$,于是有

$P(\bar{B}|A)=1-P(B|A)=0.05$,$P(\bar{B}|\bar{A})=1-P(B|\bar{A})=0.2$,

而由条件概率计算公式 $P(B|A)=\frac{P(AB)}{P(A)}$可得,

$$P(AB)=P(A)P(B|A)=0.7\times0.95=0.665.$$

条件概率是在给定部分信息的基础上对试验结果一种推断.当部分信息可利用时,条件概率就会发挥它的作用.即使在没有这部分信息时,条件概率也可以使概率的计算变得容易可行.

1.5.2 乘法公式

由条件概率的公式可得

$$P(AB)=P(A)P(B|A),其中,P(A)>0,$$
$$P(AB)=P(B)P(A|B),其中,P(B)>0,$$

称上述的两个公式为**乘法公式**.

类似地,当 $P(A_1A_2A_3)>0$ 时,有

$$P(A_1A_2A_3)=P(A_1)P(A_2|A_1)P(A_3|A_1A_2).$$

乘法公式可以推广到有限多个事件的情形:

设 n 个事件 $A_1,A_2,\cdots,A_n$,且对任意的 $n>1$,$P(A_1A_2\cdots A_n)>0$,则有

$$P(A_1A_2\cdots A_n)=P(A_1)P(A_2|A_1)\cdots P(A_n|A_1A_2\cdots A_{n-1}).$$

例 1.15　设 20 件产品中有 5 件次品 15 件正品，每次任取一件，不放回地取三次，以 A_i 表示“第 i 次取到次品”$(i=1,2,3)$，求：(1) 第三次才取到次品的概率；(2) 第三次取到次品的概率；(3) 在第一、二次都取到正品的条件下，第三次取到次品的概率.

解　(1) **方法 1**：由乘法公式有

$$\begin{aligned}P(\bar{A}_1\bar{A}_2A_3)&=P(\bar{A}_1)P(\bar{A}_2|\bar{A}_1)P(A_3|\bar{A}_1\bar{A}_2)\\&=\frac{15}{20}\times\frac{14}{19}\times\frac{5}{18}=0.1535;\end{aligned}$$

方法 2：利用古典概率公式

$$P(\bar{A}_1\bar{A}_2A_3)=\frac{\mathrm{A}_{15}^2\mathrm{A}_5^1}{\mathrm{A}_{20}^3}=0.1535;$$

(2) $P(A_3)=\dfrac{\mathrm{A}_5^1\mathrm{A}_{19}^2}{\mathrm{A}_{20}^3}=0.25$；

(3) $P(A_3|\bar{A}_1\bar{A}_2)=\dfrac{5}{18}$.

例 1.16　已知 $P(A)=0.6, P(B)=0.8, P(\bar{A}|B)=0.35$，求 $P(\bar{B}-A), P(A|\bar{B})$.

解　
$$\begin{aligned}P(\bar{B}-A)&=P(\bar{B}\bar{A})=1-P(A\cup B)\\&=1-P(A)-P(B)+P(AB)\\&=1-P(A)-P(B)+P(B)P(A|B)\\&=0.4-0.8\times0.35=0.12;\end{aligned}$$

$$\begin{aligned}P(A|\bar{B})&=\frac{P(A\bar{B})}{P(\bar{B})}=\frac{P(A)-P(AB)}{P(\bar{B})}=\frac{P(A)-P(AB)}{0.2}\\&=\frac{P(A)-P(B)P(A|B)}{0.2}=0.4.\end{aligned}$$

思考题：

(抽奖问题) 设某超市进行有奖销售，投放 n 张奖券只有 1 张有奖，每位顾客可抽一张，问：先抽奖的顾客中奖概率是否大于后抽奖的顾客？请说明理由.

解　记 $A_k=\{\text{第 } k \text{ 位顾客中奖}\}, k=1,2,\cdots,n$，则

$$\begin{aligned}P(\bar{A}_1\bar{A}_2\cdots\bar{A}_{k-1}A_k)&=P(\bar{A}_1)P(\bar{A}_2|\bar{A}_1)\cdots P(\bar{A}_{k-1}|\bar{A}_1\bar{A}_2\cdots\bar{A}_{k-2})\\&\quad P(A_k|\bar{A}_1\bar{A}_2\cdots\bar{A}_{k-1})\\&=\frac{n-1}{n}\times\frac{n-2}{n-1}\times\cdots\times\frac{n-k+1}{n-k+2}\times\frac{1}{n-k+1}=\frac{1}{n}.\end{aligned}$$

结果表明中奖者与抽奖先后次序无关，即抽奖（抓阄）对每位参与者来说是公平的.

1.6 全概率公式与贝叶斯公式

1.6.1 全概率公式

例 1.17 设有甲、乙两个盒子，甲盒中有 3 个黑球 2 个白球，乙盒中有 2 个黑球 4 个白球，先从甲盒中任取一球放入乙盒，再从乙盒中任取一球，求从乙盒中取出的是白球的概率.

分析 记 $A=\{$从甲盒中取出的是白球$\}$，$B=\{$从乙盒中取出的是白球$\}$，这里要计算的是 $P(B)$.

而 $B=AB\cup\bar{A}B$，显然 AB 与 $\bar{A}B$ 互斥.

于是
$$P(B)=P(AB)+P(\bar{A}B)=P(A)P(B\mid A)+P(\bar{A})P(B\mid\bar{A})$$
$$=\frac{2}{5}\times\frac{5}{7}+\frac{3}{5}\times\frac{4}{7}=\frac{22}{35}.$$

在上面的求解过程中，事件 B 的分解式 $B=AB\cup\bar{A}B$ 很关键. 可以这样理解，事件 B 是“结果”，事件 A 与 $\bar{A}$ 看成是产生“结果”B 的两个可能“原因”，而问题即为已知可能“原因”发生的概率，求“结果”发生的概率问题. 这一类问题称为**全概率问题**.

公式 $P(B)=P(A)P(B\mid A)+P(\bar{A})P(B\mid\bar{A})$ 说明了事件 B 发生的概率，等于在事件 A 发生的条件下 B 的条件概率与在事件 A 不发生的条件下 B 的条件概率的加权平均，其中的权重就是作为条件的事件发生的概率.

根据例 1.17 中事件 B 的计算方法，得到如下定理：

定理 1.1 设事件 $A_1,A_2,\cdots,A_n$ 两两互斥，且 $\bigcup\limits_{i=1}^{n}A_i=\Omega$，$P(A_i)>0(i=1,2,\cdots,n)$，则对任一事件 B 有

$$P(B)=\sum_{i=1}^{n}P(A_i)P(B\mid A_i)\qquad \textbf{全概率公式}$$

证明 因为事件 $A_1,A_2,\cdots,A_n$ 两两互斥，且 $\bigcup\limits_{i=1}^{n}A_i=\Omega$，所以对任一事件 B 有

$$B=B\cap\Omega=B\cap\left(\bigcup_{i=1}^{n}A_i\right)=\bigcup_{i=1}^{n}A_iB,$$

其中事件 $A_iB(i=1,2,\cdots,n)$ 两两互斥，于是

$$P(B)=P\left(\bigcup_{i=1}^{n}A_iB\right)=\sum_{i=1}^{n}P(A_iB)=\sum_{i=1}^{n}P(A_i)P(B\mid A_i).$$

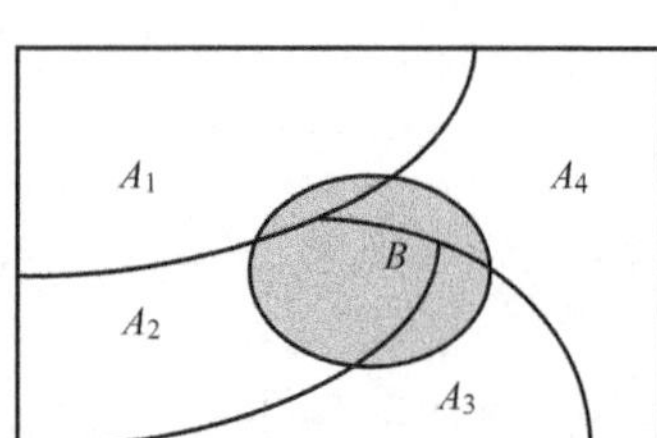

图 1.8 样本空间 Ω 的一个分割

说明 (1) 若 $A_1,A_2,\cdots,A_n$ 两两互斥且 $\bigcup\limits_{i=1}^{n}A_i=\Omega$，$P(A_i)>0(1\leqslant i\leqslant n)$，则称 $A_1,A_2,\cdots,A_n$ 为样本空间 Ω 的一个分割(见图 1.8).

(2) 全概率公式的含义：若 $A_1,A_2,\cdots,A_n$ 为样本空间 Ω 的一个

分割，任意事件 B 的概率等于事件 B 在 A_i 发生的情况下的条件概率的加权平均，而权重正好等于这些事件 A_i 的无条件概率.

（3）定理 1.1 可以不要求 $\bigcup_{i=1}^{n} A_i = \Omega$，只要事件 B 满足 $B = \bigcup_{i=1}^{n}(A_iB)$ 也可得到定理 1.1 中的全概率公式.

例 1.18　某工厂有三台机器生产同一种产品，三台机器的产量分别占总产量的 25%、35%、40%，次品率分别是 0.05、0.04、0.02. 若将三台机器生产的全部产品放在一起，求这种产品的次品率.

解　设 $B=\{$任取一件产品是次品$\}$，$A_i=\{$产品是第 i 台机器生产的$\}$，$i=1,2,3$，则由全概率公式得

$$P(B) = \sum_{i=1}^{3} P(A_i)P(B|A_i) = 0.25 \times 0.05 + 0.35 \times 0.04 + 0.4 \times 0.02 = 0.0345.$$

1.6.2　贝叶斯公式

例 1.18（续）　若从全部产品中任取一件，已知取得的是次品，问它分别来自三台机器的概率是多大？

解　设 $B=\{$任取一件产品是次品$\}$，$A_i=\{$产品是第 i 台机器生产的$\}$，$i=1,2,3$，则由条件概率及乘法公式有

$$P(A_1|B) = \frac{P(A_1B)}{P(B)} = \frac{P(A_1)P(B|A_1)}{P(B)} = \frac{0.25 \times 0.05}{0.0345} = 0.362,$$

$$P(A_2|B) = \frac{P(A_2B)}{P(B)} = \frac{P(A_2)P(B|A_2)}{P(B)} = \frac{0.35 \times 0.04}{0.0345} = 0.406,$$

$$P(A_3|B) = \frac{P(A_3B)}{P(B)} = \frac{P(A_3)P(B|A_3)}{P(B)} = \frac{0.4 \times 0.02}{0.0345} = 0.232.$$

将例 1.18（续）中条件概率的计算问题概括为一般的模型，得到如下的贝叶斯公式：

定理 1.2　（贝叶斯公式）设事件 $A_1, A_2, \cdots, A_n$ 互斥，且 $P(A_i)>0$ $(1 \leqslant i \leqslant n)$，又事件 B 满足 $B=\bigcup_{i=1}^{n}(A_iB)$，且 $P(B)>0$，则对任一 $k(1 \leqslant k \leqslant n)$，有

$$P(A_k|B) = \frac{P(A_k)P(B|A_k)}{\sum_{i=1}^{n} P(A_i)P(B|A_i)}.$$　　**贝叶斯公式**

结合例 1.18（续）中的求解过程，我们可能认为贝叶斯公式只不过是条件概率公式与全概率公式的简单推论，但在实际问题中贝叶斯公式有非常重要的意义.

如果把事件 $A_1, A_2, \cdots, A_n$ 看作导致事件 B 发生的“原因”，$P(A_i)$ 是在事件 B 发生之前 A_i 发生的概率，习惯上称为**先验概率**. $P(A_k|B)$

是经过试验后,事件 B 这一"结果"已经发生,追究"结果"B 的各种原因 A_k 发生的条件概率,$P(A_k \mid B)$ 称为**后验概率**.

由例 1.18 可知,在抽取产品之前,产品来自三台机器的可能性分别是 25%、35%、40%,这些就是先验概率,其中第三台机器生产产品的可能性最高.当我们由生产的全部产品中随机抽取出一件次品时,我们可以用这一信息修正先验概率.

在例 1.18(续)中计算得出 $P(A_1 \mid B)=0.362$, $P(A_2 \mid B)=0.406$, $P(A_3 \mid B)=0.232$,这表明:当我们由生产的全部产品中随机抽取出一件次品时,该产品是第一台机器生产的可能性从 25% 上升到了 36.2%,该产品是第二台机器生产的可能性从 35% 上升到了 40.6%,该产品是第三台机器生产的可能性从 40% 下降到了 23.2%.

贝叶斯公式在经营管理、投资决策、医学卫生统计等方面都有重要的应用价值.

若 $A_1, A_2, \cdots, A_n$ 是病人可能患的 n 种不同疾病,在诊断前先检查与这此疾病有关的某些指标(如体温、血压、白血球等).若病人的某些指标偏离正常值,即事件 B 发生,要问病人患的是哪种疾病,从概率论的角度考虑,若 $P(A_k \mid B)$ 较大,则病人患 A_k 这种病的可能性也较大.而为了计算 $P(A_k \mid B)$,就可应用贝叶斯公式,并把由过去病例中得到的先验概率 $P(A_k)$ 的值代入,医学上称 $P(A_k)$ 为 A_k 这种病的发病率.人们常常找"有经验"的医生看病,因为过去的"经验"能帮助医生做出比较准确的判断,能更好地"对症下药".

延伸阅读:贝叶斯推理

贝叶斯法则(也称贝叶斯定理)是由英国教士托马斯·贝叶斯(Thomas Bayes)(1702—1761)提出的,后来许多研究者对贝叶斯方法不断地进行完善,最终形成了一种有影响的统计学派.下面我们重点介绍贝叶斯法则在衡量证据方面(如医学、犯罪学等)发挥的重要作用.

利用贝叶斯公式进行推断的过程称为贝叶斯推理.贝叶斯推理实际是借助于新的信息修正先验概率的推理方法.这样的方法如果运用得当,可以使我们在依据概率做出决断时,不必一次收集一个长期过程的大量资料,而可以根据事物发展的情况,不断利用新的信息来修正前面的概率,做出正确决策.

贝叶斯定理具有很广的应用范围,现在我们扩充贝叶斯定理的意义.我们将事件 $A_1, A_2, \cdots, A_n$ 看作是构成实际情况的一个合适模型的 n 个假设 $H_1, H_2, \cdots, H_n$,这些假设中仅有一个是真的;事件 B 看作是实际情况中得到的观察结果 E(在犯罪学中 E 代表新的证据,在医疗诊断中 E 代表某项检查的结果).显然,$P(H_i)$ $(i=1,2,\cdots,n)$ 就是

不同假设 H_i 的先验概率, $P(H_i \mid E)(i=1,2,\cdots,n)$ 就是假设 H_i 的后验概率. 贝叶斯定理就变成了在发现新信息下对假设测定概率(可信度)的工具.

例如,在某刑事案件调查过程中,警察有60%的把握认为嫌疑人确实犯有此罪. 假定现在得到了一份新的证据,表明罪犯有某个身体特征(左撇子,光头或者跛脚等),如果有20%的人有这种特征,那么当嫌疑人具有这种特征的条件下,检查官认为他确实犯有此罪的把握是多大?

设 $H=\{$嫌疑人确实犯此罪$\}$, $E=\{$他具有罪犯的该项身体特征$\}$,则根据题设可知 $P(H)=0.6$, $P(E \mid H)=1$, $P(\overline{H})=0.4$, $P(E \mid \overline{H})=0.2$,于是

$$P(H \mid E)=\frac{P(H)P(E \mid H)}{P(H)P(E \mid H)+P(\overline{H})P(E \mid \overline{H})}=\frac{0.6\times 1}{0.6\times 1+0.4\times 0.2}\approx 0.882.$$

这表明,当嫌疑人具有罪犯的该项身体特征时,他的犯罪嫌疑增大了.

贝叶斯定理在医学实验中也发挥着重大的作用. 在医学中,健康的人被误诊的案例称为"假阳性",而那些没有检查出疾病的案例称为"假阴性".

例如,一项血液化验有95%把握将患有某种疾病的患者诊断出来,但健康人进行这一项化验也会有1%的"假阳性"结果,假设该疾病的患者事实上仅占人口的1%,若某人化验结果为阳性,问此人确实患该疾病的概率为多大?

若记 $H=\{$接受化验的这个人患该疾病$\}$, $E=\{$化验结果为阳性$\}$,由题设条件有 $P(H)=0.005$, $P(E \mid H)=0.95$, $P(E \mid \overline{H})=0.01$,则

$$P(H \mid E)=\frac{P(H)P(E \mid H)}{P(H)P(E \mid H)+P(\overline{H})P(E \mid \overline{H})}=\frac{0.005\times 0.95}{0.005\times 0.95+(1-0.005)\times 0.01}\approx 0.323.$$

因此,在验血结果为阳性的人中,真正患该疾病的只有32%左右. 即"假阳性"约为68%左右.

对于这一结果,我们可能会感到非常吃惊. 因为化验结果的准确率高达95%. 下面我们来分析为什么会有这样的结果.

当一个人患有该疾病时,化验结果的准确率高达95%. 如果有100000人进行该项疾病的血液化验,由已知的数据可以看到,100000人中大概有500人患有该疾病,而其中475人能够检查出阳性. 剩下的99500个未患该疾病的人中,1%会被误诊,即还有995人会检查出阳性结果. 因此在所有1470例阳性结果中,只有475人真

正患有该疾病，概率大概是 32% 左右.

由上述的分析我们发现：越是罕见的疾病，检查出阳性的结果越可能是误诊；越是常见的疾病，检查出阳性的结果越可信.

为了减少假阳性的案例，通常会对那些检查结果为阳性的人再做一次检查. 若假设两次检查的结果是相互独立的，且 $P(E\mid H)=0.95$，$P(E\mid\overline{H})=0.01$，而经过第一次检查 $P(H)$ 已更新为 $P(H)=0.323$，则

$$P(H\mid E)=\frac{P(H)P(E\mid H)}{P(H)P(E\mid H)+P(\overline{H})P(E\mid\overline{H})}$$

$$=\frac{0.323\times 0.95}{0.323\times 0.95+(1-0.323)\times 0.01}\approx 0.978.$$

此时，依然有 2.2% 的假阳性存在. 但后验概率已大大提高. 这表明，后验概率的大小受先验概率选取的影响.

1.7 事件的独立性

在 1.6 节中，我们知道了条件概率的概念 $P(B\mid A)=\dfrac{P(AB)}{P(A)}$，其中 $P(A)>0$，并由此得到了概率的乘法公式 $P(AB)=P(A)P(B\mid A)$，其中 $P(A)>0$. 一般来说 $P(B\mid A)\neq P(B)$，即事件 B 发生与否受到事件 A 是否发生的影响.

现在考虑若“事件 B 发生与否不受事件 A 是否发生的影响”，那么会出现什么样的情况呢？为此，我们把“事件 B 发生与否不受事件 A 是否发生的影响”表达成数学语言，即 $P(B\mid A)=P(B)$. 于是，在这种情况下有 $P(AB)=P(A)P(B)$.

1.7.1 事件的独立性

定义 1.8 设 A，B 是两个随机事件，若 $P(AB)=P(A)P(B)$，则称事件 A 与事件 B 相互独立，简称事件 A 与事件 B 独立.

注 (1) 事件 A 与 B 独立 $\Leftrightarrow P(AB)=P(A)P(B)$.

(2) 若 $P(A)>0$，则事件 A 与 B 独立 $\Leftrightarrow P(B\mid A)=P(B)$.

(3) 事件独立的直观意义：设 A，B 是两个随机事件，若其中一个事件发生的概率不受另一个事件发生与否的影响，则称事件 A 与事件 B 相互独立.

判断事件相互独立的方法：① 用定义验证；② 根据实际问题，由经验确定.

(4) 在 A 与 B、$\bar{A}$ 与 B、A 与 $\bar{B}$、$\bar{A}$ 与 $\bar{B}$ 这四对事件中，只要其中有一对独立，则其余三对也独立.

这里我们仅证明若事件 A 与 B 相互独立，则事件 $\bar{A}$ 与 B 也相互

独立. 其他情形读者可以尝试自行证明.

证明　若事件 A 与 B 相互独立, 则 $P(AB)=P(A)P(B)$.

于是 $P(\bar{A}B)=P(B)-P(AB)=P(B)-P(A)P(B)$

$$=(1-P(A))P(B)=P(\bar{A})P(B).$$

(5) 当事件 A 与 B 独立时, 有 $P(A\cup B)=1-P(\bar{A})P(\bar{B})$.

在学习了事件的独立性概念后, 可能有的学生会将相互独立与互斥混为一谈. 甚至会产生这样的错误认识: 若两个事件互斥, 就可以判定它们相互独立. 事实上, 若事件 A 与 B 互斥, 且 $P(A)>0$, $P(B)>0$, 则事件 A 与 B 根本不会相互独立. 这是因为此时 $P(AB)=0$, 而 $P(A)P(B)>0$.

两个事件的独立性概念可以推广到多个事件的情形.

定义 1.9　设 A,B,C 是两个随机事件, 若满足

$$P(AB)=P(A)P(B),$$
$$P(BC)=P(B)P(C),$$
$$P(AC)=P(A)P(C),$$
$$P(ABC)=P(A)P(B)P(C),$$

则称事件 A,B,C **相互独立**.

注　(1) 若事件 A,B,C 只满足上述定义 1.9 中的前三个等式, 则称事件 A,B,C 两两独立.

(2) 事件 A,B,C 相互独立 $\Rightarrow$ 事件 A,B,C 两两独立. 但反之不成立.

因为定义 1.9 中的第 4 个等式不是前面 3 个等式的推论. 反过来, 第 4 个等式也不包含前 3 个等式.

例如, 连续两次抛掷一枚均匀的硬币, 记 $A=\{$第一次掷得正面$\}$, $B=\{$第二次掷得正面$\}$, $C=\{$两次掷得的结果不同$\}$, 显然有 $P(A)=P(B)=P(C)=0.5$, $P(AB)=P(BC)=P(AC)=0.25$. 于是 $P(AB)=P(A)P(B)$, $P(BC)=P(B)P(C)$, $P(AC)=P(A)P(C)$, 所以事件 A,B,C 两两独立. 但 $P(ABC)=0\neq P(A)P(B)P(C)$, 事件 A, B,C 不相互独立.

定义 1.10　设事件 $A_1,A_2,\cdots,A_n$, 若对 $\forall m\in\mathbf{Z}_+(2\leqslant m\leqslant n)$ 及 $1\leqslant i_1<i_2<\cdots<i_m\leqslant n$, 有

$$P(A_{i_1}A_{i_2}\cdots A_{i_m})=P(A_{i_1})P(A_{i_2})\cdots P(A_{i_m}),$$

则称这 n 个事件**相互独立**. 若上式只对 $m=2$ 时成立, 则称这 n 个事件**两两独立**.

注　(1) 若事件 $A_1,A_2,\cdots,A_n$ 相互独立, 则其中任一部分事件换成各自事件的对立事件后, 所得的 n 个事件仍相互独立.

(2) 当事件 $A_1,A_2,\cdots,A_n$ 相互独立时, 有

$$P(A_1\cup A_2\cup\cdots\cup A_n)=1-P(\bar{A}_1)P(\bar{A}_2)\cdots P(\bar{A}_n).$$

例 1.19 一个工人看管3台机床,1h内甲、乙、丙三台机床需工人照看是相互独立的,其概率分别是0.9,0.8,0.85,求1h内,(1)没有机床需要照看的概率;(2)至少有一台机床需要照看的概率;(3)至多只有一台机床需要照看的概率.

解 记$A_i=\{第 i 台机床需要照看\}$,$i=1,2,3$,显然A_1,A_2,A_3相互独立.

(1) $P(\bar{A}_1\bar{A}_2\bar{A}_3)=P(\bar{A}_1)P(\bar{A}_2)P(\bar{A}_3)=0.1\times0.2\times0.15=0.003$;

(2) $P(A_1\cup A_2\cup A_3)=1-P(\bar{A}_1)P(\bar{A}_2)P(\bar{A}_3)=1-0.003=0.997$;

(3) $P(\bar{A}_1\bar{A}_2\bar{A}_3\cup A_1\bar{A}_2\bar{A}_3\cup\bar{A}_1A_2\bar{A}_3\cup\bar{A}_1\bar{A}_2A_3)$

$=P(\bar{A}_1)P(\bar{A}_2)P(\bar{A}_3)+P(A_1)P(\bar{A}_2)P(\bar{A}_3)+$

$P(\bar{A}_1)P(A_2)P(\bar{A}_3)+P(\bar{A}_1)P(\bar{A}_2)P(A_3)$

$=0.003+0.9\times0.2\times0.15+0.1\times0.8\times0.15+0.1\times0.2\times0.85$

$=0.059$.

思考题:

1. 填空($P(A)>0,P(B)>0$)

	$P(AB)$	$P(A\cup B)$	$P(B\mid A)$	$P(A\mid B)$
$A\subset B$				
A,B 互斥				
A,B 互为对立事件				
A,B 独立				

答案:第一行$P(A),P(B),1,\dfrac{P(A)}{P(B)}$;第二行$0,P(A)+P(B),0,0$;第三行0,1,0,0;第四行$P(A)P(B),1-P(\bar{A})P(\bar{B}),P(B),P(A)$.

2. 掷两枚均匀的骰子,记A表示"两次骰子点数之和为6",B表示"第一枚骰子点数为4",问事件A与B是否相互独立?如果记C表示"两次骰子点数之和为7",那么事件C与B是否相互独立?请说明理由.

答案:事件A与B不独立,事件C与B相互独立.

1.7.2 伯努利试验和二项概率

进行n次重复试验,若任何一次试验中各结果发生的可能性都不受其他各次试验结果发生情况的影响,称这样的试验序列为**独立重复试验**.重复试验的次数n称为**重数**.

在n重独立重复试验中,若每次试验只有结果A或$\bar{A}$,且A在每次试验中发生的概率为p(p与次数无关),则称其为n**重伯努利试验**.

注 (1) 记$A_k=\{n 重贝努里试验,事件 A 恰好发生 k 次\}$,$k=0,1,2,\cdots,n$,则

$$P(A_k)=C_n^k p^k(1-p)^{n-k}.$$

$C_n^k p^k(1-p)^{n-k}$ 正好是 $[p+(1-p)]^n$ 的二项展开式的通项，故 $P(A_k)=C_n^k p^k(1-p)^{n-k}$ 也称为**二项概率**.

(2) $P(A_k)\geqslant 0$ 且 $\sum\limits_{k=0}^{n}P(A_k)=[p+(1-p)]^n=1$.

例 1.20 10 台机器各自独立工作，因维修等原因，每台机器停机的概率为 0.2，求：(1) 恰有 2 台机器停机的概率；(2) 至少有 2 台机器停机的概率.

解 记 $A_k=\{10$ 台机器中恰有 k 台停机$\}$，$k=0,1,2,\cdots,10$，$A=\{$至少有 2 台机器停机$\}$，则(1) $P(A_2)=C_{10}^2 0.2^2(1-0.2)^8=0.302$；

(2) $P(A)=1-P(A_0)-P(A_1)=1-C_{10}^0(1-0.2)^{10}-C_{10}^1 0.2(1-0.2)^9=0.6242$.

考研真题：

1. 设 A,B,C 是随机事件，A,C 互不相容，且 $P(AB)=\frac{1}{2}$，$P(C)=\frac{1}{3}$，求 $P(AB\mid\overline{C})$.(2012 年数学一)

2. 设随机事件 A,B 相互独立，且 $P(B)=0.5$，$P(A-B)=0.3$，则 $P(B-A)=($　　$)$(2014 年数学一)

A. 0.1　　B. 0.2　　C. 0.3　　D. 0.4

答案：1. 0.75；2. B.

习题 1

1. 写出下列随机试验的样本空间.

(1) 对一个目标射击三次，记录射击结果；

(2) 抛掷两颗均匀的骰子，记录点数之和；

(3) 向篮筐投球，直到投中为止，记录投球的总次数；

(4) 向数轴上任意投掷两个质点，观察它们之间的距离；

(5) 单位圆内任取一点，记录它的坐标.

2. 设 A,B,C 表示三个随机事件，试用 A,B,C 表示下列事件.

(1) A 发生，B,C 都不发生；

(2) 三个事件都发生；

(3) 三个事件都不发生；

(4) 三个事件中恰有两个发生；

(5) 三个事件至少有一个发生；

(6) 三个事件至少有两个发生；

(7) A,B,C 中不多于一个事件发生；

(8) A,B,C 中不多于两个事件发生;

(9) A,B 至少有一个发生,C 不发生.

3. 甲、乙、丙三位射手向同一目标各射击一次,设 A,B,C 分别表示甲、乙、丙击中目标. (1) 用 A,B,C 表示事件{目标被击中}{目标被击中一次};(2) 用文字描述事件 $AB\cup AC\cup BC$、$\overline{A\cup B}$、$\overline{AB}$.

4. 盒中装有 10 只晶体管,令 A_i = {10 只晶体管中恰有 i 只次品},B = {10 只晶体管中不多于 3 只次品},C = {10 只晶体管中次品不少于 4 只}. 问事件 $A_i(i=0,1,2,3)$、B 和 C 之间哪些有包含关系?哪些互不相容?哪些互为对立事件?

5. 用韦恩图说明下列等式成立.

(1) $(A\cup B)C=AC\cup BC$;

(2) $(AB)\cup C=(A\cup C)(B\cup C)$.

6. 判断下列命题是否成立,并说明理由.

(1) 如果 $A\subset B$,那么 $\bar{A}\supset\bar{B}$;

(2) $A\cup B-C=A-C\cup B$;

(3) $A(B-C)=AB-AC$.

7. 已知 $P(A)=0.1,P(B)=0.5,P(A-B)=0.07$,求 $P(A\cup B)$,$P(B-A)$,$P(\bar{A}\cup\bar{B})$.

8. 已知 $A\subset B,P(A)=0.4,P(B)=0.6$,求(1) $P(\bar{A}),P(\bar{B})$;(2) $P(A\cup B),P(AB)$;(3) $P(A\bar{B}),P(\bar{A}B),P(\bar{A}\bar{B})$.

9. 设事件 A,B 互不相容,且 $P(A)=0.3,P(B)=0.5$,求下列事件的概率.

(1) A 与 B 至少有一个发生;(2) A 与 B 都不发生;(3) A 发生,B 不发生.

10. 从 $1,2,\cdots,9$ 这九个数字中有放回地取三次,每次取一个,求(1) 3 个数字全不同的概率;(2) 3 个数字没有偶数的概率.

11. 袋中有 5 个白球 3 个黑球,从中一次任取两个,求(1) 取到的两个球颜色不同的概率;(2) 取到的两个球中有黑球的概率.

12. 一副扑克牌有 52 张(不含大王、小王),从中任意抽取两张,求(1) 两张点数相同的概率;(2) 两张同花的概率.

13. 一间宿舍内住有 6 位同学,求他们中有 4 个人的生日在同一个月份的概率.

14. 某码头只能容纳一艘船,甲乙两艘船在 24h 内到达的时间是等可能的,如果它们停靠码头的时间分别为 3h 和 4h,试求有一艘船要在江中等待的概率.

15. 在区间(0,2)内随意取两个整数,试求两数之和不大于 3 的概率.

16. 已知 $P(A)=\frac{1}{4},P(B)=\frac{1}{3},P(A\mid B)=\frac{1}{2}$,求 $P(A\cup B)$.

17. 某单位有92%的职工订阅的报纸,93%的职工订阅杂志,在不订阅报纸的职工中仍有85%的职工订阅杂志,求(1)该单位任一职工订阅报纸或杂志的概率;(2)该单位任一职工不订阅杂志,但订阅报纸的概率.

18. 已知$P(\bar{A})=0.3$,$P(B)=0.4$,$P(A\bar{B})=0.5$,求$P(B\mid A\cup\bar{B})$.

19. 已知10只电子元件中8只是正品2只是次品,从中不放回取2次,每次一只,求(1)第一次正品,第二次次品的概率;(2)一次正品一次正品的概率;(3)两次都是正品的概率;(4)第二次取到次品的概率.

20. 设甲袋中有6只红球4只白球,乙袋中有7只红球3只白球,现在从甲袋中随机取一球放入乙袋,再从乙袋中随机取一球,求(1)两次都取到红球的概率;(2)从乙袋中取到红球的概率.

21. 发报机分别以概率0.7、0.3发出信号0和1,由于随机干扰的影响,当发出信号0时,接收机会以概率0.8、0.2收到信号0和1;同样地,当发出信号1时,接收机会以概率0.9、0.1收到信号1和0,假如接收机收到信号0,问发报机发出信号0的概率是多少?

22. 设玻璃杯整箱出售,每箱20只,各箱有0,1,2只残次品的概率分别为0.8,0.1,0.1,一顾客欲购买一箱玻璃杯,由售货员任取一箱,顾客开箱随机查看4只,若无残次品则购买此箱玻璃杯,否则不买.求(1)顾客购买此箱玻璃杯的概率;(2)在顾客购买的一箱玻璃杯中,确实没有残次品的概率.

23. 一架长机和两架僚机一同飞往某目的地进行轰炸,但要到达目的地必须有无线电导航,而只有长机具有此项设备,一旦到达目的地,各机将独立地进行轰炸,且炸毁目标的概率均为0.3,在到达目的地之前,必须经过高射炮阵地上空,此时任一飞机被击落的概率为0.2,求目标被炸毁的概率.

24. 甲乙二人独立地对同一目标进行射击一次,其命中率分别为0.6和0.5,求目标被命中的概率.

25. 设事件A与B相互独立,且$P(\bar{A}\bar{B})=\dfrac{1}{9}$,$P(A\bar{B})=P(\bar{A}B)$,求$P(A)$.

26. 设情报员能破译一份密码的概率为0.6,假定各情报员能否破译这份密码是相互独立的,问至少要使用多少名情报员才能使破译一份密码的概率大于90%?

27. 证明:(1)若$0<P(A)<1$,则A,B相互独立的充要条件是$P(B\mid A)=P(B\mid\bar{A})$;

(2)如果事件A,B,C相互独立,那么A与$B-C$相互独立.

28. 一大楼装有5台同类型的供水设备,调查表明在1h内平均每台设备使用6min,问在同15min(1)恰有2台设备被使用的概率是多少？(2) 至少有 2 台设备被使用的概率是多少？

29. 假设一部机器在一天内发生故障的概率为 0.2，机器发生故障时全天停止工作，若一周 5 个工作日里每天是否发生故障相互独立，试求一周 5 个工作日里发生 3 次故障的概率.

30. 某宾馆大楼有 4 部电梯，通过调查知道在某时刻各电梯正在运行的概率均为 0.75，求：(1) 在此时刻所有电梯都在运行的概率；(2) 在此时刻恰好有一半电梯在运行的概率；(3) 在此时刻至少有 1 台电梯在运行的概率.

第 2 章

随机变量及其概率分布

第 1 章我们介绍了随机事件及其概率,我们发现对给定的随机试验,相应的随机事件种类繁多,要一一总结它们的规律不是一件易事. 而且即使对一些简单情况能做到这一点,但也只是静态地研究了随机事件的一个一个孤立的事件的表现,而不能从动态上把握整个随机现象的统计规律. 在进行试验时,我们可能更感兴趣的是有关试验结果的某些函数,而不是试验结果本身. 比如,在抛掷两枚均匀骰子的游戏中,我们通常更关心两枚骰子的点数之和,至于事实上每颗骰子是多少点并不在意. 又如,在抛掷若干枚硬币时,我们或许关心正面向上的个数,而不关心正面朝上或反面朝上的排列情况.

我们发现有些随机试验的结果本身是一个数值,而有些随机试验的结果不是数值. 为了进一步了解随机现象的统计规律,我们将其数量化,引入随机变量的概念. 本章我们将研究随机变量及其概率分布,介绍几种常见的离散型和连续型分布.

2.1 随机变量及分布函数

例 2.1 掷三枚均匀的硬币,若令 X 表示正面向上出现的枚数,则 X 的可能取值为 0,1,2,3.

于是,事件$\{X=k\}=\{$恰有 k 枚硬币正面向上出现$\}$,其中 $k=0$, 1,2,3,且

$$P(X=0)=\frac{1}{8},P(X=1)=\frac{3}{8},P(X=2)=\frac{3}{8},P(X=3)=\frac{1}{8}.$$

这里 X 是一个变量,当 X 取不同的数值时,表示试验中可能出现的不同结果. 由于试验结果出现是随机的,因而变量 X 的取值也是随机的.

例 2.2 一批产品的次品率为 15%,从中任取一件,观察产品

是合格品还是次品.

若记 $X=\begin{cases}1, \text{取到合格品},\\ 0, \text{取到次品},\end{cases}$ 则 $\{X=0\}=\{\text{取到次品}\}$, $\{X=1\}=\{\text{取到合格品}\}$, 而且 $P(X=0)=0.15$, $P(X=1)=0.85$.

定义 2.1 对于给定的随机试验, Ω 是其样本空间, 若对任意的样本点 $\omega\in\Omega$, 有且仅有一个实数 $X(\omega)$ 与之对应, 则称这个定义在 Ω 上的实值函数 X 为**随机变量**.

通常用 $X, Y, \cdots$ 或 $\xi, \eta, \cdots$ 表示随机变量, 用 $x, y, \cdots$ 表示随机变量对应于某个试验结果的取值.

这里定义的随机变量与高等数学中的函数是有区别的. 首先, 定义域不同. 随机变量是定义在样本空间上的, 而不是实数轴上的某个区间. 随机变量取值具有随机性, 而高等数学中函数的取值由对应法则 f 确定.

一般随机变量按取值可分为离散型和非离散型.

引入随机变量究竟有何意义? 随机变量的引入是概率论发展走向成熟的一个标志, 它弥补了随机试验下的事件种类繁多, 不易一一总结它们取值规律的缺陷. 因为如果知道随机变量的分布, 随机试验中任一事件的概率也随之可以得到; 另外引入随机变量后, 可以使用数学中的微积分工具讨论随机变量的分布.

引入随机变量后, 事件是通过随机变量的取值表示的. 设 a, b 为任意实数, 对随机变量 X, $\{X=a\}$、$\{X\leqslant b\}$、$\{a<X\leqslant b\}$、$\cdots$ 都表示事件, 即可以用随机变量的各种取值状态和取值范围来表示随机事件.

"随机变量 X 的取值为 x" 就是满足等式 $X(\omega)=x$ 的一切样本点 ω 构成的集合, 记作 $\{X=x\}$. 类似地, "随机变量 X 的取值小于或等于 x" 就是满足等式 $X(\omega)\leqslant x$ 的一切样本点 ω 构成的集合, 记作 $\{X\leqslant x\}$.

定义 2.2 设 X 是随机变量, 称函数 $F(x)=P(X\leqslant x)$, $-\infty<x<+\infty$ 为随机变量 X 的**累积概率分布函数**, 简称**分布函数**.

如果随机变量 X 的分布函数已知, 则 X 取各种值的概率也可以方便地计算. 对任意实数 a, b 有

$$P(X\leqslant a)=F(a);$$
$$P(X>a)=1-P(X\leqslant a)=1-F(a);$$
$$P(a<X\leqslant b)=F(b)-F(a).$$

下面给出分布函数的性质.

(1) $0\leqslant F(x)\leqslant 1$;

(2) $F(x)$ 是 x 的单调不减函数, 即对 $\forall x_1, x_2\in(-\infty, +\infty)$ 且 $x_1<x_2$, 有 $F(x_1)\leqslant F(x_2)$;

(3) $F(-\infty)=\lim\limits_{x\to-\infty}F(x)=0$, $F(+\infty)=\lim\limits_{x\to+\infty}F(x)=1$;

(4) $F(x)$ 右连续. 即对 $\forall x_0 \in (-\infty, +\infty)$, $\lim\limits_{x \to x_0^+} F(x) = F(x_0)$.

例 2.3 设 $F_1(x), F_2(x)$ 分别是随机变量 X_1, X_2 的分布函数, $F(x) = aF_1(x) + bF_2(x)$, 要使 $F(x)$ 也为分布函数, 则下列哪个选项是正确的? (　　)

A. $a = 0.6, b = -0.4$;　　B. $a = -0.4, b = 0.6$;

C. $a = \dfrac{2}{3}, b = \dfrac{1}{3}$;　　D. $a = -\dfrac{2}{3}, b = -\dfrac{1}{3}$.

分析 选择 C. 由分布函数的性质知, $1 = F(+\infty) = \lim\limits_{x \to +\infty} [aF_1(x) + bF_2(x)] = a + b$.

例 2.4 下列哪个函数能作为随机变量的分布函数? (　　)

A. $F_1(x) = \begin{cases} 0, & x < -1, \\ 0.3, & -1 \leqslant x < 1, \\ 0.2, & 1 \leqslant x < 2, \\ 1, & x \geqslant 2. \end{cases}$　　B. $F_2(x) = \begin{cases} 0, & x \leqslant -1, \\ 0.3, & -1 < x \leqslant 1, \\ 0.5, & 1 < x \leqslant 2, \\ 1, & x > 2. \end{cases}$

C. $F_3(x) = \begin{cases} x^2, & 0 \leqslant x \leqslant 1, \\ 0, & \text{其他}. \end{cases}$　　D. $F_4(x) = \begin{cases} 1 - e^{-x}, & x > 0, \\ 0, & x \leqslant 0. \end{cases}$

分析 选择 D. $F_1(x)$ 不是单调不减的, $F_2(x)$ 不是右连续的, $F_3(x)$ 在 $x = 1$ 处不是右连续的.

2.2 离散型随机变量的概率分布

2.2.1 离散型随机变量

定义 2.3 若随机变量 X 只能取有限个或可列多个数值, 则称 X 为**离散型随机变量**.

定义 2.4 设离散型随机变量 X 的可能取值为 $x_1, x_2, \cdots, x_k, \cdots$, 且

$$P(X = x_k) = p_k (k = 1, 2, \cdots),$$

则称上式为离散型随机变量 X 的概率**分布律**或概率**分布列**.

注 (1) 分布律常用表格表示为

X	x_1	x_2	$\cdots$	x_k	$\cdots$
P	p_1	p_2	$\cdots$	p_k	$\cdots$

或者可表示为 $X \sim \begin{pmatrix} x_1 & x_2 & \cdots & x_k & \cdots \\ p_1 & p_2 & \cdots & p_k & \cdots \end{pmatrix}$.

(2) 分布律的性质:

1) 非负性: $0 \leqslant p_k \leqslant 1 (k = 1, 2, 3, \cdots)$;

2）规范性：$\sum_{k=1}^{\infty} p_k = 1$.

(3) 设I是实数轴上的任一集合，则$P(X \in I) = \sum_{x_k \in I} P(X = x_k) = \sum_{x_k \in I} p_k$.

例 2.5 现有标号为1,2,3,4的球若干个，从中任取一个，假设取到各个球的概率与球上的号码成反比，求取到的球上号码X的分布律.

解 由题设知，X的可能取值为1,2,3,4，且$P(X=k)=\frac{a}{k}$，$(k=1,2,3,4)$，其中，a为待定常数.

由分布律的性质可得，$\sum_{k=1}^{4} P(X=k) = a + \frac{a}{2} + \frac{a}{3} + \frac{a}{4} = 1$，于是$a=\frac{12}{25}$.

所以，X的分布律为$P(X=k)=\frac{12}{25k}(k=1,2,3,4)$.

例 2.6 袋中有5个球，分别编号为1,2,3,4,5，从中任取3个球，以X表示取出球的最小号码，求：(1) X的分布律；(2) X的分布函数；(3) $P(1<X\leqslant 3)$，$P(1<X<3)$.

解 (1) X的可能取值为1,2,3，且

$P(X=1)=\frac{C_4^2}{C_5^3}=0.6$，$P(X=2)=\frac{C_3^2}{C_5^3}=0.3$，$P(X=3)=\frac{1}{C_5^3}=0.1$.

因此，X的分布律为

X	1	2	3
P	0.6	0.3	0.1

(2) **分析** 在已知X的分布律求它的分布函数时，我们使用前面定义的公式$F(x)=P(X\leqslant x)$，$-\infty<x<+\infty$.

这里的x可以是区间$(-\infty,+\infty)$上的任一实数，而本题中的随机变量X只能取值为1,2,3，因此，我们发现当x分别落入区间$(-\infty,1)$、$[1,2)$、$[2,3)$、$[3,+\infty)$时，事件$\{X\leqslant x\}$表示不同的事件.

当$x<1$时，X的所有取值都不满足不等式$X\leqslant x$，所以$\{X\leqslant x\}=\varnothing$；当$1\leqslant x<2$时，只有$X=1$满足不等式$X\leqslant x$，所以$\{X\leqslant x\}=\{X=1\}$；类似地，当$2\leqslant x<3$时，$\{X\leqslant x\}=\{X=1\}\cup\{X=2\}$；当$x\geqslant 3$时，$\{X\leqslant x\}=\{X=1\}\cup\{X=2\}\cup\{X=3\}$.

下面我们给出详细的解答过程.

当$x<1$时，$F(x)=P(X\leqslant x)=P(\varnothing)=0$；

当 $1\leqslant x<2$ 时,$F(x)=P(X\leqslant x)=P(X=1)=0.6$;

当 $2\leqslant x<3$ 时,$F(x)=P(X\leqslant x)=P(X=1)+P(X=2)=0.9$;

当 $x\geqslant 3$ 时,$F(x)=P(X\leqslant x)=P(X=1)+P(X=2)+P(X=3)=1$,

所以 $F(x)=\begin{cases}0, & x<1,\\ 0.6, & 1\leqslant x<2,\\ 0.9, & 2\leqslant x<3,\\ 1, & x\geqslant 3.\end{cases}$

由上面的解答过程,我们看到当 X 为离散型随机变量,其分布律为 $P(X=x_k)=p_k(k=1,2,\cdots,n)$ 时,假设 $x_1<x_2<\cdots<x_n$,由分布律求分布函数,有如下简便的做法:

$$F(x)=\begin{cases}0 & x<x_1,\\ p_1 & x_1\leqslant x<x_2,\\ p_1+p_2 & x_2\leqslant x<x_3,\\ \vdots & \vdots\\ 1 & x\geqslant x_n.\end{cases}$$

这是一个在各个子区间内取常数的右连续阶梯函数.

随机变量的分布律与随机变量的分布函数不是同一个概念,但它们可以相互确定. 我们通常说的概率分布是指随机变量的分布律或分布函数之一.

在第(2) 问中我们已经解决了由分布律求分布函数,下面我们来思考已知 X 的分布函数,如何求 X 的分布律.

实际上,由分布函数的计算过程,我们已经找到了答案. 当 X 为离散型随机变量,其分布函数为 $F(x)=\begin{cases}0 & x<x_1,\\ p_1 & x_1\leqslant x<x_2,\\ p_1+p_2 & x_2\leqslant x<x_3,\\ \vdots & \vdots\\ 1 & x\geqslant x_n.\end{cases}$

假设 $x_1<x_2<\cdots<x_n$,于是得到

$$P(X=x_k)=F(x_k)-F(x_k-0)=p_k(k=1,2,\cdots,n),$$

其中 $F(x_k-0)=\lim\limits_{x\to x_k^-}F(x)$.

(3) **方法 1**:若已知 X 的分布律,则

$$P(1<X\leqslant 3)=P(X=2)+P(X=3)=0.4,$$
$$P(1<X<3)=P(X=2)=0.3.$$

方法 2:若已知 X 的分布函数,则

$P(1<X\leqslant 3)=F(3)-F(1)=0.4$,

$P(1<X<3)=P(1<X\leqslant 3)-P(X=3)=F(3-0)-F(1)=0.3$.

注　(1) 分布函数和分布律都可以描述离散型随机变量的取值规律,但对离散型随机变量,使用分布律来刻画其取值规律要比分布

函数方便直观；

(2) 若 X 为离散型随机变量，它的分布函数为 $F(x)$，则有

$$P(a<X\leqslant b)=F(b)-F(a);$$
$$P(a<X<b)=F(b-0)-F(a);$$
$$P(a\leqslant X<b)=F(b-0)-F(a-0);$$
$$P(a\leqslant X\leqslant b)=F(b)-F(a-0).$$

2.2.2 常见离散型分布

1. 0-1 分布(两点分布)

定义 2.5 若随机变量 X 的分布律为 $X\sim\begin{pmatrix}0 & 1\\ 1-p & p\end{pmatrix}$，其中，$0<p<1$，则称 X 服从 0-1 分布.

0-1 分布常可用来描述试验只有两种可能结果的概率分布. 如掷硬币观察出现正面还是反面；射击是否中靶等.

即使试验结果不止两个，如果我们只关心其中事件 A 是否发生，可以定义当事件 A 发生时 $X=1$，当事件 A 不发生时 $X=0$. 显然，随机变量 X 服从 0-1 分布.

0-1 分布的分布律也可写成 $P(X=k)=p^k(1-p)^{1-k}(k=0,1)$.

2. 二项分布

定义 2.6 若随机变量 X 的分布律为 $P(X=k)=\mathrm{C}_n^k p^k(1-p)^{n-k}(k=0,1,2,\cdots,n)$，其中，$0<p<1$，则称 X 服从参数为 n,p 的**二项分布**，记作 $X\sim B(n,p)$.

注 (1) n 重伯努利试验中事件 A 发生的次数 X 服从二项分布.

(2) 当 $n=1$ 时，X 的分布律为 $P(X=k)=p^k(1-p)^{1-k}(k=0,1)$，即为 0-1 分布. 0-1 分布可记作 $X\sim B(1,p)$.

例 2.7 从学校乘车到车站的途中有 3 个交通岗，假设在每个交通岗遇到红灯是相互独立的，且遇到红灯的概率都为 0.25，求 (1) 途中遇到红灯的次数 X 的分布律；(2) 至少遇到一次红灯的概率.

解 (1) 由题设知，$X\sim B(3,0.25)$.

所以 X 的分布律为 $P(X=k)=\mathrm{C}_3^k 0.25^k(1-0.25)^{3-k}(k=0,1,2,3)$；

(2) $P(X\geqslant 1)=1-P(X<1)=1-P(X=0)=1-\mathrm{C}_3^0(1-0.25)^3=\dfrac{37}{64}$.

3. 泊松分布

定义 2.7 若随机变量 X 的分布律为 $P(X=k)=\dfrac{\lambda^k \mathrm{e}^{-\lambda}}{k!}$ ($k=$

$0,1,2,\cdots$)，其中，$\lambda>0$ 为常数，则称 X 服从参数为 λ 的**泊松分布**，记 $X\sim P(\lambda)$.

在实际问题中，有许多随机现象的随机变量服从泊松分布. 例如：母鸡的年产蛋量，商店每月出售某种非紧俏商品的件数，在一段时间内电话台的呼唤次数，纺织厂生产的布匹上的疵点数，某页书上印刷错误的个数等等.

例 2.8 某厂生产棉布，每米棉布上的疵点数 $X\sim P(3)$，今任取 1m 棉布，求该棉布上(1) 无疵点的概率；(2) 有 2 到 3 个疵点的概率.

解 (1) $P(X=0)=\dfrac{3^0\mathrm{e}^{-3}}{0!}=\mathrm{e}^{-3}$；

(2) $P(2\leqslant X\leqslant 3)=P(X=2)+P(X=3)=\dfrac{3^2\mathrm{e}^{-3}}{2!}+\dfrac{3^3\mathrm{e}^{-3}}{3!}=9\mathrm{e}^{-3}$.

定理 2.1 (**泊松定理**)若随机变量 $X\sim B(n,p)$，当 n 很大，p 很小，而 np 大小适中时，则有

$$\mathrm{C}_n^k p^k(1-p)^{n-k}\approx\frac{\lambda^k\mathrm{e}^{-\lambda}}{k!}\qquad \textbf{泊松近似式}$$

其中 $\lambda=np$.

泊松近似式表明，以 n,p 为参数的二项分布的概率值可以由以 $\lambda=np$ 为参数的泊松分布的概率值近似. 一般地，当 $n\geqslant 20,p\leqslant 0.5$ 时，用泊松近似式效果较好. 当 $n\geqslant 100,np\leqslant 10$ 时，近似效果更好.

例 2.9 已知某种疾病的发病率为 0.001，某单位共有 5000 人，问该单位患有这种疾病的人数 X 超过 5 的概率.

解 由题设知，$X\sim B(5000,0.001)$.

所以
$$\begin{aligned}P(X>5)&=1-P(X\leqslant 5)\\&=1-\sum_{k=0}^{5}\mathrm{C}_{5000}^k 0.001^k(1-0.001)^{5000-k}\\&\approx 1-\sum_{k=0}^{5}\frac{5^k\mathrm{e}^{-5}}{k!}=0.384.\end{aligned}$$

4. 几何分布

例 2.10 设一个试验成功的概率为 $p(0<p<1)$，不断进行独立重复试验，直到首次成功为止，求试验次数 X 的分布律.

解 X 的可能取值为 $1,2,3,\cdots$，且 $P(X=k)=(1-p)^{k-1}p$，其中 $k=1,2,3,\cdots$.

定义 2.8 若随机变量 X 的分布律为 $P(X=k)=(1-p)^{k-1}p$ $(k=1,2,3,\cdots)$，其中，$0<p<1$，则称 X 服从参数为 p 的**几何分布**，记作 $X\sim G(p)$.

服从几何分布的随机变量可以解释为独立重复试验中直到试验

第一次“成功”所需的试验次数，而试验“成功”的意义是随着所讨论的问题的实际背景而变化的. 例如，可以是在某次试验中通过了考试，在某次搜索中发现目标，或成功进入计算机系统等.

思考题：

1. 设离散型随机变量 X 的分布律为 $P(X=k)=b\lambda^k, k=1,2,3,\cdots$，其中 $b>0$，求 λ.

提示 由分布律的规范性知，当 $|\lambda|<1$ 时

$$1=\sum_{k=1}^{\infty}P(X=k)=b\sum_{k=1}^{\infty}\lambda^k=b\frac{\lambda}{1-\lambda}.$$

2. 设 $X\sim B(2,p)$，$Y\sim B(3,p)$，若 $P(X\geqslant 1)=\frac{5}{9}$，求 $P(Y\geqslant 1)$.

提示 由 $X\sim B(2,p)$，且 $P(X\geqslant 1)=\frac{5}{9}$，可得

$$P(X\geqslant 1)=1-P(X=0)=1-\mathrm{C}_2^0(1-p)^2=\frac{5}{9},$$

由此解出参数 p.

再由 $Y\sim B(3,p)$ 及 $P(Y\geqslant 1)=1-P(Y=0)$ 计算出结果.

3. 设一本书每页的印刷错误个数 $X\sim P(\lambda)$，已知这本书有一个印刷错误和有两个印刷错误的页数相同，求随意抽查的 4 页中无印刷错误的概率.

提示 由题设知 $X\sim P(\lambda)$，且 $P(X=1)=P(X=2)$，可解出参数 λ.

若记 Y 表示 4 页中无印刷错误的页数，则显然有 $Y\sim B(4,p)$，其中 $p=P(X=0)$. 而“随意抽查的 4 页中无印刷错误”的概率即为 $P(Y=4)$.

延伸阅读：如何快速计算二项分布的分布函数

设随机变量 X 服从参数为 n,p 的二项分布，则 $P(X=k)=\mathrm{C}_n^k p^k(1-p)^{n-k}(k=0,1,2,\cdots,n)$. 于是 $\frac{P(X=k+1)}{P(X=k)}=\frac{n-k}{k+1}\cdot\frac{p}{1-p}$，即 $P(X=k+1)=\frac{n-k}{k+1}\cdot\frac{p}{1-p}P(X=k)$.

因此，在计算 $P(X\leqslant x)=\sum_{k=0}^{x}\mathrm{C}_n^k p^k(1-p)^{n-k}(x=0,1,2,\cdots,n)$ 时，可以从 $P(X=0)=(1-p)^n$ 开始利用递推式 $P(X=k+1)=\frac{n-k}{k+1}\cdot\frac{p}{1-p}P(X=k)$ 进行计算. 如果我们有一些编程基础，也可以编写程序，上机计算.

2.3 连续型随机变量的概率分布

2.3.1 连续型随机变量

定义 2.9 设随机变量 X 在区间 $[a,b]$ 或无穷区间上取值，其分布函数为 $F(x)$，若存在非负可积函数 $f(x)$，使得对任意实数 x 有

$$F(x)=\int_{-\infty}^{x}f(t)\,\mathrm{d}t,$$

则称 X 是**连续型随机变量**，$f(x)$ 称为 X 的**概率密度**或**密度函数**，记作 $X\sim f(x)$.

注 (1) 密度函数的性质：

1) 非负性：$f(x)\geqslant 0, x\in(-\infty,+\infty)$；

2) 规范性：$\int_{-\infty}^{+\infty}f(x)\,\mathrm{d}x=1$.

(2) 连续型随机变量的分布函数 $F(x)=\int_{-\infty}^{x}f(t)\,\mathrm{d}t$ 是连续函数，且在密度函数 $f(x)$ 的连续点处有 $F'(x)=f(x)$.

几何意义：分布函数 $F(x)$ 在几何上表示以 $(-\infty,x]$ 为底，曲线 $y=f(x)$ 为顶的曲边梯形（见图 2.1 中阴影部分）的面积.

(3) 若 X 是连续型随机变量，则对任意给定的实数 a，有 $P(X=a)=0$.

(4) 若 X 是连续型随机变量，则有

$$\begin{aligned}P(a<X\leqslant b)&=P(a<X<b)=P(a\leqslant X<b)\\&=P(a\leqslant X\leqslant b)=F(b)-F(a)\\&=\int_{a}^{b}f(x)\,\mathrm{d}x.\end{aligned}$$

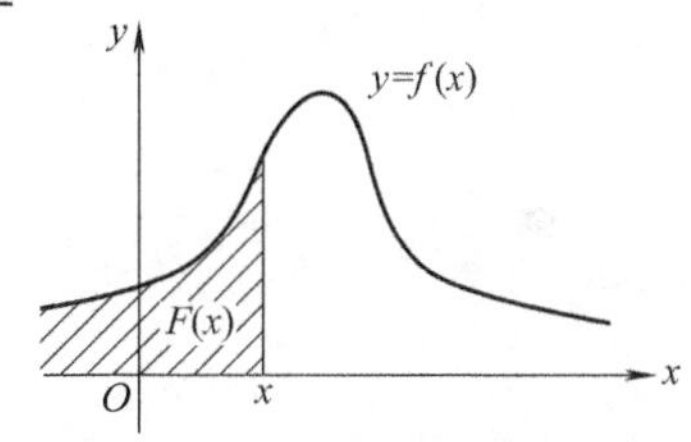

图 2.1　连续型随机变量的分布函数的几何意义

由上面的公式可以得到一个关于密度函数更为直观的解释.

$$P\left(a-\frac{\varepsilon}{2}\leqslant X\leqslant a+\frac{\varepsilon}{2}\right)=\int_{a-\frac{\varepsilon}{2}}^{a+\frac{\varepsilon}{2}}f(x)\,\mathrm{d}x\approx\varepsilon f(a),$$

其中 ε 为任意小的正数，$f(x)$ 在 $x=a$ 处连续.

即连续型随机变量 X 在以 a 为中心、半径为 $\frac{\varepsilon}{2}$ 的小区间内取值的概率近似等于 $\varepsilon f(a)$. 由此可以看出，$f(a)$ 是随机变量取值于点 a 附近的可能性的一个度量.

例 2.11 已知连续型随机变量 X 的密度函数为 $f(x)=\begin{cases}ax, & 0\leqslant x\leqslant 1,\\0, & \text{其他},\end{cases}$ 求(1) 常数 a；(2) X 的分布函数 $F(x)$；(3) $P(|X|<0.5)$.

解 (1) 由 $f(x)$ 的性质知，$1=\int_{-\infty}^{+\infty}f(x)\mathrm{d}x=\int_0^1 ax\mathrm{d}x=0.5a$，所以 $a=2$；

(2) $F(x)=\int_{-\infty}^{x}f(t)\mathrm{d}t$

$$=\begin{cases}\int_{-\infty}^{x}0\mathrm{d}t=0, & x<0,\\ \int_{-\infty}^{0}0\mathrm{d}t+\int_0^x 2t\mathrm{d}t=x^2, & 0\leqslant x<1,\\ \int_{-\infty}^{0}0\mathrm{d}t+\int_0^1 2t\mathrm{d}t+\int_1^x 0\mathrm{d}t=1, & x\geqslant 1;\end{cases}$$

(3) **方法1**：若已知 X 的密度函数，则 $P(|X|<0.5)=\int_{-0.5}^{0.5}f(x)\mathrm{d}x=\int_0^{0.5}2x\mathrm{d}x=0.25$.

方法2：若已知 X 的分布函数，则 $P(|X|<0.5)=F(0.5)-F(-0.5)=0.25$.

例 2.12 设连续型随机变量 X 的分布函数为

$$F(x)=\begin{cases}Ae^x, & x<0,\\ B, & 0\leqslant x<1,\\ 1-Ae^{1-x}, & x\geqslant 1.\end{cases}$$

求(1) 常数 A,B；(2) X 的密度函数 $f(x)$.

解 (1) 由 $F(x)$ 的连续性知，$F(0-0)=F(0)$，且 $F(1-0)=F(1)$，所以 $\begin{cases}A=B\\ B=1-A\end{cases}$，解得 $A=B=0.5$；

(2) $f(x)=F'(x)=\begin{cases}0.5e^x, & x<0,\\ 0, & 0\leqslant x\leqslant 1,\\ 0.5e^{1-x}, & x>1.\end{cases}$

2.3.2 常见连续型分布

1. 均匀分布

定义 2.10 若随机变量 X 的密度函数为

$$f(x)=\begin{cases}\dfrac{1}{b-a}, & a<x<b,\\ 0, & \text{其他}.\end{cases}$$

则称 X 服从区间 (a,b) 上的**均匀分布**，记作 $X\sim U(a,b)$. 上述开区间 (a,b) 可改为相应的闭区间或半开半闭区间.

注 (1) 若 $X\sim U(a,b)$，则 X 的分布函数为

$$F(x)=\begin{cases}0, & x<a,\\ \dfrac{x-a}{b-a}, & a\leqslant x<b,\\ 1, & x\geqslant b.\end{cases}$$

（2）若 $X\sim U(a,b)$，对区间 (a,b) 内的任一子区间 (c,d) 有

$$P(c<X<d)=F(d)-F(c)=\frac{d-c}{b-a}.$$

这表明：若 $X\sim U(a,b)$，则 X 落在区间 (a,b) 内的任一子区间的概率只与子区间的长度有关，而与子区间的位置无关.

在估计误差时，常用到均匀分布.

例 2.13　设 $X\sim U(0,5)$，求关于 t 的方程 $4t^2+4Xt+X+2=0$ 有实根的概率.

解　方程 $4t^2+4Xt+X+2=0$ 有实根的充要条件是它的判别式 $\Delta=16X^2-16(X+2)\geqslant 0$，即 $X\geqslant 2$ 或 $X\leqslant -1$，所以方程有实根的概率为

$$\begin{aligned}P(\Delta\geqslant 0)&=P(X\geqslant 2\text{ 或 }X\leqslant -1)=1-P(-1<X<2)\\&=1-\frac{2-0}{5-0}=\frac{3}{5}.\end{aligned}$$

2. 指数分布

定义 2.11　若随机变量 X 的密度函数为

$$f(x)=\begin{cases}\lambda \mathrm{e}^{-\lambda x} & x>0,\\ 0 & x\leqslant 0.\end{cases}$$

其中，$\lambda>0$，则称 X 服从参数为 λ 的**指数分布**，记作 $X\sim E(\lambda)$ 或 $X\sim Exp(\lambda)$.

注　若 $X\sim E(\lambda)$，则 X 的分布函数为 $F(x)=\begin{cases}0, & x<0,\\ 1-\mathrm{e}^{-\lambda x}, & x\geqslant 0.\end{cases}$

指数分布常用作各种“寿命”分布的近似，一些消耗性产品（如电子元器件）的使用寿命多近似服从指数分布.

例 2.14　某电子元件寿命（单位：h）$X\sim E(0.001)$，求：

（1）该元件使用 1000h 后没损坏的概率；

（2）若发现该元件使用了 500h 后没损坏，它还可以使用 1000h 的概率.

解　（1）$P(X>1000)=1-F(1000)=\mathrm{e}^{-1}$；

（2）$$\begin{aligned}P(X>1500\mid X>500)&=\frac{P(X>1500,X>500)}{P(X>500)}\\&=\frac{P(X>1500)}{P(X>500)}=\frac{1-F(1500)}{1-F(500)}=\mathrm{e}^{-1}.\end{aligned}$$

计算结果表明：$P(X>1500\mid X>500)=P(X>1000)$，即在已使用了 500h 没有损坏的条件下，可以继续使用 1000h 的条件概率等于其寿命不小于 1000h 的无条件概率.

注　若 $X\sim E(\lambda)$，对任意 $s>0,t>0$ 有 $P(X>s+t\mid X>s)=P(X>t)$，称之为**无后效性**或**无记忆性**. 也就是说，元件以前无故障使用的时间，不影响它以后使用寿命的统计规律. 连续分布中只有指

数分布具有这种性质.

3. 正态分布

定义 2.12 若随机变量 X 的密度函数为

$$f(x)=\frac{1}{\sqrt{2\pi}\sigma}e^{-\frac{(x-\mu)^2}{2\sigma^2}},x\in(-\infty,+\infty),$$

其中 μ,σ 是常数,且 $\sigma>0$,则称 X 服从参数为 μ,σ 的**正态分布**,记作 $X\sim N(\mu,\sigma^2)$.

正态分布又称高斯分布,正态分布在概率论和数理统计中有特殊重要的地位.事实表明,产品的许多质量指标,生物和动物的许多生理指标等都服从或近似服从正态分布.大量相互独立且有相同分布的随机变量的和也近似服从正态分布.(这一点将在第 5 章中心极限定理一节中详细说明)

注 (1) 当 $\mu=0,\sigma=1$ 时,$X\sim N(0,1)$,则称 X 服从**标准正态分布**.

标准正态分布的密度函数有特殊的地位,所以用特定的符号 $\varphi(x)$、$\Phi(x)$ 分别表示它的密度函数和分布函数.其密度函数为 $\varphi(x)=\frac{1}{\sqrt{2\pi}}e^{-\frac{x^2}{2}},x\in(-\infty,+\infty)$,其分布函数为

$$\Phi(x)=\int_{-\infty}^{x}\frac{1}{\sqrt{2\pi}}e^{-\frac{t^2}{2}}dt.$$

故若 $X\sim N(0,1)$,则有 $P(a<X\leqslant b)=\Phi(b)-\Phi(a)$.

这里的分布函数 $\Phi(x)$ 不能用初等函数的形式表示,但是我们可以数值积分的方法给出它的近似值.本书的附表 2 给出了标准正态分布表可供查用.

(2) 当 $X\sim N(\mu,\sigma^2)$ 时,X 的密度函数为 $f(x)=\frac{1}{\sqrt{2\pi}\sigma}e^{-\frac{(x-\mu)^2}{2\sigma^2}}$,$x\in(-\infty,+\infty)$,其分布函数为

$$F(x)=\int_{-\infty}^{x}f(t)dt=\int_{-\infty}^{x}\frac{1}{\sqrt{2\pi}\sigma}e^{-\frac{(t-\mu)^2}{2\sigma^2}}dt.$$

做变量代换,令 $s=\frac{t-\mu}{\sigma}$,得 $F(x)=\int_{-\infty}^{\frac{x-\mu}{\sigma}}\frac{1}{\sqrt{2\pi}}e^{-\frac{s^2}{2}}ds=\Phi\left(\frac{x-\mu}{\sigma}\right)$.

即:若 $X\sim N(\mu,\sigma^2)$,则有 $F(x)=\Phi\left(\frac{x-\mu}{\sigma}\right)$.

故若 $X\sim N(\mu,\sigma^2)$,则有 $P(a<X\leqslant b)=\Phi\left(\frac{b-\mu}{\sigma}\right)-\Phi\left(\frac{a-\mu}{\sigma}\right)$.

(3) 若 $X\sim N(\mu,\sigma^2)$,X 的密度函数具有如下特征:

1) $f(x)\geqslant 0,x\in(-\infty,+\infty)$;$\int_{-\infty}^{+\infty}f(x)dx=1$;

2) $f(x)$ 的图像呈钟形,关于直线 $x=\mu$ 对称,且在 $x=\mu$ 处取得

最大值$\frac{1}{\sqrt{2\pi}\sigma}$;

3) $f(x)$在$(-\infty,\mu]$上单调递增,在$[\mu,+\infty)$上单调递减;

4) 当 σ 较大时,$f(x)$的曲线较平坦;当 σ 较小时,$f(x)$的曲线较陡峭.

图 2.2 所示为 $\mu=1$ 的正态分布密度函数曲线.

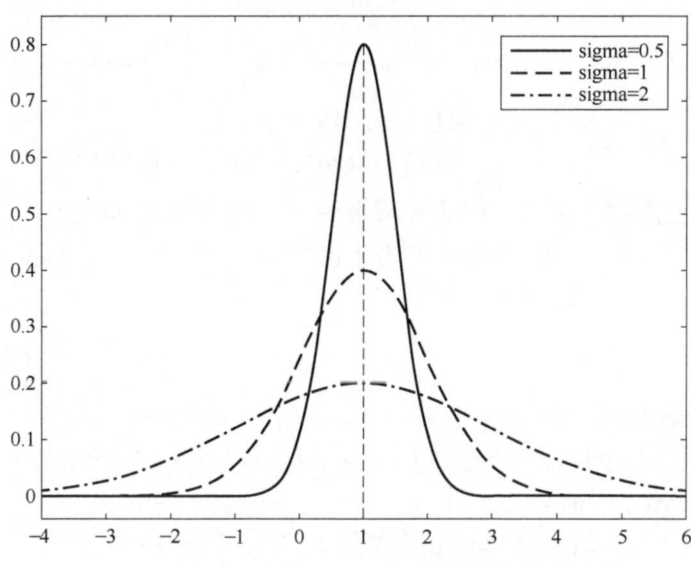

图 2.2 $\mu=1$ 时,正态分布密度函数曲线

(4) 由正态分布密度函数曲线的性质可得,标准正态分布的分布函数 $\Phi(x)$满足:$\Phi(0)=0.5$,$\Phi(-x)=1-\Phi(x)$.

例 2.15 设 $X\sim N(2,\sigma^2)$,其中参数 $\sigma>0$,(1) 求 $P(X\geqslant 2)$, $P(X=2)$;(2) 若已知 $P(0<X<4)=0.6$,求 $P(X<0)$.

解 因为 $X\sim N(2,\sigma^2)$,尽管 $\sigma>0$ 未知,但由正态分布密度函数曲线的性质可知密度函数曲线关于 $x=2$ 对称.

所以由几何意义易得,(1) $P(X\geqslant 2)=0.5$,$P(X=2)=0$;

(2) $P(X<0)=0.2$.

例 2.16 设 $X\sim N(0,1)$,求(1) $P(X<2.2)$;(2) $P(X>1.76)$;(3) $P(|X|<1.55)$;(4) $P(|X|>2.5)$.

解 (1) $P(X<2.2)=\Phi(2.2)=0.9861$;

(2) $P(X>1.76)=1-\Phi(1.76)=1-0.9608=0.0392$;

(3) $P(|X|<1.55)=\Phi(1.55)-\Phi(-1.55)=2\Phi(1.55)-1$
$=0.8788$;

(4) $P(|X|>2.5)=1-P(|X|\leqslant 2.5)=2-2\Phi(2.5)=0.0124$.

注 当 $X\sim N(0,1)$时,有 $P(|X|<a)=2\Phi(a)-1$,其中 $a>0$ 为常数.

例 2.17 设 $X \sim N(1.5,4)$，求(1) $P(X \leqslant 3.5)$；(2) $P(X > 2.5)$；(3) $P(|X| < 3)$.

解 (1) $P(X \leqslant 3.5) = F(3.5) = \Phi\left(\frac{3.5-1.5}{2}\right) = \Phi(1) = 0.8413$；

(2) $P(X > 2.5) = 1 - F(2.5) = 1 - \Phi\left(\frac{2.5-1.5}{2}\right)$

$= 1 - \Phi(0.5) = 0.3085$；

(3) $P(|X| < 3) = F(3) - F(-3) = \Phi\left(\frac{3-1.5}{2}\right) - \Phi\left(\frac{-3-1.5}{2}\right)$

$= \Phi(0.75) - \Phi(-2.25)$

$= \Phi(0.75) + \Phi(2.25) - 1 = 0.7612$.

例 2.18 某地抽样调查结果表明，考生的外语成绩(百分制) $X \sim N(72,\sigma^2)$，且96分以上的考生占考生总数的2.3%，求考生的外语成绩在60分至84分之间的概率.

解 由题设知，$P(X > 96) = 1 - F(96) = 1 - \Phi\left(\frac{24}{\sigma}\right) = 0.023$，所以由查表知 $\sigma = 12$.

于是 $P(60 < X < 84) = F(84) - F(60) = \Phi(1) - \Phi(-1) = 2\Phi(1) - 1 = 0.6826$.

注 对于给定 $0 < \alpha < 1$，有实数 u_α 满足 $\Phi(u_\alpha) = \alpha$，则称 u_α 为标准正态分布的 α **分位数**.

例 2.19 3σ 准则

设 $X \sim N(\mu,\sigma^2)$，则有

$P(|X-\mu| < 3\sigma) = P(\mu - 3\sigma < X < \mu + 3\sigma) = \Phi(3) - \Phi(-3)$

$= 2\Phi(3) - 1 = 0.9974$.

于是，当一个数据 x 来自正态分布 $N(\mu,\sigma^2)$ 时，总认为 $x \in (\mu - 3\sigma, \mu + 3\sigma)$.

所谓的 3σ 或 6σ 管理理念就是要求产品质量的合格率、产品性能的可靠性或服务系统的满意度等达到 $P(|X-\mu| < 3\sigma)$ 或 $P(|X-\mu| < 6\sigma)$.

思考题：

1. 设 $X \sim N(3,4)$，且有 $P(X \leqslant c) = P(X > c)$，则常数 $c =$ (　　).

A. 0；　　B. 2；　　C. 3；　　D. 4.

2. 设 $X \sim N(\mu,\sigma^2)$，当 σ 增大时，$P(X - \mu < \sigma)$ (　　).

A. 增大；　　B. 减少；　　C. 不变；　　D. 不确定.

3. 设 $F(x)$ 是随机变量 X 的分布函数，则对于任意 $a, b (a < b)$，有 $F(b) - F(a) =$ (　　).

A. $P(a < X < b)$；　　B. $P(a < X \leqslant b)$；

C. $P(X \leqslant b)$；　　D. $P(X \leqslant a)$.

4. 设 X 的分布函数 $F(x)=P(X\leqslant x)$，则 $P(X=a)=($　　$)$.

A. $F(a)$；　　B. 0；

C. $F(a+0)-F(a)$；　　D. $F(a)-F(a-0)$.

答案：1. C；2. C；3. B；4. D.

考研真题：

1. 设随机变量 X 的分布函数 $F(x)=\begin{cases}0, & x<0,\\ 0.5, & 0\leqslant x<1,\\ 1-e^{-x}, & x\geqslant 1.\end{cases}$ 则 $P(X=1)=($　　$)$.（2010 年数学一）

A. 0；　　B. 0.5；　　C. $0.5-e^{-1}$；　　D. $1-e^{-1}$.

2. 设 $f_1(x)$ 为标准正态分布的概率密度，$f_2(x)$ 为 $[-1,3]$ 上均匀分布的概率密度，若 $f(x)=\begin{cases}af_1(x), & x\leqslant 0,\\ bf_2(x), & x>0.\end{cases}$ $(a>0,b>0)$ 为概率密度，则 a,b 应满足（　　）.（2010 年数学一）

A. $2a+3b=4$；　　B. $3a+2b=4$；

C. $a+b=1$；　　D. $a+b=2$.

3. 设 $F_1(x)$，$F_2(x)$ 为两个分布函数，其相应的概率密度 $f_1(x)$，$f_2(x)$ 是连续函数，则必为概率密度的是（　　）.（2011 年数学一）

A. $f_1(x)f_2(x)$；　　B. $2f_2(x)F_1(x)$；

C. $f_1(x)F_2(x)$；　　D. $f_1(x)F_2(x)+f_2(x)F_1(x)$.

4. 设 X_1,X_2,X_3 是随机变量，且 $X_1\sim N(0,1)$，$X_2\sim N(0,2^2)$，$X_3\sim N(5,3^2)$，$P_j=P(-2\leqslant X_j\leqslant 2)$，$j=1,2,3$，则（　　）.

A. $P_1>P_2>P_3$；　　B. $P_2>P_1>P_3$；

C. $P_3>P_1>P_2$；　　D. $P_1>P_3>P_2$.

答案：1. C；2. A；3. D；4. A.

2.4 随机变量函数的分布

在一些试验中，某些随机变量往往不能直接观测到，但它是某个能直接观测的随机变量的函数，这些随机变量的分布称为随机变量函数的分布.

例如，某种商品的销售量是随机变量 X，该商品的利润 Y 也是随机变量，它是 X 的函数，记作 $Y=g(X)$. 对函数 $Y=g(X)$，当 X 为离散型时，Y 也是离散型的；当 X 为连续型时，Y 可以是连续型的，也可以是离散型的.

2.4.1 X 为离散型随机变量

定义 2.13　设离散型随机变量 X 的分布律为 $P(X=x_k)=p_k$

$(k=1,2,\cdots)$，$Y=g(X)$ 是 X 的函数，则 Y 的分布律为 $P(Y=y_i)=\sum\limits_{\{k|g(x_k)=y_i\}} p_k(i=1,2,\cdots)$.

例 2.20　设 X 的分布律为 $X\sim\begin{pmatrix}-1 & 0 & 1 & 2\\ 0.1 & 0.2 & 0.3 & 0.4\end{pmatrix}$，求函数 $Y_1=2X+1$，$Y_2=X^2$ 的分布律.

解　由 X 的分布律可列出下表

P	0.1	0.2	0.3	0.4
X	−1	0	1	2
$Y_1=2X+1$	−1	1	3	5
$Y_2=X^2$	1	0	1	4

由上表可得，$Y_1=2X+1$ 的分布律为

Y_1	−1	1	3	5
P	0.1	0.2	0.3	0.4

$Y_2=X^2$ 的分布律为

Y_2	0	1	4
P	0.2	0.4	0.4

关于离散型随机变量 X 的函数 $Y=g(X)$ 的分布的求法.

对 X 的每一个取值 x_i，写出 Y 对应的取值 y_i，再由 $P(Y=y_i)=\sum\limits_{\{k|g(x_k)=y_i\}} p_k$ 写出 Y 的分布. 若 $g(x_k)$ 有相同的值时，则应将相等项的概率合并.

例 2.21　设 X 的分布律为 $P(X=k)=0.5^k(k=1,2,3,\cdots)$，求 $Y=\sin\dfrac{\pi X}{2}$ 的分布律.

解　Y 的可能取值为 −1，0，1，且

$$P(Y=-1)=P(X=3)+P(X=7)+P(X=11)+\cdots$$
$$=0.5^3+0.5^7+0.5^{11}+\cdots=\frac{0.5^3}{1-0.5^4}=\frac{2}{15},$$
$$P(Y=0)=P(X=2)+P(X=4)+P(X=6)+\cdots$$
$$=0.5^2+0.5^4+0.5^6+\cdots=\frac{0.5^2}{1-0.5^2}=\frac{1}{3},$$
$$P(Y=1)=1-P(Y=-1)-P(Y=0)=\frac{8}{15},$$

所以 Y 的分布律为

Y	-1	0	1
P	$\frac{2}{15}$	$\frac{1}{3}$	$\frac{8}{15}$

2.4.2　X 为连续型随机变量

1. 分布函数法

设连续型随机变量 X 的密度函数为 $f_X(x)$，$y=g(x)$ 是连续函数，则 $Y=g(X)$ 是连续型随机变量.

方法　(1) 先求出 Y 的分布函数 $F_Y(y)$；

$F_Y(y)=P(Y\leqslant y)=P\big(g(X)\leqslant y\big)=P(X\in I)=\int_I f_X(x)\,\mathrm{d}x$，

其中 $I=\{x\mid g(x)\leqslant y\}$；

(2) 将分布函数求导，即 $f_Y(y)=F_Y'(y)$.

例 2.22　设 $X\sim U(0,1)$，求 $Y=X^2$ 的概率密度函数.

解　由题设知，X 的密度函数为 $f_X(x)=\begin{cases}1, & 0<x<1,\\ 0, & \text{其他}.\end{cases}$

$$F_Y(y)=P(Y\leqslant y)=P(X^2\leqslant y),$$

(1) 当 $y\leqslant 0$ 时，$F_Y(y)=0$，所以 $f_Y(y)=0$；

(2) 当 $y>0$ 时，$F_Y(y)=P(Y\leqslant y)=P(X^2\leqslant y)$

$$=P(-\sqrt{y}\leqslant X\leqslant\sqrt{y})=\int_{-\sqrt{y}}^{\sqrt{y}}f_X(x)\,\mathrm{d}x$$

$$=\begin{cases}\int_0^{\sqrt{y}}1\,\mathrm{d}x=\sqrt{y}, & 0<y<1,\\ \int_0^1 1\,\mathrm{d}x+\int_1^{\sqrt{y}}0\,\mathrm{d}x=1, & y\geqslant 1,\end{cases}$$

即 $Y=X^2$ 的分布函数为 $F_Y(y)=\begin{cases}0, & y\leqslant 0,\\ \sqrt{y}, & 0<y<1,\\ 1, & y\leqslant 1.\end{cases}$

所以 $Y=X^2$ 的密度函数为 $f_Y(y)=F_Y'(y)=\begin{cases}\dfrac{1}{2\sqrt{y}}, & 0<y<1,\\ 0, & \text{其他}.\end{cases}$

例 2.23　设 $X\sim N(0,1)$，求 $Y=2X+1$ 的密度函数.

解　由题设知，X 的密度函数为 $\varphi(x)=\dfrac{1}{\sqrt{2\pi}}\mathrm{e}^{-\frac{x^2}{2}}$，$-\infty<x<+\infty$.

$F_Y(y)=P(Y\leqslant y)=P(2X+1\leqslant y)=P\left(X\leqslant\dfrac{y-1}{2}\right)=\Phi\left(\dfrac{y-1}{2}\right)$，

$-\infty<y<+\infty$.

所以，Y 的密度函数为 $f_Y(y)=F_Y'(y)=\dfrac{1}{2}\varphi\left(\dfrac{y-1}{2}\right)=\dfrac{1}{2\sqrt{2\pi}}\mathrm{e}^{-\frac{(y-1)^2}{8}}$，

$-\infty < y < +\infty$.

由例 2.23 的结果我们注意到，当 $X \sim N(0,1)$ 时，$Y = 2X+1 \sim N(1,4)$.

2. 公式法（针对特殊函数）

定理 2.2 设 $X \sim f_X(x)\ (-\infty < x < +\infty)$，$y = g(x)$ 单调可导且 $g'(x) \neq 0$，$x = h(y)$ 是 $y = g(x)$ 的反函数，(α, β) 是 $y = g(x)$ 的值域，则 $Y = g(X)$ 是连续型随机变量，它的密度函数为

$$f_Y(y) = \begin{cases} f_X(h(y)) \cdot |h'(y)|, & \alpha < y < \beta, \\ 0, & \text{其他}. \end{cases}$$

例 2.24 设 $X \sim E(1)$，求 $Y = e^X$ 的密度函数.

解 由题设知，X 的密度函数为 $f_X(x) = \begin{cases} e^{-x}, & x > 0, \\ 0, & x \leqslant 0. \end{cases}$

函数 $y = e^x$ 在 $(0, +\infty)$ 上单调可导且一阶导数不为 0，其反函数为 $x = \ln y$，$y = e^x$ 的值域为 $(1, +\infty)$，所以

$$f_Y(y) = \begin{cases} e^{-\ln y} \cdot \dfrac{1}{y} = \dfrac{1}{y^2}, & y > 1, \\ 0, & \text{其他}. \end{cases}$$

结论：(1) 正态分布的随机变量的线性函数仍服从正态分布. 即若 $X \sim N(\mu, \sigma^2)$，$Y = aX + b\ (a \neq 0)$，则 $Y \sim N(a\mu + b, a^2\sigma^2)$.

(2) 特别地，若 $X \sim N(\mu, \sigma^2)$，则 $Y = \dfrac{X-\mu}{\sigma} \sim N(0,1)$.

3. X 是连续型，但 $Y = g(X)$ 是离散型

例 2.25 设 $X \sim U(-1,2)$，$Y = \begin{cases} -1, & X < 0, \\ 0, & X = 0, \\ 1, & X > 0. \end{cases}$ 求 Y 的分布律.

解 Y 的可能取值为 $-1, 0, 1$，且

$P(Y=-1) = P(X<0) = \dfrac{1}{3}$，$P(Y=0) = P(X=0) = 0$，

$P(Y=1) = P(X>0) = \dfrac{2}{3}$，所以 Y 的分布律为

Y	-1	0	1
P	$\frac{1}{3}$	0	$\frac{2}{3}$

习题 2

1. 试确定常数 C，使 $P(X=i) = \dfrac{C}{2^i}\ (i = 0,1,2,3,4)$ 成为某个随

机变量 X 的分布律,并求 $P(X>2)$,$P\left(\frac{1}{2}<X<\frac{5}{2}\right)$.

2. 一口袋中有 6 个球,分别标有数字 $-3,-3,1,1,1,2$,从这口袋中任取一球,设各个球被取到的可能性相同,求取得的球上标明的数字 X 的分布律与分布函数.

3. 某射手有 5 发子弹,每次射击命中目标的概率为 0.8,一旦命中目标就停止射击,如果未命中就一直射到子弹用尽,求子弹剩余数的分布律.

4. 将一颗均匀的骰子连续抛掷两次,以 X_1 表示两次点数之和,以 X_2 表示两次点数的最小值,分别求出 X_1,X_2 的分布律.

5. 设随机变量 $X\sim B(6,p)$,已知 $P(X=1)=P(X=5)$,求 p 与 $P(X=2)$ 的值.

6. 某商店出售某种物品,根据以往的经验,每月销售量 X 服从参数 $\lambda=4$ 的泊松分布,问在月初进货时,要进多少才能以 99% 的概率充分满足顾客的需要?

7. 一汽车站有大量汽车通过,每辆汽车在一天某段时间出事故的概率为 0.0001,在某天该段时间内有 1000 辆汽车通过,求事故次数不少于 2 的概率.

8. 设随机变量 X 的密度函数为 $f(x)=\begin{cases}ax+b, & 0<x<1,\\ 0, & \text{其他}.\end{cases}$ 且已知 $P\left(X<\frac{1}{3}\right)=P\left(X>\frac{1}{3}\right)$,求常数 a,b.

9. 设连续型随机变量 X 的密度函数为 $f(x)=Ae^{-|x|}\ (-\infty<x<+\infty)$,求(1) 常数 A;(2) $P(0<X<1)$;(3) X 的分布函数.

10. 设连续型随机变量 X 的密度函数为

$$f(x)=\begin{cases}x, & 0\leqslant x<1,\\ 2-x, & 1\leqslant x<2,\\ 0, & \text{其他}.\end{cases}$$

求(1) X 的分布函数;(2) $P(X<0.5)$,$P(X>1.3)$,$P(0.2<X<1.2)$.

11. 设连续型随机变量 X 的密度函数为

$$f(x)=\begin{cases}\dfrac{C}{\sqrt{1-x^2}}, & 0<x<1,\\ 0, & \text{其他}.\end{cases}$$

求(1) 常数 C;(2) X 的分布函数.

12. 设连续型随机变量 X 的密度函数为

$$f(x)=\begin{cases}\ln x, & 1\leqslant x\leqslant b,\\ 0, & \text{其他}.\end{cases}$$

求(1) 常数 b;(2) X 的分布函数.

13. 设随机变量 X 的分布函数为

$$F(x)=\begin{cases}0, & x<0,\\ 1-(1+x)\mathrm{e}^{-x}, & x\geqslant 0.\end{cases}$$

求 X 的密度函数,并计算 $P(X\leqslant 1)$ 和 $P(X>2)$.

14. 在计算机上定点计算的舍入误差可认为服从均匀分布,如计算中对数据的小数点后第 3 位做四舍五入,求舍入误差的密度函数.

15. 公共汽车站每隔 5min 有一辆汽车,乘客在 5min 内任一时刻到达汽车站是等可能的,求乘客候车时间不超过 3min 的概率.

16. 设顾客在某银行的窗口等待服务的时间 X(单位:min)服从参数 $\lambda=\dfrac{1}{5}$的指数分布,某顾客在窗口等待服务,若超过 10min 他就离开.(1) 设该顾客某天去银行,求他未等到服务就离开的概率;(2) 设该顾客一个月要去 5 次银行,求他 5 次中至多有一次未等到服务而离开的概率.

17. 设 $X\sim N(3,2^2)$,求 $P(2<X\leqslant 5)$,$P(-4<X\leqslant 10)$,$P(|X|>2)$,$P(X>3)$.

18. 由某机器生产的螺栓的长度(单位:cm)服从参数 $\mu=10.05$,$\sigma=0.06$ 的正态分布,规定长度在范围 10.05 ± 0.12 内为合格品,求一螺栓为不合格品的概率.

19. 工厂生产的电子元件的寿命 X(单位:h)服从 $\mu=160$,σ 的正态分布,若要求 $P(120<X\leqslant 200)\geqslant 0.80$,允许 σ 最大为多少?

20. 设 X 的分布律为

X	-2	-0.5	0	2	4
P	$\frac{1}{8}$	$\frac{1}{4}$	$\frac{1}{8}$	$\frac{1}{6}$	$\frac{1}{3}$

分别求随机变量的函数(1) $X+2$;(2) $1-X$;(3) X^2的分布律.

21. 已知离散型随机变量 X 的分布律为

X	0	$\frac{\pi}{2}$	π
P	$\frac{1}{4}$	$\frac{1}{2}$	$\frac{1}{4}$

求(1) $Y_1=\dfrac{2}{3}X+2$;(2) $Y_2=\cos X$ 的分布律.

22. 设 X 的密度函数为$f(x)=\begin{cases}2x, & 0<x<1,\\ 0, & \text{其他}.\end{cases}$分别求随机变量的函数(1) $2X$;(2) $1-X$;(3) X^2 的密度函数.

23. 对圆片直径进行测量，测量值 X 服从 $(5,6)$ 上的均匀分布，求圆片面积 Y 的密度函数.

24. 设随机变量 X 服从参数为 3 的指数分布，求随机变量 $Y=1-\mathrm{e}^{-3X}$ 的密度函数.

25. 设随机变量 X 的密度函数为 $f(x)=\begin{cases}\dfrac{2}{\pi(1+x^2)}, & x>0,\\ 0, & x\leqslant 0.\end{cases}$

求随机变量 $Y=\ln X$ 的密度函数.

26. 随机变量 X 服从 $(0,1)$ 上的均匀分布，求 $Y=-2\ln X$ 的密度函数.

第3章 二维随机变量及其概率分布

在许多实际问题中，每一个试验的结果可能同时对应一个以上的数值. 例如，打靶时弹着点的位置用一个随机变量只能反映它偏离靶心的距离(即通常所说的环数)，但环数并不会全面反映出弹着点的位置. 若用 X 表示它离靶心的水平距离，用 Y 表示垂直方向上的有向距离，则 X,Y 都是随机变量，且都有自己的分布，而它们之间又有一定关系. 因此，本章我们将讨论二维随机变量的联合分布、边缘分布及随机变量之间的独立性.

3.1 二维随机变量及其分布函数

定义 3.1 设 X,Y 都是随机变量，则称有序数组 (X,Y) 为**二维随机变量**，X,Y 称为它的分量.

定义 3.2 设 (X,Y) 为二维随机变量，对任意实数 x,y，称二元函数 $F(x,y)=P(X\leqslant x,Y\leqslant y)$，$x,y\in(-\infty,+\infty)$ 为 (X,Y) 的**联合分布函数**.

二维随机变量的联合分布函数 $F(x,y)$ 表示事件 $\{X\leqslant x,Y\leqslant y\}$ 的概率，这里事件 $\{X\leqslant x,Y\leqslant y\}$ 指的是 $\{X\leqslant x\}\cap\{Y\leqslant y\}$. 联合分布函数具有如下性质：

(1) $0\leqslant F(x,y)\leqslant 1$；

(2) $F(x,y)$ 分别关于 x,y 单调不减；

即对 $\forall x_1,x_2\in(-\infty,+\infty)$ 且 $x_1<x_2$，有 $F(x_1,y)\leqslant F(x_2,y)$；对 $\forall y_1,y_2\in(-\infty,+\infty)$ 且 $y_1<y_2$，有 $F(x,y_1)\leqslant F(x,y_2)$；

(3) $\lim\limits_{\substack{x\to-\infty\\ y\to-\infty}}F(x,y)=0$，$\lim\limits_{\substack{x\to+\infty\\ y\to+\infty}}F(x,y)=1$；

$\lim\limits_{x\to-\infty}F(x,y)=0$，$\lim\limits_{y\to-\infty}F(x,y)=0$；

(4) $F(x,y)$ 分别关于 x,y 右连续；

(5) 对 $x_1<x_2, y_1<y_2$ 有

$$P(x_1<X<x_2, y_1<Y<y_2)$$
$$=F(x_2,y_2)-F(x_2,y_1)-F(x_1,y_2)+F(x_1,y_1).$$

如图 3.1 所示.

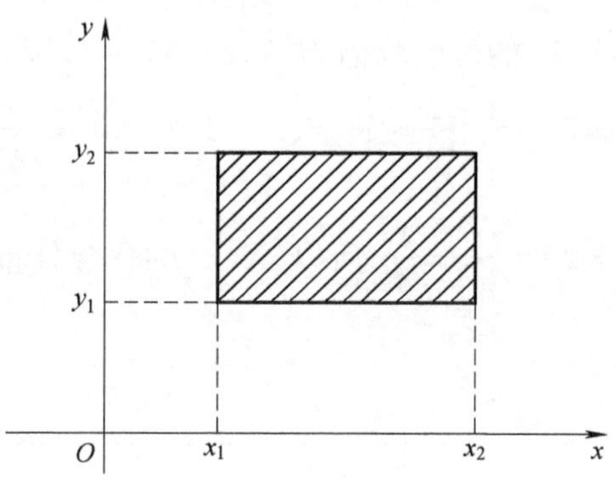

图3.1　事件$\{x_1<X<x_2, y_1<Y<y_2\}$

3.2 二维离散型随机变量

定义 3.3　若二维随机变量(X,Y)的所有可能取值为有限多个或可列多个有序数组,则称(X,Y)为**二维离散型随机变量**.

定义 3.4　设二维离散型随机变量(X,Y)的所有可能取值为(x_i,y_j),且

$$P(X=x_i, Y=y_j)=p_{ij},\ (i,j=1,2,3,\cdots),$$

则(X,Y)的**联合分布律**为

X \ Y	y_1	y_2	$\cdots$	y_j	$\cdots$
x_1	p_{11}	p_{12}	$\cdots$	p_{1j}	$\cdots$
x_2	p_{21}	p_{22}	$\cdots$	p_{2j}	$\cdots$
$\vdots$	$\vdots$	$\vdots$		$\vdots$	
x_i	p_{i1}	p_{i2}	$\cdots$	p_{ij}	$\cdots$
$\vdots$	$\vdots$	$\vdots$		$\vdots$	

注　(1) 联合分布律的性质:

1) 非负性:$0\leqslant p_{ij}\leqslant 1\ (i,j=1,2,3,\cdots)$;

2) 规范性:$\sum\limits_{i=1}^{\infty}\sum\limits_{j=1}^{\infty}p_{ij}=1$.

(2) 设D是任一非空平面点集,则$P((X,Y)\in D)=\sum\limits_{\{(i,j)|(x_i,y_j)\in D\}}\sum p_{ij}$.

(3) (X,Y) 的联合分布函数为 $F(x,y) = \sum\limits_{x_i \leqslant x} \sum\limits_{y_j \leqslant y} p_{ij}$.

例 3.1 袋中有三个球,分别标有数字 1,2,2,从袋中任取一个后,不放回袋中,再从袋中任取一个,以 X,Y 分别表示第一次、第二次取得的球上标有的数字,求(1) (X,Y)的联合分布律;(2) $P(X \geqslant Y)$.

解 (1) (X,Y)的可能取值为(1,2),(2,1),(2,2),且

$P(X=1,Y=2)=\dfrac{1\times 2}{A_3^2}=\dfrac{1}{3}$,$P(X=2,Y=1)=\dfrac{2\times 1}{A_3^2}=\dfrac{1}{3}$,

$P(X=2,Y=2)=\dfrac{A_2^2}{A_3^2}=\dfrac{1}{3}$,所以$(X,Y)$的联合分布律为

$X \backslash Y$	1	2
1	0	$\frac{1}{3}$
2	$\frac{1}{3}$	$\frac{1}{3}$

(2) $P(X \geqslant Y)=1-P(X<Y)=1-P(X=1,Y=2)=\dfrac{2}{3}$.

思考题:

将一枚均匀硬币连掷三次,以 X 表示三次试验中出现正面的次数,Y 表示出现正面的次数与出现反面的次数之差的绝对值,求(X,Y)的联合分布律.

提示 X,Y 的可能取值(见下表)

X	0	1	2	3
Y	3	1	1	3

所以,(X,Y)的可能取值为(0,3),(1,1),(2,1),(3,3).

3.3 二维连续型随机变量

3.3.1 二维连续型随机变量

定义 3.5 设随机变量(X,Y)的联合分布函数是 $F(x,y)$,若存在非负可积函数$f(x,y)$,使得对任意实数 x,y 有

$$F(x,y) = \int_{-\infty}^{x}\int_{-\infty}^{y} f(u,v)\,\mathrm{d}u\mathrm{d}v,$$

则称(X,Y)是二维连续型随机变量,$f(x,y)$ 称为(X,Y)的**联合概率密度或联合密度函数**,记作$(X,Y) \sim f(x,y)$.

注　(1) 联合密度函数的性质：

1) 非负性：$f(x,y)\geqslant 0, x\in(-\infty,+\infty)$；

2) 规范性：$\int_{-\infty}^{+\infty}\int_{-\infty}^{+\infty}f(x,y)\,\mathrm{d}x\mathrm{d}y = 1$.

(2) 设 D 是任一非空平面点集，则

$$P((X,Y)\in D) = \iint_D f(x,y)\,\mathrm{d}x\mathrm{d}y.$$

(3) 二维连续型随机变量的联合分布函数 $F(x,y)$ 是连续函数，且在密度函数 $f(x,y)$ 的连续点处有 $\frac{\partial^2 F(x,y)}{\partial x\partial y}=f(x,y)$.

例 3.2　设二维连续型随机变量 (X,Y) 的联合密度函数为 $f(x,y)=\begin{cases}a\mathrm{e}^{-(2x+y)}, & x>0,y>0\\ 0, & \text{其他}\end{cases}$，求(1) 常数 a；(2) (X,Y) 的联合分布函数；(3) $P(X+Y\leqslant 1)$.

解　(1) 由规范性知，

$$1=\int_{-\infty}^{+\infty}\int_{-\infty}^{+\infty}f(x,y)\,\mathrm{d}x\mathrm{d}y=\int_0^{+\infty}\int_0^{+\infty}a\mathrm{e}^{-(2x+y)}\,\mathrm{d}x\mathrm{d}y = 0.5a,$$

所以 $a=2$；

(2)
$$\begin{aligned}F(x,y) &= \int_{-\infty}^{x}\int_{-\infty}^{y}f(u,v)\,\mathrm{d}u\mathrm{d}v\\ &= \begin{cases}\int_0^x\int_0^y 2\mathrm{e}^{-(2u+v)}\,\mathrm{d}u\mathrm{d}v, & x>0,y>0,\\ 0, & \text{其他}.\end{cases}\\ &= \begin{cases}(1-\mathrm{e}^{-2x})(1-\mathrm{e}^{-y}), & x>0,y>0,\\ 0, & \text{其他}.\end{cases}\end{aligned}$$

(3)
$$\begin{aligned}P(X+Y\leqslant 1) &= \iint_{x+y\leqslant 1}f(x,y)\,\mathrm{d}x\mathrm{d}y = \int_0^1\mathrm{d}x\int_0^{1-x}2\mathrm{e}^{-(2x+y)}\,\mathrm{d}y\\ &= \mathrm{e}^{-2}-2\mathrm{e}^{-1}+1.\end{aligned}$$

3.3.2　两种常见的连续型分布

1. 二维均匀分布

定义 3.6　若 (X,Y) 的联合密度函数为

$$f(x,y)=\begin{cases}\dfrac{1}{D\text{ 的面积}}, & (x,y)\in D,\\ 0, & \text{其他}.\end{cases}$$

其中 D 是平面上可度量的有界区域，则称二维随机变量 (X,Y) 服从区域 D 上的**均匀分布**.

例如，(X,Y) 服从 D 上的均匀分布，其中 $D=\{(x,y)\mid x^2+y^2\leqslant 2y\}$，则 (X,Y) 的联合密度函数为

$$f(x,y)=\begin{cases}\dfrac{1}{\pi} & (x,y)\in D,\\ 0 & \text{其他}.\end{cases}$$

2. 二维正态分布

定义 3.7 若(X,Y)的联合密度函数为

$$f(x,y)=\frac{1}{2\pi\sigma_1\sigma_2\sqrt{1-\rho^2}}$$

$$\exp\left\{-\frac{1}{2(1-\rho^2)}\left[\frac{(x-\mu_1)^2}{\sigma_1^2}-\frac{2\rho(x-\mu_1)(y-\mu_2)}{\sigma_1\sigma_2}+\frac{(y-\mu_2)^2}{\sigma_2^2}\right]\right\},$$

$(-\infty<x,y<+\infty)$，其中$\mu_1,\mu_2,\sigma_1,\sigma_2,\rho$均为常数，且$\sigma_1>0$，$\sigma_2>0$，$-1<\rho<1$，称$(X,Y)$服从**二维正态分布**，记作$(X,Y)\sim N(\mu_1,\mu_2,\sigma_1^2,\sigma_2^2,\rho)$.

3.4 边缘分布

二维随机变量(X,Y)中每一个分量的分布，称为**边缘分布**或**边际分布**.

3.4.1 边缘分布函数

定义 3.8 设二维随机变量(X,Y)的联合分布函数为$F(x,y)$，则称

$$P(X\leqslant x)=P(X\leqslant x,Y<+\infty),\ -\infty<x<+\infty,$$

为 **X 的边缘分布函数**，记作$F_X(x)$.

类似地，称$P(Y\leqslant y)=P(X<+\infty,Y\leqslant y)$，$-\infty<y<+\infty$，为 **$Y$ 的边缘分布函数**，记作$F_Y(y)$.

由定义 3.8 利用极限的定义有 X 的边缘分布函数

$$F_X(x)=P(X\leqslant x,Y<+\infty)=\lim_{y\to+\infty}P(X\leqslant x,Y\leqslant y)=\lim_{y\to+\infty}F(x,y),$$

可将上式最右端的极限记作$F(x,+\infty)$. 类似可得 Y 的边缘分布函数.

即$F_X(x)=\lim\limits_{y\to+\infty}F(x,y)=F(x,+\infty)$，$F_Y(y)=\lim\limits_{y\to+\infty}F(x,y)=F(+\infty,y)$.

例 3.3 设(X,Y)的联合分布函数为

$$F(x,y)=\frac{1}{\pi^2}\left(\frac{\pi}{2}+\arctan x\right)\left(\frac{\pi}{2}+\arctan y\right),\ (-\infty<x,y<+\infty),$$

求X,Y的边缘分布函数$F_X(x),F_Y(y)$.

解 X 的边缘分布函数$F_X(x)=F(x,+\infty)=\dfrac{1}{\pi}\left(\dfrac{\pi}{2}+\arctan x\right)$，

Y 的边缘分布函数$F_Y(y)=F(+\infty,y)=\dfrac{1}{\pi}\left(\dfrac{\pi}{2}+\arctan y\right)$.

3.4.2 边缘分布律

定义 3.9 设二维离散型随机变量 (X,Y) 的联合分布律为 $P(X=x_i,Y=y_j)=p_{ij}(i,j=1,2,3,\cdots)$，则称 $P(X=x_i)=P(X=x_i, Y<+\infty)(i=1,2,3,\cdots)$ 为 **X 的边缘**分布律.

类似地，称 $P(Y=y_j)=P(X<+\infty,Y=y_j)(j=1,2,3,\cdots)$ 为 **Y 的边缘**分布律.

由定义 3.9 可得，

$$
\begin{aligned}
P(X=x_i) &= P(X=x_i,Y<+\infty)\\
&=\sum_{j=1}^{\infty}P(X=x_i,Y=y_j)=\sum_{j=1}^{\infty}p_{ij}(i=1,2,3,\cdots),
\end{aligned}
$$

一般记 $P(X=x_i)=\sum\limits_{j=1}^{\infty}p_{ij}=p_{i\cdot}$.

类似地，

$$
\begin{aligned}
P(Y=y_j) &= P(X<+\infty,Y=y_j)\\
&=\sum_{i=1}^{\infty}P(X=x_i,Y=y_j)=\sum_{i=1}^{\infty}p_{ij}=p_{\cdot j}(i=1,2,3,\cdots).
\end{aligned}
$$

由联合分布律求边缘分布律用表格表示可用如下方法. 对用表格表示的联合分布律，将其中的概率值分别按行、列求和，即得相应的边缘分布律.

X \ Y	y_1	y_2	$\cdots$	y_j	$\cdots$	$P(X=x_i)$
x_1	p_{11}	p_{12}	$\cdots$	p_{1j}	$\cdots$	$p_{1\cdot}$
x_2	p_{21}	p_{22}	$\cdots$	p_{2j}	$\cdots$	$p_{2\cdot}$
$\vdots$	$\vdots$	$\vdots$		$\vdots$		$\vdots$
x_i	p_{i1}	p_{i2}	$\cdots$	p_{ij}	$\cdots$	$p_{i\cdot}$
$\vdots$	$\vdots$	$\vdots$		$\vdots$		$\vdots$
$P(Y=y_j)$	$p_{\cdot 1}$	$p_{\cdot 2}$	$\cdots$	$p_{\cdot j}$	$\cdots$	

例 3.4 设袋中有 2 只白球 3 只红球，(1) 有放回地取两次，每次 1 只；(2) 无放回地取两次，每次 1 只，

记 $X=\begin{cases}1, & \text{第一次取到白球},\\0, & \text{第一次取到红球},\end{cases}$ $Y=\begin{cases}1, & \text{第二次取到白球},\\0, & \text{第二次取到红球}\end{cases}$

分别在上述两种情况下写出 (X,Y) 的联合分布律和边缘分布律.

解 (X,Y) 的所有可能取值为 $(0,0),(0,1),(1,0),(1,1)$，

(1) 有放回：

$P(X=0,Y=0)=\dfrac{3^2}{5^2}=0.36, P(X=0,Y=1)=\dfrac{3\times 2}{5^2}=0.24,$

$$P(X=1,Y=0)=\frac{2\times3}{5^2}=0.24,P(X=1,Y=1)=\frac{2^2}{5^2}=0.16,$$

即

X \ Y	0	1	$p_{i\cdot}$
0	0.36	0.24	0.6
1	0.24	0.16	0.4
$p_{\cdot j}$	0.6	0.4	

(2) 无放回：

$$P(X=0,Y=0)=\frac{A_3^2}{A_5^2}=0.3,P(X=0,Y=1)=\frac{3\times2}{A_5^2}=0.3,$$

$$P(X=1,Y=0)=\frac{2\times3}{A_5^2}=0.3,P(X=1,Y=1)=\frac{A_2^1}{A_5^2}=0.1,$$

即

X \ Y	0	1	$p_{i\cdot}$
0	0.3	0.3	0.6
1	0.3	0.1	0.4
$p_{\cdot j}$	0.6	0.4	

我们注意到，上题中在两种取球方式下，(X,Y)具有不同的联合分布律，但它们的边缘分布律相同. 因此，联合分布律完全确定边缘分布律，但边缘分布律却不能完全确定联合分布律.

思考题：

设$X\sim\begin{pmatrix}-1 & 0 & 1\\0.25 & 0.5 & 0.25\end{pmatrix}$，$Y\sim\begin{pmatrix}0 & 1\\0.5 & 0.5\end{pmatrix}$，且有$P(XY=0)=1$，求$(X,Y)$的联合分布律.

分析　由$P(XY=0)=1$，则有$P(XY\neq0)=P(X=-1,Y=1)+P(X=1,Y=1)=0$. 于是，$P(X=-1,Y=1)=P(X=1,Y=1)=0$. 故由$X,Y$的边缘分布律可得下表.

X \ Y	0	1	$p_{i\cdot}$
-1	0.25	0	0.25
0	0	0.5	0.5
1	0.25	0	0.25
$p_{\cdot j}$	0.5	0.5	

虽然边缘分布律不能唯一确定联合分布律，但如果加上适当的条件，也可以确定联合分布律.

3.4.3 边缘密度函数

定义 3.10 设二维连续型随机变量(X,Y)的联合密度函数为$f(x,y)$，则X的边缘密度函数为

$$f_X(x) = \int_{-\infty}^{+\infty} f(x,y)\,\mathrm{d}y,\ -\infty < x < +\infty;$$

类似地，Y的边缘密度函数为

$$f_Y(y) = \int_{-\infty}^{+\infty} f(x,y)\,\mathrm{d}x,\ -\infty < y < +\infty.$$

例 3.5 设二维连续型随机变量(X,Y)的联合密度函数为$f(x,y)=\begin{cases}1, & 0<x<1,\ |y|<x,\\ 0, & \text{其他}.\end{cases}$求$X,Y$的边缘密度函数.

解 $f_X(x) = \int_{-\infty}^{+\infty} f(x,y)\,\mathrm{d}y$

$$= \begin{cases}\int_{-x}^{x}\mathrm{d}y, & 0<x<1,\\ 0, & \text{其他}.\end{cases} = \begin{cases}2x, & 0<x<1,\\ 0, & \text{其他}.\end{cases}$$

$f_Y(y) = \int_{-\infty}^{+\infty} f(x,y)\,\mathrm{d}x$

$$= \begin{cases}\int_{-y}^{1}\mathrm{d}x, & -1<y<0,\\ \int_{y}^{1}\mathrm{d}x, & 0\leqslant y<1,\\ 0, & \text{其他}.\end{cases} = \begin{cases}1+y, & -1<y<0,\\ 1-y, & 0\leqslant y<1,\\ 0, & \text{其他}.\end{cases}$$

上例中(X,Y)服从二维均匀分布，但它的分量X,Y并不服从均匀分布.

例 3.6 若$(X,Y)\sim N(\mu_1,\mu_2,\sigma_1^2,\sigma_2^2,\rho)$，求$X,Y$的边缘密度函数.

解 由题设(X,Y)的联合密度函数为

$$f(x,y) = \frac{1}{2\pi\sigma_1\sigma_2\sqrt{1-\rho^2}}$$

$$\exp\left\{-\frac{1}{2(1-\rho^2)}\left[\frac{(x-\mu_1)^2}{\sigma_1^2} - \frac{2\rho(x-\mu_1)(y-\mu_2)}{\sigma_1\sigma_2} + \frac{(y-\mu_2)^2}{\sigma_2^2}\right]\right\},$$

我们先将密度函数的指数部分配方，得

$$-\frac{1}{2(1-\rho^2)}\left[\frac{(x-\mu_1)^2}{\sigma_1^2} - \frac{2\rho(x-\mu_1)(y-\mu_2)}{\sigma_1\sigma_2} + \frac{(y-\mu_2)^2}{\sigma_2^2}\right]$$

$$= -\frac{1}{2}\left[\rho\frac{x-\mu_1}{\sigma_1\sqrt{1-\rho^2}} - \frac{y-\mu_2}{\sigma_2\sqrt{1-\rho^2}}\right]^2 - \frac{(x-\mu_1)^2}{2\sigma_1^2},$$

令 $t=\rho\dfrac{x-\mu_1}{\sigma_1\sqrt{1-\rho^2}}-\dfrac{y-\mu_2}{\sigma_2\sqrt{1-\rho^2}}$，则 $\mathrm{d}y=-\sigma_2\sqrt{1-\rho^2}\mathrm{d}t$，于是

$$\begin{aligned}f_X(x)&=\int_{-\infty}^{+\infty}f(x,y)\mathrm{d}y=\frac{1}{2\pi\sigma_1\sigma_2\sqrt{1-\rho^2}}\cdot\\&\int_{-\infty}^{+\infty}\exp\left\{-\frac{1}{2}\left[\rho\frac{x-\mu_1}{\sigma_1\sqrt{1-\rho^2}}-\frac{y-\mu_2}{\sigma_2\sqrt{1-\rho^2}}\right]^2-\frac{(x-\mu_1)^2}{2\sigma_1^2}\right\}\mathrm{d}y\\&=\frac{1}{2\pi\sigma_1}\int_{-\infty}^{+\infty}\exp\left\{-\frac{t^2}{2}-\frac{(x-\mu_1)^2}{2\sigma_1^2}\right\}\mathrm{d}t\\&=\frac{1}{2\pi\sigma_1}\mathrm{e}^{-\frac{(x-\mu_1)^2}{2\sigma_1^2}}\int_{-\infty}^{+\infty}\mathrm{e}^{-\frac{t^2}{2}}\mathrm{d}t=\frac{1}{\sqrt{2\pi}\sigma_1}\mathrm{e}^{-\frac{(x-\mu_1)^2}{2\sigma_1^2}}.\end{aligned}$$

由密度函数规范性知 $\dfrac{1}{\sqrt{2\pi}}\displaystyle\int_{-\infty}^{+\infty}\mathrm{e}^{-\frac{t^2}{2}}\mathrm{d}t=1$ 所以我们得到 $X\sim N(\mu_1,\sigma_1^2)$. 同理可证，$Y\sim N(\mu_2,\sigma_2^2)$.

由例 3.6 的求解结果，我们看到二维正态分布的边缘分布中不含参数 ρ. 这说明了边缘分布相同的两个随机变量的联合分布可以是不同的. 这里再次印证了我们在离散型情况下得到的结论.

相同的边缘分布可构成不同的联合分布，这反映出两个分量的相关程度不同. 这种差异在边缘分布中没有表现，因而必须考察它们的联合分布. 在下一节中我们来研究两个分量的独立性.

3.5 随机变量的独立性

在第 1 章中我们定义了事件的独立性. 事件 A,B 相互独立的充要条件是 $P(AB)=P(A)P(B)$. 而随机变量实际上就是随机事件的定量化描述，因此我们可以在事件独立性定义的基础上定义随机变量的独立性.

定义 3.11 随机变量 X,Y 相互独立的充要条件是 $P(X\leqslant x,Y\leqslant y)=P(X\leqslant x)P(Y\leqslant y)$.

注 (1) 定义 3.11 中等式两端分别是 X,Y 的联合分布函数与边缘分布函数，所以我们可以得到定义 3.11 的等价形式，即

X,Y 相互独立的充要条件是 $F(x,y)=F_X(x)F_Y(y)$.

下面我们不加证明地给出在离散型与连续型情形下随机变量相互独立的充要条件.

(2) 若 (X,Y) 是二维离散型随机变量，则 X 与 Y 相互独立 $\Leftrightarrow$ $p_{ij}=p_{i\cdot}p_{\cdot j}$ 对一切 i,j 成立.

(3) 若 (X,Y) 是二维连续型随机变量，则 X 与 Y 相互独立 $\Leftrightarrow$ $f(x,y)=f_X(x)f_Y(y)$ 在三者的一切公共连续点上成立.

(4) 若 X,Y 相互独立，则它们的连续函数 $g(X)$ 与 $h(Y)$ 也是相

互独立的.

例如,若 X,Y 相互独立,则 $aX+b$ 与 $cY+d(ac\neq 0)$ 是相互独立的,X^2 与 Y^2 也是相互独立的.

(5) 设 $(X,Y)\sim N(\mu_1,\mu_2,\sigma_1^2,\sigma_2^2,\rho)$,则 X 与 Y 相互独立 $\Leftrightarrow \rho=0$.

(6) 随机变量的独立性定义可推广到 n 维情形.

在3.4节中,我们指出对二维随机变量来说,由联合分布可以确定两个边缘分布,而由边缘分布一般不能唯一确定联合分布.但当两个随机变量相互独立时,由边缘分布可以唯一确定联合分布.

例3.7 设 (X,Y) 的联合分布律为

$X \backslash Y$	-1	0	2
0	0.1	0.05	0.1
1	0.1	0.05	0.1
2	0.2	0.1	0.2

判断 X 与 Y 是否相互独立?

解 先求出 X,Y 的边缘分布律(见下表).

$X \backslash Y$	-1	0	2	$p_{i\cdot}$
0	0.1	0.05	0.1	0.25
1	0.1	0.05	0.1	0.25
2	0.2	0.1	0.2	0.5
$p_{\cdot j}$	0.4	0.2	0.4	

经验证,$p_{ij}=p_{i\cdot}p_{\cdot j}$ 对一切 $i,j=1,2,3$ 成立.故 X 与 Y 相互独立.

例3.8 设二维随机变量 (X,Y) 的联合密度函数为 $f(x,y)=\begin{cases}2\mathrm{e}^{-(2x+y)}, & x>0,y>0,\\ 0, & \text{其他}.\end{cases}$ 讨论 X 与 Y 的独立性.

解 因为 $f_X(x)=\int_{-\infty}^{+\infty}f(x,y)\mathrm{d}y=\begin{cases}\int_0^{+\infty}2\mathrm{e}^{-(2x+y)}\mathrm{d}y, & x>0,\\ 0, & x\leqslant 0.\end{cases}$

$$=\begin{cases}2\mathrm{e}^{-2x}, & x>0,\\ 0, & x\leqslant 0.\end{cases}$$

$$f_Y(y)=\int_{-\infty}^{+\infty}f(x,y)\mathrm{d}x=\begin{cases}\int_0^{+\infty}2\mathrm{e}^{-(2x+y)}\mathrm{d}x, & y>0\\ 0, & y\leqslant 0\end{cases}$$

$$=\begin{cases}\mathrm{e}^{-y}, & y>0\\ 0, & y\leqslant 0\end{cases},$$

所以有 $f(x,y)=f_X(x)f_Y(y)$,故 X 与 Y 相互独立.

思考题:

1. 设(X,Y)的联合分布律为

$X \backslash Y$	1	2	3
1	$\frac{1}{6}$	$\frac{1}{9}$	$\frac{1}{18}$
2	$\frac{1}{3}$	a	b

且 X 与 Y 相互独立,求常数 a,b.

提示 本题可由分布律的规范性和 X 与 Y 的独立性,确定关于 a,b 的方程组.

$X \backslash Y$	1	2	3	$p_{i\cdot}$
1	$\frac{1}{6}$	$\frac{1}{9}$	$\frac{1}{18}$	$\frac{1}{3}$
2	$\frac{1}{3}$	a	b	$\frac{1}{3}+a+b$
$p_{\cdot j}$	$\frac{1}{2}$	$\frac{1}{9}+a$	$\frac{1}{18}+b$	

2. 设 $X\sim U(0,0.2)$,$Y\sim E(5)$,且 X 与 Y 是相互独立,求 $P(X\geqslant Y)$.

提示 由 X 与 Y 的独立性知,

$$f(x,y)=f_X(x)f_Y(y)=\begin{cases}25\mathrm{e}^{-5y} & 0<x<0.2,y>0,\\ 0 & \text{其他}.\end{cases}$$

而 $P(X\geqslant Y)=\iint\limits_{x\geqslant y}f(x,y)\,\mathrm{d}x\mathrm{d}y$.

3.6 二维随机变量函数的分布

设(X,Y)是二维随机变量,$g(x,y)$是一个二元函数.类似于一维随机变量函数的定义,$Z=g(X,Y)$是(X,Y)的函数,并且此时 Z 是一维随机变量.下面我们分情况讨论二维随机变量函数的分布.

3.6.1 (X,Y)是二维离散型随机变量

定义 3.12 设二维离散型随机变量(X,Y)的联合分布律为 $P(X=x_i,Y=y_j)=p_{ij}(i,j=1,2,3,\cdots)$,$Z=g(X,Y)$是$(X,Y)$的函数,

则 Z 的分布律为

$$P(Z=z_k)=\sum_{\{(i,j)|g(x_i,y_j)=z_k\}}\sum P(X=x_i,Y=y_j)$$
$$=\sum_{\{(i,j)|g(x_i,y_j)=z_k\}}\sum p_{ij},k=1,2,3,\cdots.$$

例 3.9　设(X,Y)的联合分布律为

X \ Y	-1	1	2
-1	$\frac{1}{4}$	$\frac{1}{10}$	$\frac{3}{10}$
2	$\frac{3}{20}$	$\frac{3}{20}$	$\frac{1}{20}$

求　(1) $Z_1=X+Y$ 的分布律；(2) $Z_2=\max(X,Y)$ 的分布律.

解　由(X,Y)的联合分布律可列出下表

P	$\frac{1}{4}$	$\frac{1}{10}$	$\frac{3}{10}$	$\frac{3}{20}$	$\frac{3}{20}$	$\frac{1}{20}$
(X,Y)	$(-1,-1)$	$(-1,1)$	$(-1,2)$	$(2,-1)$	$(2,1)$	$(2,2)$
$Z_1=X+Y$	-2	0	1	1	3	4
$Z_2=\max(X,Y)$	-1	1	2	2	2	2

由上表可得，

(1) $Z_1=X+Y$ 的分布律为

Z_1	-2	0	1	3	4
P	$\frac{1}{4}$	$\frac{1}{10}$	$\frac{9}{20}$	$\frac{3}{20}$	$\frac{1}{20}$

(2) $Z_2=\max(X,Y)$ 的分布律为

Z_2	-1	1	2
P	$\frac{1}{4}$	$\frac{1}{10}$	$\frac{13}{20}$

定理 3.1　设 $X_1\sim P(\lambda_1)$，$X_2\sim P(\lambda_2)$，且 X_1 与 X_2 相互独立，则 $X_1+X_2\sim P(\lambda_1+\lambda_2)$.

证明　由题设知 $X_1\sim P(\lambda_1)$，$X_2\sim P(\lambda_2)$ 且 X_1 与 X_2 相互独立，所以 X_1+X_2 只能取非负整数，并且对 $k=0,1,2,\cdots$ 有 $\{X_1+X_2=k\}=\bigcup_{i=0}^{k}\{X_1=i,X_2=k-i\}$，显然这是有限多个两两互斥事件的并.

$$
\begin{aligned}
P(X_1+X_2=k) &= \sum_{i=0}^{k} P(X_1=i, X_2=k-i) \\
&= \sum_{i=0}^{k} P(X_1=i)P(X_2=k-i) \\
&\qquad\qquad \text{（这是离散形式的卷积公式）} \\
&= \sum_{i=0}^{k} \frac{\lambda_1^i e^{-\lambda_1}}{i!} \frac{\lambda_2^{k-i} e^{-\lambda_2}}{(k-i)!} \\
&= \frac{e^{-(\lambda_1+\lambda_2)}}{k!} \sum_{i=0}^{k} \frac{k!}{i!(k-i)!} \lambda_1^i \lambda_2^{k-i} \\
&\qquad\qquad \text{（根据二项式展开定理）} \\
&= \frac{e^{-(\lambda_1+\lambda_2)}}{k!} (\lambda_1+\lambda_2)^k.
\end{aligned}
$$

这说明 $X_1+X_2 \sim P(\lambda_1+\lambda_2)$.

根据前面的定义及独立性的充要条件，我们可以进一步得到两个重要的结论. 在以后的学习中可以直接使用.

结论

(1) 设 $X_1, X_2, \cdots, X_m$ 相互独立，且 $X_i \sim B(n_i, p)\ (i=1,2,\cdots,m)$，其中，$n_i$ 为正整数，$0<p<1$，则 $\sum\limits_{i=1}^{m} X_i \sim B\left(\sum\limits_{i=1}^{m} n_i, p\right)$.

(2) 设 $X_1, X_2, \cdots, X_m$ 相互独立，且 $X_i \sim P(\lambda_i)\ (i=1,2,\cdots,m)$，其中，$\lambda_i>0$ 为常数，则 $\sum\limits_{i=1}^{m} X_i \sim P\left(\sum\limits_{i=1}^{m} \lambda_i\right)$.

即在独立的条件下，二项分布、泊松分布具有可加性.

3.6.2 (*X*, *Y*)是二维连续型随机变量

与一维连续型随机变量函数的分布类似，我们仍然可以将前面的分布函数法思想应用到二维的情形.

设二维连续型随机变量 (X,Y) 的密度函数为 $f(x,y)$，$z=g(x,y)$ 是连续函数，则 $Z=g(X,Y)$ 的分布函数为

$$
\begin{aligned}
F_Z(z) &= P(Z \leqslant z) = P(g(X,Y) \leqslant z) = P((X,Y) \in D) \\
&= \iint_D f(x,y)\,dx\,dy,
\end{aligned}
$$

其中 $D=\{(x,y) \mid g(x,y) \leqslant z\}$.

再将分布函数求导，即得 $Z=g(X,Y)$ 的密度函数 $f_Z(z)=F_Z'(z)$.

对于连续型随机变量，这里我们以计算独立随机变量和的密度函数为例，给出连续形式的卷积公式.

定理 3.2 设 X 与 Y 相互独立，它们的密度函数分别为 $f_X(x)$，$f_Y(y)$，则 $Z=X+Y$ 的密度函数为 $f_Z(z)=\int_{-\infty}^{+\infty} f_X(x)f_Y(z-x)\,dx$.

证明 $Z=X+Y$ 的分布函数为

$$
\begin{aligned}
F_Z(z) &= P(Z \leqslant z) = P(X+Y \leqslant z) = \iint\limits_{x+y\leqslant z} f(x,y)\,\mathrm{d}x\mathrm{d}y \\
&= \iint\limits_{x+y\leqslant z} f_X(x)f_Y(y)\,\mathrm{d}x\mathrm{d}y \\
&= \int_{-\infty}^{+\infty}\left[\int_{-\infty}^{z-x} f_Y(y)\,\mathrm{d}y\right] f_X(x)\,\mathrm{d}x \\
&= \int_{-\infty}^{+\infty} F_Y(z-x)f_X(x)\,\mathrm{d}x,
\end{aligned}
$$

其中 F_Y 是 Y 的分布函数.

对上式求导,得 $Z=X+Y$ 的密度函数

$$
\begin{aligned}
f_Z(z) &= F_Z'(z) = \int_{-\infty}^{+\infty} \frac{\mathrm{d}F_Y(z-x)}{\mathrm{d}z} f_X(x)\,\mathrm{d}x \\
&= \int_{-\infty}^{+\infty} f_Y(z-x)f_X(x)\,\mathrm{d}x.
\end{aligned}
$$

这就是连续形式的**卷积公式**. 或者也可写为

$$
f_Z(z) = \int_{-\infty}^{+\infty} f_X(z-x)f_Y(y)\,\mathrm{d}y.
$$

由定理 3.2 可得,两个独立的连续型随机变量之和仍是连续型随机变量. 另外,我们也可推导出在独立的条件下正态分布也具有可加性.

结论 设 $X_1, X_2, \cdots, X_m$ 相互独立,且 $X_i \sim N(\mu_i, \sigma_i^2)\ (i=1, 2, \cdots, m)$,其中 μ_i, σ_i 为常数,$\sigma_i > 0$,则 $\sum\limits_{i=1}^{m} X_i \sim N\left(\sum\limits_{i=1}^{m}\mu_i, \sum\limits_{i=1}^{m}\sigma_i^2\right)$.

3.6.3 极大极小值分布

极大极小值的分布也是在实际生活中经常会遇到的问题. 例如,在两个射手射击同一目标的比赛中,如果分别记 X,Y 表示两个射手的弹着点到目标中心的距离,当 X,Y 分布已知,且相互独立时,我们要求失败者的弹着点到目标中心的距离的密度函数. 这就是求 $\min(X,Y)$ 的分布问题.

记 $U=\max(X,Y)$, $V=\min(X,Y)$,则

$$
\begin{aligned}
&P(U\leqslant z) = P(\max(X,Y)\leqslant z) = P(X\leqslant z, Y\leqslant z), \\
&P(V\leqslant z) = P(\min(X,Y)\leqslant z) = 1 - P(\min(X,Y) > z) \\
&\qquad = 1 - P(X>z, Y>z)
\end{aligned}
$$

如果设 X,Y 的分布函数分别为 $F_X(x)$, $F_Y(y)$,且 X,Y 相互独立,则我们可以进一步得到 $U=\max(X,Y)$ 的分布函数为 $F_U(z) = P(U\leqslant z) = F_X(z)F_Y(z)$;$V=\min(X,Y)$ 的分布函数为 $F_V(z) = P(V\leqslant z) = 1-[1-F_X(z)][1-F_Y(z)]$.

上面的结果也可以推广到 n 维情形.

习题 3

1. 从分别标有 1,2,3 号的三张卡片中任取一张,以 X 表示取得的号码,放回后拿掉三张卡片中号码大于 X 的卡片,从剩下的卡片中再任取一张,以 Y 表示取得的号码,求 (X,Y) 的联合分布律及 X,Y 的边缘分布律.

2. 从 3 名数据处理经理、2 名高级系统分析师和 2 名质量控制工程师中随机挑选 4 人组成一个委员会,研究某项目的可行性. 设 X 表示选出来的委员会中数据处理经理的人数,Y 表示选出来的委员会中高级系统分析师的人数,求(1) (X,Y) 的联合分布律;(2) $P(X\geqslant Y)$.

3. 盒中有 4 个红球 4 个黑球,不放回地抽取 4 次,每次 1 个,X 表示前 2 次抽中的红球数,Y 表示 4 次共抽中的红球数,求 (X,Y) 的联合分布律.

4. 将一颗骰子连续抛掷两次,令 X 为第一次掷出的点数,Y 为两次掷出的最大点数,求 (X,Y) 的联合分布律及 X,Y 的边缘分布律,并判断 X,Y 是否相互独立?

5. 设 (X,Y) 的联合密度函数为

$$f(x,y)=\begin{cases}0.5, & 0\leqslant x\leqslant 1,0\leqslant y\leqslant 2,\\ 0, & \text{其他}.\end{cases}$$

求 X,Y 中至少有一个小于 0.5 的概率.

6. 设 (X,Y) 的联合密度函数为

$$f(x,y)=\begin{cases}4.8y(2-x), & 0\leqslant x\leqslant 1,0\leqslant y\leqslant x,\\ 0, & \text{其他}.\end{cases}$$

求 X,Y 的边缘密度函数.

7. 设 (X,Y) 服从区域 G 上二维均匀分布,其中区域 G 由曲线 $y=x^2$ 和直线 $y=x$ 围成,求(1) (X,Y) 的联合密度函数;(2) X,Y 的边缘密度函数.

8. 设 (X,Y) 的联合密度函数为

$$f(x,y)=\begin{cases}Ax^2y, & 0<x<y<1,\\ 0, & \text{其他}.\end{cases}$$

求(1) 常数 A;(2) X,Y 的边缘密度函数;(3) $P(X+Y>1)$.

9. 设 (X,Y) 的联合密度函数为

$$f(x,y)=\begin{cases}k\mathrm{e}^{-(3x+4y)}, & x>0,y>0,\\ 0, & \text{其他}.\end{cases}$$

求(1) 常数 k;(2) (X,Y)的联合分布函数;(3) $P(0<X\leqslant 1,0<Y\leqslant 1)$.

10. 设 (X,Y) 的联合密度函数为 $f(x,y)=\begin{cases}\mathrm{e}^{-y}, & 0<x<y,\\ 0, & \text{其他}.\end{cases}$

求(1) X,Y 的边缘密度函数;(2) 判断 X,Y 是否相互独立?

11. 设$(X,Y) \sim N(\mu_1,\mu_2,\sigma_1^2,\sigma_2^2,\rho)$，证明：$X,Y$ 相互独立的充要条件是 $\rho=0$.

12. 设(X,Y)的联合分布律为

X \ Y	0	1	2	3
0	0.05	0.1	0.1	0.1
1	0	0.1	0.05	0.2
2	0.1	0.1	0.1	0

求下列函数的分布律：(1) $Z_1=X+Y$；(2) $Z_2=\max(X,Y)$；(3) $Z_3=\min(X,Y)$.

13. 设随机变量 X,Y 相互独立，且 $X \sim B\left(1,\frac{1}{4}\right)$，$Y \sim B\left(1,\frac{1}{4}\right)$，分别求(1) $Z_1=X+Y$，(2) $Z_2=2X$ 的分布律.（此例说明：即使 X,Y 分布相同，$X+Y$ 与 $2X$ 的分布也不一定相同.）

14. 设 $X \sim U(0,1)$，$Y \sim E(1)$，且 X,Y 相互独立，求 $Z=X+Y$ 的密度函数.

15. 设 X,Y 为随机变量，已知 $P(X\geqslant 0,Y\geqslant 0)=\frac{2}{5}$，$P(X\geqslant 0)=P(Y\geqslant 0)=\frac{3}{5}$，求 $P(\max(X,Y)\geqslant 0)$，$P(\min(X,Y)<0)$.

16. 设 X,Y 独立同分布，且 $X \sim \begin{pmatrix} 0 & 1 \\ \frac{2}{3} & \frac{1}{3} \end{pmatrix}$，求：(1) 随机变量 $U=\max(X,Y)$，$V=\min(X,Y)$ 的分布律；(2) (U,V) 的联合分布律.

第 4 章 随机变量的数字特征

前面讨论了随机变量的分布函数,从中知道随机变量的分布函数完整地描述了随机变量的概率性质和统计规律.但在实际问题中,一般求随机变量的分布函数是比较困难的;另一方面,在一些问题中也不要求求出它的分布函数,而只需知道它的某些特征即可.例如,一个灯泡厂在稳定的生产条件下所生产的大批灯泡的寿命是个随机变量,为了衡量这个厂的产品质量,需要知道这批灯泡寿命的平均值以及各个灯泡寿命相对于这个平均值的偏离程度,平均值越大,偏离程度越小,则产品质量越好.平均值与偏离程度都表现为一些数字,这些数字反映了随机变量的某些特征,称之为随机变量的数字特征,即数学期望和方差.

本章将要讨论的随机变量的常用数字特征有数学期望、方差、协方差、相关系数和矩.

4.1 数学期望及其性质

4.1.1 随机变量的数学期望

1. 离散型随机变量的数学期望

数学期望是描述随机变量取值的平均状态的数字特征,这里的平均不是一般的算术平均,它是以概率为权重的加权平均.为了给出数学期望的概念,先看如下的例子.

例 4.1 设在一次考试中,某班 10 名学生有 1 人得 65 分,2 人得 75 分,3 人得 80 分,2 人得 85 分,2 人得 90 分,求这 10 名学生的平均成绩.

解 显然这 10 名学生的平均成绩应该是

$(1\times65+2\times75+3\times80+2\times85+2\times90)$分$/10=80.5$分.

现在换一个角度来看这个问题,将这 10 名学生的成绩看成一个随机变量 X,则其分布列为

X	65	75	80	85	90
P	0.1	0.2	0.3	0.2	0.2

这样,上述平均成绩恰好就是随机变量 X 的所有可能取值与相应的概率乘积之和,一般有如下定义.

定义 4.1　设离散型随机变量 X 有概率分布

$$P(X=x_k)=p_k \quad k=1,2,\cdots$$

若级数 $\sum\limits_{k=1}^{\infty} x_k p_k$ 绝对收敛,则称此级数的和为随机变量 X 的**数学期望**,简称**期望**或**均值**. 记为 $E(X)$,即 $E(X)=\sum\limits_{k=1}^{\infty} x_k p_k$.

若级数 $\sum\limits_{k=1}^{\infty} |x_k| p_k$ 发散,则说明 $E(X)$ 不存在.

对于离散型随机变量 X,$E(X)$ 就是 X 的各可能取值与其对应概率乘积的和. 在不会产生混淆的情况下,可以记作 EX.

注　(1) 因为 X 是随机变量,其取值顺序并无特别约定. 要求级数 $\sum\limits_{k=1}^{\infty} x_k p_k$ 绝对收敛,是为了保证级数的和与级数各项次序无关.

(2) 随机变量的数学期望度量了随机变量的可能取值的平均水平,反映了随机变量分布的中心位置.

例 4.2　设 X 服从 0-1 分布,其概率分布 $P(X=k)=p^k(1-p)^{1-k}$,$k=0,1$,求随机变量 X 的数学期望.

解　依题意,X 的概率分布为 $\begin{pmatrix} 0 & 1 \\ 1-p & p \end{pmatrix}$,则有

$$E(X)=\sum_{k=0}^{1} kP(X=k)=0\times(1-p)+1\times p=p.$$

例 4.3　设 $X\sim P(\lambda)$,求 $E(X)$.

解　因 X 的分布律为 $P(X=k)=\dfrac{\lambda^k}{k!}\mathrm{e}^{-\lambda}$,$k=0,1,2,\cdots$,$\lambda>0$,故 X 的数学期望为

$$E(X)=\sum_{k=0}^{\infty} kp_k=\sum_{k=1}^{\infty} k\frac{\lambda^k}{k!}\mathrm{e}^{-\lambda}=\lambda\mathrm{e}^{-\lambda}\sum_{k=1}^{\infty}\frac{\lambda^{k-1}}{(k-1)!}$$
$$=\lambda\mathrm{e}^{-\lambda}\cdot\mathrm{e}^{\lambda}=\lambda.$$

例 4.4　设随机变量 X 的概率分布为 $P\left(X=(-1)^k\dfrac{2^k}{k}\right)=\dfrac{1}{2^k}$,$k=1,2,\cdots$,判断 $E(X)$ 是否存在?

解　由于级数 $\sum\limits_{k=1}^{\infty} |x_k| p_k=\sum\limits_{k=1}^{\infty}\left|(-1)^k\dfrac{2^k}{k}\right|\dfrac{1}{2^k}=\sum\limits_{k=1}^{\infty}\dfrac{1}{k}$ 发散,

所以 $E(X)$ 不存在.

2. 连续型随机变量的数学期望

对于连续型随机变量,若它的概率密度为 $f(x)$,注意到 $f(x)\mathrm{d}x$ 相当于离散型随机变量中的 p_k,再考虑到随机变量 X 取值的连续性,由此可得连续型随机变量数学期望的定义.

定义 4.2 设连续型随机变量 X 有概率密度 $f(x)$, 若积分 $\int_{-\infty}^{+\infty}xf(x)\mathrm{d}x$ 绝对收敛, 则 $E(X)=\int_{-\infty}^{+\infty}xf(x)\mathrm{d}x$ 称为 X 的**数学期望**, 若积分 $\int_{-\infty}^{+\infty}|x|f(x)\mathrm{d}x$ 发散, 则说明 $E(X)$ 不存在.

也就是说,连续型随机变量 X 的数学期望是 X 的取值 x 与概率密度 $f(x)$ 的乘积在无穷区间 $(-\infty,+\infty)$ 上的反常积分.

例 4.5 设随机变量 X 服从 (a,b) 上的均匀分布,求 $E(X)$.

解 依题意,

$$f(x)=\begin{cases}\dfrac{1}{b-a}, & a<x<b,\\ 0, & \text{其他}.\end{cases}$$

故 $E(X)=\int_{-\infty}^{+\infty}xf(x)\mathrm{d}x=\int_{-\infty}^{a}x\times 0\mathrm{d}x+\int_{a}^{b}x\cdot\frac{1}{b-a}\mathrm{d}x+\int_{b}^{+\infty}x\times 0\mathrm{d}x=\frac{a+b}{2}$.

可见均匀分布的数学期望位于区间 (a,b) 的中点.

例 4.6 设随机变量 X 服从参数为 λ 的指数分布,求 $E(X)$.

解 依题意,

$$f(x)=\begin{cases}\lambda\mathrm{e}^{-\lambda x}, & x>0,\\ 0, & x\leqslant 0.\end{cases}\quad(\lambda>0)$$

故

$$\begin{aligned}E(X)&=\int_{-\infty}^{+\infty}xf(x)\mathrm{d}x=\int_{-\infty}^{0}x\times 0\mathrm{d}x+\int_{0}^{+\infty}x\cdot\lambda\mathrm{e}^{-\lambda x}\mathrm{d}x\\&=\int_{0}^{+\infty}x\lambda\mathrm{e}^{-\lambda x}\mathrm{d}x.\\&=-\int_{0}^{+\infty}x\mathrm{e}^{-\lambda x}\mathrm{d}(-\lambda x)=-\int_{0}^{+\infty}x\mathrm{d}\mathrm{e}^{-\lambda x}\\&=-x\mathrm{e}^{-\lambda x}\Big|_{0}^{+\infty}+\int_{0}^{+\infty}\mathrm{e}^{-\lambda x}\mathrm{d}x=\frac{1}{\lambda}.\end{aligned}$$

4.1.2 随机变量函数的数学期望

在实际问题与理论研究中,常遇到求随机变量函数的数学期望问题.一种方法是先求出随机变量函数的相应分布,然后根据定义求数学期望.但这种方法通常比较麻烦,下面的定理给出了直接由随机变量的分布求其函数的数学期望的公式.

定理 4.1　设 Y 是随机变量 X 的函数 $Y=g(X)$（g 是连续函数），

（1）若 X 是离散型随机变量，其概率分布 $P(X=x_k)=p_k$，$k=1,2,\cdots$，若 $\sum_{k=1}^{\infty} g(x_k)p_k$ 绝对收敛，则随机变量 X 的函数 $Y=g(X)$ 的数学期望为

$$E(Y)=E[g(X)]=\sum_{k=1}^{\infty} g(x_k)p_k\ ;$$

（2）若 X 是连续型随机变量，其概率密度 $f(x)$，若无穷积分 $\int_{-\infty}^{+\infty} g(x)f(x)\,dx$ 绝对收敛，则随机变量 X 的函数 $Y=g(X)$ 的数学期望为

$$E(Y)=E[g(X)]=\int_{-\infty}^{+\infty} g(x)f(x)\,dx\ .$$

特别地，当 $Y=g(X)=X$ 时，定理 4.1 与我们前面引入的随机变量的数学期望是一致的.

注　定理 4.1 的重要性在于，求 $E[g(X)]$ 时，不必知道 $g(X)$ 的分布，只需知道 X 的分布即可. 这给求随机变量函数的数学期望带来很大方便.

例 4.7　设随机变量 X 的概率分布为 $\begin{pmatrix} -1 & 1 & 2 & 3 \\ \frac{1}{8} & \frac{1}{4} & \frac{3}{8} & \frac{1}{4} \end{pmatrix}$，求 $E(X^2)$.

解　**方法 1**：先求 X^2 的概率分布

$$\begin{pmatrix} 1 & 4 & 9 \\ \frac{1}{8}+\frac{1}{4}=\frac{3}{8} & \frac{3}{8} & \frac{1}{4} \end{pmatrix},$$

则 $E(X^2)=1\times\frac{3}{8}+4\times\frac{3}{8}+9\times\frac{1}{4}=\frac{33}{8}$.

方法 2：$E(X^2)=(-1)^2\times\frac{1}{8}+1^2\times\frac{1}{4}+2^2\times\frac{3}{8}+3^2\times\frac{1}{4}=\frac{33}{8}$.

例 4.8　设随机变量 X 服从 $(-\pi,\pi)$ 上的均匀分布，求 $E(\sin X)$.

解　因为随机变量 X 服从 $(-\pi,\pi)$ 上的均匀分布，其概率密度为

$$f(x)=\begin{cases} \frac{1}{2\pi}, & -\pi<x<\pi, \\ 0, & \text{其他}. \end{cases}$$

故 $E(\sin X)=\int_{-\infty}^{+\infty}\sin x f(x)\,dx=\int_{-\pi}^{\pi}\sin x\frac{1}{2\pi}dx=0$.（对称区间上奇函数的积分为 0）.

例 4.9　设 $X\sim N(0,1)X$，求 $E(X^2)$.

解 因 X 的概率密度为

$$\varphi(x)=\frac{1}{\sqrt{2\pi}}e^{-\frac{x^2}{2}}\quad x\in(-\infty,+\infty),$$

故

$$E(X^2)=\int_{-\infty}^{+\infty}x^2\varphi(x)\mathrm{d}x=\frac{1}{\sqrt{2\pi}}\int_{-\infty}^{+\infty}x^2e^{-\frac{x^2}{2}}\mathrm{d}x=\frac{-1}{\sqrt{2\pi}}\int_{-\infty}^{+\infty}x\mathrm{d}(e^{-\frac{x^2}{2}})$$

$$=\frac{-1}{\sqrt{2\pi}}\left(xe^{-\frac{x^2}{2}}\bigg|_{-\infty}^{+\infty}-\int_{-\infty}^{+\infty}e^{-\frac{x^2}{2}}\mathrm{d}x\right),$$

利用极限结论 $\lim\limits_{x\to+\infty}xe^{-\frac{x^2}{2}}=0$, $\lim\limits_{x\to-\infty}xe^{-\frac{x^2}{2}}=0$,以及概率密度的性质有

$$E(X^2)=\frac{1}{\sqrt{2\pi}}\int_{-\infty}^{+\infty}e^{-\frac{x^2}{2}}\mathrm{d}x=\int_{-\infty}^{+\infty}\varphi(x)\mathrm{d}x=1.$$

上述定理4.1可推广到二维及二维以上的情形,即有下列定理.

定理4.2 设 Z 是随机变量 X、Y 的函数 $Z=g(X,Y)$(g 是连续函数),则 Z 是一个一维随机变量.

(1) 若(X,Y)是离散型随机变量,其联合分布律为 $P(X=x_i,Y=y_j)=p_{ij},i,j=1,2,\cdots$ 且 $\sum\limits_{i=1}^{\infty}\sum\limits_{j=1}^{\infty}g(x_i,y_j)p_{ij}$ 绝对收敛,则 $Z=g(X,Y)$ 的数学期望为

$$E(Z)=E[g(X,Y)]=\sum_{i=1}^{\infty}\sum_{j=1}^{\infty}g(x_i,y_j)p_{ij};$$

(2) 若(X,Y)是连续型随机变量,其概率密度为 $f(x,y)$,且 $\int_{-\infty}^{+\infty}\int_{-\infty}^{+\infty}g(x,y)f(x,y)\mathrm{d}x\mathrm{d}y$ 绝对收敛,则

$$E(Z)=E[g(X,Y)]=\int_{-\infty}^{+\infty}\int_{-\infty}^{+\infty}g(x,y)f(x,y)\mathrm{d}x\mathrm{d}y.$$

特别地,当 $Z=g(X,Y)=X$ 与 $Z=g(X,Y)=Y$ 时,$E[g(X,Y)]$ 为二维随机变量的分量 X 与 Y 的数学期望.

例4.10 设随机变量(X,Y)的联合分布律为

X \ Y	-2	0	2
0	0.3	0.1	0.3
1	0.1	0.2	0

解 依题意,有

$$E(XY^2)=0\times(-2)^2\times0.3+0\times0^2\times0.1+0\times2^2\times0.3+1\times(-2)^2\times0.1+1\times0^2\times0.2+1\times2^2\times0=0.4.$$

例4.11 设二维随机变量(X,Y)在矩形区域 $D:0<x<2,0<y<1$ 上服从均匀分布,求 $E(X)$,$E(Y)$ 和 $E(XY)$.

解 已知(X,Y)的概率密度为

$$f(x,y)=\begin{cases}\dfrac{1}{2}, & 0<x<2,0<y<1,\\ 0, & 其他.\end{cases}$$

取 $g(X,Y)=X$，则

$$E(X)=\int_{-\infty}^{+\infty}\int_{-\infty}^{+\infty}xf(x,y)\mathrm{d}x\mathrm{d}y=\int_0^1\mathrm{d}y\int_0^2\frac{x}{2}\mathrm{d}x=1,$$

类似可得

$$E(Y)=\int_{-\infty}^{+\infty}\int_{-\infty}^{+\infty}yf(x,y)\mathrm{d}x\mathrm{d}y=\int_0^1\mathrm{d}y\int_0^2\frac{y}{2}\mathrm{d}x=\frac{1}{2}.$$

亦可通过求出 X,Y 的边缘分布，计算 $E(X),E(Y)$.

$$E(XY)=\int_{-\infty}^{+\infty}\int_{-\infty}^{+\infty}xyf(x,y)\mathrm{d}x\mathrm{d}y=\int_0^1\mathrm{d}y\int_0^2\frac{xy}{2}\mathrm{d}x$$

$$=\frac{1}{2}\left(\int_0^2x\mathrm{d}x\right)\left(\int_0^1y\mathrm{d}y\right)=\frac{1}{2}.$$

4.1.3 数学期望的性质

假定随机变量的数学期望均存在，则数学期望有如下性质成立.

(1) 设 C 是常数，则 $E(C)=C$；

(2) 设 X 是一个随机变量，C 是常数，则 $E(CX)=CE(X)$；

(3) 设 X 和 Y 是任意两个随机变量，则 $E(X+Y)=E(X)+E(Y)$；

性质(3)可推广到任意有限个随机变量的情况，即

$$E(X_1+X_2+\cdots+X_n)=E(X_1)+E(X_2)+\cdots+E(X_n);$$

由性质(2)和性质(3)可得

$$E(C_1X_1+C_2X_2+\cdots+C_nX_n)=C_1E(X_1)+C_2E(X_2)+\cdots+C_nE(X_n),$$

即随机变量线性组合的数学期望等于随机变量数学期望的线性组合.

(4) 设 X 与 Y 是两个相互独立的随机变量，则 $E(XY)=E(X)E(Y)$.

性质(4)可推广到有限个相互独立的随机变量的情况，即

$$E(X_1X_2\cdots X_n)=E(X_1)E(X_2)\cdots E(X_n).$$

性质(1)和性质(2)请读者自己给出证明，下面给出性质(3)和性质(4)的证明.

证明　性质(3)以离散型随机变量为例.

设二维离散型随机变量 (X,Y) 的联合分布律为

$$P(X=x_i,Y=y_j)=p_{ij},i,j=1,2,\cdots,$$

由定理 4.2 中二维离散型随机变量函数期望的计算式，有

$$E(X+Y)=\sum_i\sum_j(x_i+y_j)p_{ij}=\sum_i\sum_jx_ip_{ij}+\sum_i\sum_jy_jp_{ij}$$

$$=E(X)+E(Y).$$

性质(4)以连续型随机变量为例.

设二维连续型随机变量 (X,Y) 的联合概率密度为 $f(x,y)$，$(x,y)\in$

R^2,由二维连续型随机变量的函数期望的计算式及 X,Y 独立$\Leftrightarrow f(x,y)=f_X(x)f_Y(y)$,

$$\begin{aligned}E(XY)&=\int_{-\infty}^{+\infty}\int_{-\infty}^{+\infty}xyf(x,y)\mathrm{d}x\mathrm{d}y=\int_{-\infty}^{+\infty}\int_{-\infty}^{+\infty}xyf_X(x)f_Y(y)\mathrm{d}x\mathrm{d}y\\&=\int_{-\infty}^{+\infty}yf_Y(y)\left[\int_{-\infty}^{+\infty}xf_X(x)\mathrm{d}x\right]\mathrm{d}y=\int_{-\infty}^{+\infty}xf_X(x)\mathrm{d}x\int_{-\infty}^{+\infty}yf_Y(y)\mathrm{d}y\\&=E(X)E(Y).\end{aligned}$$

例 4.12 随机变量 X 的分布律为

$$\begin{pmatrix}-1&0&1&2\\0.1&0.3&0.5&0.1\end{pmatrix},$$

求 $E(2X+1)$ 与 $E(3X^2-2)$.

解 因

$$E(X)=-1\times0.1+0\times0.3+1\times0.5+2\times0.1=0.6,$$
$$E(X^2)=(-1)^2\times0.1+0^2\times0.3+1^2\times0.5+2^2\times0.1=1,$$

故

$$E(2X+1)=2E(X)+1=2.2,$$
$$E(3X^2-2)=3E(X^2)-2=1.$$

4.2 方差及其性质

随机变量的数学期望表示随机变量 X 的均值,是随机变量的一个重要的数字特征,但在许多实际问题中,还需要了解随机变量 X 的取值对期望值 $E(X)$ 的偏离程度. 为此,引进随机变量的另一个重要数字特征——方差.

先看个例子. 设甲、乙两位射手打中靶的环数分别为 X_1,X_2,并有如下概率分布:

$$X_1\sim\begin{pmatrix}7&8&9&10\\0.4&0.3&0.2&0.1\end{pmatrix},\quad X_2\sim\begin{pmatrix}0&5&6&10\\0.04&0.16&0.2&0.6\end{pmatrix}.$$

由计算可知,两位射手射击的平均环数都是 8 环($E(X_i)=8,i=1,2$). 由此看出,仅从平均环数是不能判定两者射击水平的好坏的,因此还要考察命中的环数与平均值的偏离程度. 若偏离程度较小,则表示射击水平较稳定,从这个意义上来说,认为射击水平较高;否则就认为射击水平较低. 在该例中甲、乙两射手的环数与平均数的偏离程度是不一样的,从摆动的情况来看,乙比甲好,因为他打中靶的环数比较集中.

可见在实际问题中,仅靠期望值(即均值)不能完善地说明随机变量的分布特征,还必须研究其离散程度. 通常人们关心的是随机变量 X 对期望值 $E(X)$ 的离散程度,怎样来度量此离散程度呢? 用 $E[X-E(X)]$ 是不行的,因为这时正、负偏差会抵消,而这两种偏差都反映了离散程度,所以不准确;$E[\,|X-E(X)|\,]$ 含绝对值,运算不

方便,故选用 $E[X-E(X)]^2$ 来衡量 X 与 $E(X)$ 的离散程度.

4.2.1 方差的定义

定义 4.3 设 X 为随机变量,若 $E[X-E(X)]^2$ 存在,则称 $E[X-E(X)]^2$ 为随机变量 X 的方差,记作 $D(X)$[或 DX,或 $\mathrm{Var}(X)$],即

$$D(X)=E[X-E(X)]^2.$$

称 $\sqrt{D(X)}$ 为 X 的**标准差**(或**均方差**).

若 X 是离散型随机变量,概率分布为 $P(X=x_k)=p_k, k=1,2,\cdots$,则

$$D(X)=\sum_k[x_k-E(X)]^2p_k.$$

若 X 是连续型随机变量,有概率密度 $f(x)$,则

$$D(X)=\int_{-\infty}^{+\infty}[x-E(X)]^2f(x)\mathrm{d}x.$$

可见,随机变量的方差是一个非负数. 当 X 的可能取值密集在它的期望值 $E(X)$ 附近时,方差较小,反之则方差较大. 因此,方差刻画了随机变量 X 取值与 $E(X)$ 的偏离程度.

由方差的定义式容易得到常用计算式 $D(X)=E(X^2)-[E(X)]^2$.

证明
$$\begin{aligned}D(X)&=E[X-E(x)]^2=E\{X^2-2XE(X)+[E(X)]^2\}\\&=E(X^2)-2E(X)E(X)+[E(X)]^2\\&=E(X^2)-[E(X)]^2.\end{aligned}$$

注 这个公式很重要,它不仅证明了一般情况下随机变量平方的数学期望大于其数学期望的平方这个重要结论,而且经常用它来简化方差的计算.

例 4.13 设随机变量 X 服从参数为 p 的 0-1 分布,求 $D(X)$.

解 因 X 的概率分布为 $P(X=k)=p^k(1-p)^{1-k}\quad(k=0,1)$,且在 4.1 节例 4.2 中已算得 $E(X)=p$,故有

方法 1 $D(X)=(0-p)^2\times(1-p)+(1-p)^2\times p=p(1-p)$.

方法 2 $E(X^2)=0^2\times(1-p)+1^2\times p=p$,

$D(X)=E(X^2)-(EX)^2=p-p^2=p(1-p)$.

例 4.14 设甲、乙两炮射击弹着点与目标的距离分别为 X_1,X_2(为方便起见,假定只取离散值),其分布规律如下,问甲、乙两炮哪一个更为精确?

炮	甲(X_1)					乙(X_2)				
距离 X	80	85	90	95	100	85	87.5	90	95	92.5
概率 P	0.2	0.2	0.2	0.2	0.2	0.2	0.2	0.2	0.2	0.2

解 $E(X_1)=90, E(X_2)=90$

由此看出,甲、乙两炮有相同的期望值. 根据定理 4.1,得

$$D(X_1)=(80-90)^2\times0.2+(85-90)^2\times0.2+(90-90)^2\times 0.2+(95-90)^2\times0.2+(100-90)^2\times0.2=50,$$

$$D(X_2)=(85-90)^2\times0.2+(87.5-90)^2\times0.2+(90-90)^2\times 0.2+(95-90)^2\times0.2+(92.5-90)^2\times0.2=12.5,$$

所以乙炮弹着点的离散程度比较小，乙炮比甲炮准确.

例 4.15 设随机变量 $X\sim P(\lambda)$，求 $D(X)$.

解 因 X 的分布律为 $P(X=k)=\dfrac{\lambda^k}{k!}e^{-\lambda},k=0,1,\cdots,\lambda>0$,

由例题 4.3 可知 $E(X)=\lambda$，根据期望的性质

$$\begin{aligned}E(X^2)&=E[X(X-1)+X]=E[X(X-1)]+E(X)\\&=\sum_{k=0}^{\infty}k(k-1)\frac{\lambda^k e^{-\lambda}}{k!}+\lambda=\lambda^2e^{-\lambda}\sum_{k=2}^{\infty}\frac{\lambda^{k-2}}{(k-2)!}+\lambda\\&=\lambda^2e^{-\lambda}e^{\lambda}+\lambda=\lambda^2+\lambda,\end{aligned}$$

所以 $D(X)=E(X^2)-[E(X)]^2=\lambda^2+\lambda-\lambda^2=\lambda$,

即 $E(X)=D(X)=\lambda$.

例 4.16 设随机变量 X 在区间 (a,b) 上服从均匀分布，求 $D(X)$.

解 由例 4.5 知 $E(X)=\dfrac{a+b}{2}$，而

$$\begin{aligned}E(X^2)&=\int_{-\infty}^{+\infty}x^2f(x)dx=\int_a^b x^2\frac{1}{b-a}dx=\frac{1}{3}\cdot\frac{b^3-a^3}{b-a}\\&=\frac{1}{3}(b^2+ab+a^2),\end{aligned}$$

故

$$\begin{aligned}D(X)&=E(X^2)-[E(X)]^2\\&=\frac{1}{3}(b^2+ab+a^2)-\frac{1}{4}(a+b)^2=\frac{1}{12}(b-a)^2,\end{aligned}$$

即 $E(X)=\dfrac{a+b}{2},D(X)=\dfrac{1}{12}(b-a)^2$.

例 4.17 设随机变量 X 服从指数分布，其概率密度为

$$f(x)=\begin{cases}\lambda e^{-\lambda x}, & x>0,\\0, & x\leqslant0.\end{cases}$$

其中 $\lambda>0$，求 $D(X)$.

解 由例 4.6 知 $E(X)=\dfrac{1}{\lambda}$,

$$E(X^2)=\int_{-\infty}^{+\infty}x^2f(x)dx=\int_0^{+\infty}\lambda x^2e^{-\lambda x}dx=\frac{2}{\lambda^2},$$

于是 $D(X)=E(X^2)-[E(X)]^2=\dfrac{2}{\lambda^2}-\dfrac{1}{\lambda^2}=\dfrac{1}{\lambda^2}$,

即 $E(X)=\dfrac{1}{\lambda},D(X)=\dfrac{1}{\lambda^2}$.

4.2.2 方差的性质

假定如下所涉及随机变量的方差均存在,则方差有如下性质成立.

(1) 设 C 是常数,则 $D(C)=0$;

(2) 设 C 是常数,则 $D(CX)=C^2D(X)$;

(3) 设 C 是常数,则 $D(X+C)=D(X)$;

(4) 设 X,Y 是两个相互独立的随机变量,则 $D(X\pm Y)=D(X)+D(Y)$.

性质(4)可推广到任意有限个随机变量的情况,即若 $X_1,\cdots,X_n$ 相互独立,则有

$$D(X_1\pm\cdots\pm X_n)=D(X_1)+\cdots+D(X_n).$$

性质(1)~性质(3)请读者自己证明. 下面给出性质(4)的证明.

证明　以 $D(X+Y)=D(X)+D(Y)$ 为例.

$$\begin{aligned}D(X+Y)&=E[(X+Y)-E(X+Y)]^2\\&=E[(X-E(X))+(Y-E(Y))]^2\\&=E(X-E(X))^2+2E(X-E(X))(Y-E(Y))\\&\quad+E(Y-E(Y))^2\\&=D(X)+D(Y)+2E(XY-YE(X)-XE(Y)\\&\quad+E(X)E(Y))\\&=D(X)+D(Y)+2[E(XY)-E(Y)E(X)\\&\quad-E(X)E(Y)+E(X)E(Y)]\\&=D(X)+D(Y).\end{aligned}$$

例 4.18　设随机变量 $X\sim B(n,p)$,求 $E(X),D(X)$.

解　因 $X\sim B(n,p)$, 考虑 n 重伯努利试验,令

$$X_i=\begin{cases}1, & \text{第 } i \text{ 次试验中 } A \text{ 发生},\\0, & \text{第 } i \text{ 次试验中 } A \text{ 不发生}.\end{cases}\quad i=1,2,\cdots,n, \text{则 } X=\sum_{i=1}^{n}X_i.$$

因 X_i 服从 0—1 分布,由例 4.2、例 4.13 知,$E(X_i)=p,D(X_i)=p(1-p),i=1,2,\cdots,n$. 所以 $E(X)=E\left(\sum_{i=1}^{n}X_i\right)=\sum_{i=1}^{n}E(X_i)=np$.

又 $X_1,X_2,\cdots,X_n$ 相互独立,故

$$D(X)=D\left(\sum_{i=1}^{n}X_i\right)=\sum_{i=1}^{n}D(X_i)=np(1-p).$$

即 $E(X)=np,D(X)=np(1-p)$.

注　服从二项分布的随机变量常分解成若干个服从两点分布的相互独立的随机变量之和.

例 4.19　设随机变量 $X\sim N(\mu,\sigma^2)$,求 $E(X),D(X)$.

解　先求标准正态变量 $Z=\dfrac{X-\mu}{\sigma}$ 的数学期望和方差.

因为 Z 的概率密度为 $\varphi(x)=\frac{1}{\sqrt{2\pi}}\mathrm{e}^{-\frac{x^2}{2}}$,所以

$$E(Z)=\frac{1}{\sqrt{2\pi}}\int_{-\infty}^{+\infty}x\mathrm{e}^{-\frac{x^2}{2}}\mathrm{d}x=-\frac{1}{\sqrt{2\pi}}\mathrm{e}^{-\frac{x^2}{2}}\Big|_{-\infty}^{+\infty}=0,$$

$$D(Z)=E(Z^2)-[E(Z)]^2=E(Z^2)=\frac{1}{\sqrt{2\pi}}\int_{-\infty}^{+\infty}x^2\mathrm{e}^{-\frac{x^2}{2}}\mathrm{d}x$$

$$=-\frac{1}{\sqrt{2\pi}}\int_{-\infty}^{+\infty}x\mathrm{d}(\mathrm{e}^{-\frac{x^2}{2}})=-\frac{1}{\sqrt{2\pi}}x\mathrm{e}^{-\frac{x^2}{2}}\Big|_{-\infty}^{+\infty}+\frac{1}{\sqrt{2\pi}}\int_{-\infty}^{+\infty}\mathrm{e}^{-\frac{x^2}{2}}\mathrm{d}x$$

$$=\frac{1}{\sqrt{\pi}}\int_{-\infty}^{+\infty}\mathrm{e}^{-\frac{x^2}{2}}\mathrm{d}\left(\frac{x}{\sqrt{2}}\right)=\frac{1}{\sqrt{\pi}}\cdot\sqrt{\pi}=1.$$

因 $X=\mu+\sigma Z$,即得

$$E(X)=E(\mu+\sigma Z)=\mu,$$

$$D(X)=D(\mu+\sigma Z)=D(\mu)+D(\sigma Z)=\sigma^2D(Z)=\sigma^2,$$

即

$$E(X)=\mu,D(X)=\sigma^2.$$

注 正态分布概率密度中的两个参数 μ 和 σ^2 分别是该分布的数学期望和方差,因此正态分布完全可由它的数学期望和方差来确定.

例 4.20 设二维随机变量 (X,Y) 的概率密度为

$$f(x,y)=\begin{cases}4xy, & 0\leqslant x\leqslant 1,0\leqslant y\leqslant 1,\\ 0, & \text{其他}.\end{cases}$$

试求 $D(2X+3Y)$.

解 X 的边缘密度为

$$f_X(x)=\int_{-\infty}^{+\infty}f(x,y)\mathrm{d}y=\begin{cases}2x, & 0\leqslant x\leqslant 1,\\ 0, & \text{其他}.\end{cases}$$

Y 的边缘密度为

$$f_Y(x)=\int_{-\infty}^{+\infty}f(x,y)\mathrm{d}y=\begin{cases}2y, & 0\leqslant y\leqslant 1,\\ 0, & \text{其他}.\end{cases}$$

由此可得 $f(x,y)=f_X(x)f_Y(x)$,故 X 与 Y 相互独立. 而

$$D(X)=E(X^2)-[E(X)]^2=\int_0^1 2x^3\mathrm{d}x-\left(\int_0^1 2x^2\mathrm{d}x\right)^2=\frac{1}{18},$$

$$D(Y)=E(Y^2)-[E(Y)]^2=\int_0^1 2y^3\mathrm{d}y-\left(\int_0^1 2y^2\mathrm{d}y\right)^2=\frac{1}{18},$$

由方差的性质,得

$$D(2X+3Y)=4D(X)+9D(Y)=\frac{13}{18}.$$

4.3 协方差、相关系数

对多维随机变量,随机变量的数学期望和方差只反映了各自的

平均值与偏离程度,并没有反映出随机变量之间的关系,为此本节引进用来刻画随机变量之间相互关系的数字特征——协方差和相关系数.

在证明方差的性质中可以看到,当 X 与 Y 相互独立时,有

$$E[(X-E(X))(Y-E(Y))]=0.$$

反之则说明,当 $E[(X-E(X))(Y-E(Y))]\neq 0$ 时,X 与 Y 一定不相互独立. 这说明 $E[(X-E(X))(Y-E(Y))]$ 在一定程度上反映了随机变量 X 与 Y 之间的关系.

4.3.1 协方差

定义 4.4 设 (X,Y) 为二维随机变量,若 $E[(X-E(X))(Y-E(Y))]$ 存在,则称其为随机变量 X 与 Y 的**协方差**,记为 $\mathrm{Cov}(X,Y)$,即

$$\mathrm{Cov}(X,Y)=E[(X-E(X))(Y-E(Y))].$$

由协方差的定义式易得如下的常用计算式

$$\mathrm{Cov}(X,Y)=E(XY)-E(X)E(Y).$$

事实上,

$$\begin{aligned}\mathrm{Cov}(X,Y)&=E(XY)-E(X)E(Y)\\&=E[XY-XE(Y)-YE(X)+E(X)E(Y)]\\&=E(XY)-E(X)E(Y)-E(Y)E(X)+E(X)E(Y)\\&=E(XY)-E(X)E(Y).\end{aligned}$$

特别地,当 X 与 Y 独立时,有 $\mathrm{Cov}(X,Y)=0$.

协方差具有下列性质:

(1) 对称性:$\mathrm{Cov}(X,Y)=\mathrm{Cov}(Y,X)$,特别地,$\mathrm{Cov}(X,X)=D(X)$;

(2) $\mathrm{Cov}(aX,bY)=ab\mathrm{Cov}(X,Y)$,其中,$a,b$ 是常数;

(3) $\mathrm{Cov}(C,X)=0$,C 为任意常数;

(4) 可加性:$\mathrm{Cov}(X_1+X_2,Y)=\mathrm{Cov}(X_1,Y)+\mathrm{Cov}(X_2,Y)$;

(5) 随机变量和的方差与协方差的关系为

$$D(X\pm Y)=D(X)+D(Y)\pm 2\mathrm{Cov}(X,Y).$$

特别地,若 X 与 Y 相互独立,则

$$D(X\pm Y)=D(X)+D(Y).$$

性质(1)~性质(4)请读者自己证明. 下面给出性质(5)的证明.

证明 以 $D(X+Y)=D(X)+D(Y)+2\mathrm{Cov}(X,Y)$ 为例.

$$\begin{aligned}D(X+Y)&=E[(X+Y)-E(X+Y)]^2\\&=E[(X-E(X))+(Y-E(Y))]^2\\&=E[(X-E(X))^2+2(X-E(X))(Y-E(Y))+(Y-E(Y))^2]\\&=D(X)+D(Y)+2E[(X-E(X))(Y-E(Y))]\\&=D(X)+D(Y)+2\mathrm{Cov}(X,Y).\end{aligned}$$

例 4.21 设二维离散型随机变量 (X,Y) 的联合分布律为

X \ Y	-1	0	1
1	0.2	0.1	0.1
2	0.1	0	0.1
3	0	0.3	0.1

求 $\mathrm{Cov}(X,Y)$.

解 X 的边缘分布律为

X	1	2	3
P	0.4	0.2	0.4

Y 的边缘分布律为

Y	-1	0	1
P	0.3	0.4	0.3

于是

$$E(X)=2,E(Y)=0,\ E(XY)=0.2,$$
$$\mathrm{Cov}(X,Y)=E(XY)-E(X)E(Y)=0.2.$$

例 4.22 设随机变量 X 与 Y 相互独立,其概率密度分别为

$$f_X(x)=\begin{cases}e^{-x}, & x>0,\\ 0, & \text{其他}.\end{cases}\qquad f_Y(y)=\begin{cases}2y, & 0\leqslant y\leqslant 1,\\ 0, & \text{其他}.\end{cases}$$

求 $\mathrm{Cov}(X,X-3Y)$.

解 $E(X)=\int_{-\infty}^{+\infty}xf(x)\mathrm{d}x=\int_0^{+\infty}xe^{-x}\mathrm{d}x=1,$

$$D(X)=\int_{-\infty}^{+\infty}(x-E(X))^2f(x)\mathrm{d}x=\int_0^{+\infty}(x-1)^2e^{-x}\mathrm{d}x=1,$$

由协方差性质得

$\mathrm{Cov}(X,X-3Y)=\mathrm{Cov}(X,X)-3\mathrm{Cov}(X,Y)=D(X)-0=1.$

4.3.2 相关系数

协方差是对两个随机变量的协同变化的度量,其大小在一定程度上反映了 X 与 Y 相互间关系的强弱. 但由协方差定义知道其有量纲,因此协方差的值还受 X 与 Y 本身度量单位的影响. 例如,aX 和 aY 之间的统计关系与 X 和 Y 之间的统计关系应该是一样的,但其协方差却扩大了 a^2 倍,即

$$\mathrm{Cov}(aX,aY)=a^2\mathrm{Cov}(X,Y).$$

为了避免随机变量因本身量纲不同而影响它们相互关系的度量,可将每个随机变量标准化.

称 $X^*=\dfrac{X-E(X)}{\sqrt{D(X)}}$为 X 的标准化,易证得 $E(X^*)=0, D(X^*)=1$.

同样 $Y^*=\dfrac{Y-E(Y)}{\sqrt{D(Y)}}$为 Y 的标准化,$E(Y^*)=0, D(Y^*)=1$. 显然 X^*, Y^* 无量纲,且有

$$
\begin{aligned}
\operatorname{Cov}(X^*,Y^*) &= E(X^*Y^*)-E(X^*)E(Y^*)=E(X^*Y^*)\\
&= E\left(\frac{X-E(X)}{\sqrt{D(X)}}\cdot\frac{Y-E(Y)}{\sqrt{D(Y)}}\right)\\
&= \frac{E[(X-E(X))(Y-E(Y))]}{\sqrt{D(X)}\sqrt{D(Y)}}=\frac{\operatorname{Cov}(X,Y)}{\sqrt{D(X)}\sqrt{D(Y)}},
\end{aligned}
$$

此结果表明,可利用标准差对协方差进行修正,从而得到一个新的数字特征——相关系数.

定义 4.5　设 (X,Y) 为二维随机变量,若 $D(X), D(Y), \operatorname{Cov}(X,Y)$ 存在,且 $D(X)>0, D(Y)>0$,则称$\dfrac{\operatorname{Cov}(X,Y)}{\sqrt{D(X)}\sqrt{D(Y)}}$为 X 与 Y 的**相关系数**,记作 ρ_{XY},即

$$
\rho_{XY}=\frac{\operatorname{Cov}(X,Y)}{\sqrt{D(X)}\sqrt{D(Y)}}.
$$

显然相关系数为一个无量纲的量.

相关系数的性质:设 ρ_{XY}是随机变量 X,Y 的相关系数,则有

(1) $|\rho_{XY}|\leqslant 1$.

(2) $|\rho_{XY}|=1$ 的充分必要条件是存在常数 $a,b(a\neq 0)$,使 $P(Y=aX+b)=1$. 而且当 $a>0$ 时,$\rho_{XY}=1$;当 $a<0$ 时,$\rho_{XY}=-1$.

(3) 若 X 与 Y 相互独立,则 $\rho_{XY}=0$. 此时,称 X 与 Y 不相关.

这里仅证明性质(1),性质(2)和性质(3)的证明略.

证明　因为

$$
\begin{aligned}
D(X^*\pm Y^*) &= D(X^*)+D(Y^*)\pm 2\operatorname{Cov}(X^*,Y^*)\\
&= 1+1\pm 2\operatorname{Cov}(X^*,Y^*)=2(1+\rho_{XY}),
\end{aligned}
$$

再由方差的非负性得 $1\pm\rho_{XY}\geqslant 0$,从而 $|\rho_{XY}|\leqslant 1$.

注　(1) 相关系数 ρ_{XY}刻画了随机变量 Y 与 X 之间的“线性相关”程度.

$|\rho_{XY}|$的值越接近 1,Y 与 X 的线性相关程度越高;$|\rho_{XY}|$的值越接近于 0,Y 与 X 的线性相关程度越弱.

(2) 当 $|\rho_{XY}|=1$ 时,Y 与 X 的变化可完全由 X 的线性函数给出. 当 $\rho_{XY}=0$ 时,Y 与 X 之间没有线性关系. 通常,当 $\rho_{XY}>0$ 时称 X 与 Y **正相关**,当 $\rho_{XY}<0$ 时称 X 与 Y **负相关**.

(3) 性质(3) 说明两个随机变量相互独立,$\rho_{XY}=0$,即一定不线性相关. 但反之,当 $\rho_{XY}=0$ 时,只说明 Y 与 X 没有线性关系,并不能说明 Y 与 X 之间没有其它函数关系,从而不能推出 Y 与 X 独立. (见

下面例子)

例 4.23　设 θ 服从 $(-\pi,\pi)$ 上的均匀分布，且 $X=\sin\theta, Y=\cos\theta$，判断 X 与 Y 是否不相关，是否独立？

解　由于

$$E(X)=\frac{1}{2\pi}\int_{-\pi}^{\pi}\sin\theta\mathrm{d}\theta=0,$$

$$E(Y)=\frac{1}{2\pi}\int_{-\pi}^{\pi}\cos\theta\mathrm{d}\theta=0,$$

$$E(XY)=\frac{1}{2\pi}\int_{-\pi}^{\pi}\sin\theta\cos\theta\mathrm{d}\theta=0.$$

因此，$\mathrm{Cov}(X,Y)=E(XY)-E(X)E(Y)=0$，从而 $\rho_{XY}=0$，即 X 与 Y 不相关.

但由于 X 与 Y 满足关系：$X^2+Y^2=1$，所以 X 与 Y 不独立.

例 4.24　设二维随机变量 (X,Y) 的概率密度为

$$f(x,y)=\begin{cases}\dfrac{1}{\pi}, & x^2+y^2\leqslant 1,\\ 0, & \text{其他}.\end{cases}$$

问 X 与 Y 是否相互独立？是否不相关？

解　边缘概率密度为

$$f_X(x)=\begin{cases}\dfrac{2}{\pi}\sqrt{1-x^2}, & |x|\leqslant 1,\\ 0, & \text{其他}.\end{cases}\qquad f_Y(y)=\begin{cases}\dfrac{2}{\pi}\sqrt{1-y^2}, & |y|\leqslant 1,\\ 0, & \text{其他}.\end{cases}$$

所以 $f_X(x)f_Y(y)=\begin{cases}\dfrac{4}{\pi^2}\sqrt{1-x^2}\sqrt{1-y^2}, & |x|\leqslant 1,|y|\leqslant 1,\\ 0, & \text{其他}.\end{cases}$

可见 $f_X(x)f_Y(y)\neq f(x,y)$，因此 X 与 Y 不相互独立

又 $E(X)=\int_{-1}^{1}x\dfrac{2}{\pi}\sqrt{1-x^2}\mathrm{d}x=0$，同理 $E(Y)=0$，所以

$$\mathrm{Cov}(X,Y)=E(XY)-E(X)E(Y)=E(XY)=\iint\limits_{x^2+y^2\leqslant 1}xy\frac{1}{\pi}\mathrm{d}x\mathrm{d}y=0,$$

即 X 与 Y 不相关.

此例表明 X 与 Y 不相关，但 X 与 Y 不相互独立.

由方差性质(4)“两个随机变量相互独立时，有 $D(X\pm Y)=D(X)+D(Y)$”，其实条件可以更宽松，只要 X 与 Y 不相关，就有 $D(X\pm Y)=D(X)+D(Y)$ 成立.

例 4.25　设 (X,Y) 服从二维正态分布，求 X 和 Y 的相关系数 ρ_{XY}.

解　因为 (X,Y) 的边缘分布为 $X\sim N(\mu_1,\sigma_1^2)$，$Y\sim N(\mu_2,\sigma_2^2)$，所以

$$EX=\mu_1, EY=\mu_2, DX=\sigma_1^2, DY=\sigma_2^2,$$

而 $\mathrm{Cov}(X,Y) = E[(X-E(X))(Y-E(Y))]$

$$= \int_{-\infty}^{+\infty}\int_{-\infty}^{+\infty}(x-\mu_1)(y-\mu_2)f(x,y)\mathrm{d}x\mathrm{d}y$$

$$= \frac{1}{2\pi\sigma_1\sigma_2\sqrt{1-\rho^2}}\int_{-\infty}^{+\infty}\int_{-\infty}^{+\infty}(x-\mu_1)(y-\mu_2)$$

$$\exp\left[\frac{-1}{2(1-\rho^2)}\left(\frac{y-\mu_2}{\sigma_2}-\rho\frac{x-\mu_1}{\sigma_1}\right)^2-\frac{(x-\mu_1)^2}{2\sigma_1^2}\right]\mathrm{d}y\mathrm{d}x$$

令 $t=\frac{1}{\sqrt{1-\rho^2}}\left(\frac{y-\mu_2}{\sigma_2}-\rho\frac{x-\mu_1}{\sigma_1}\right), u=\frac{x-\mu_1}{\sigma_1}$,则有

$$\mathrm{Cov}(X,Y) = \frac{1}{2\pi}\int_{-\infty}^{+\infty}\int_{-\infty}^{+\infty}(\sigma_1\sigma_2\sqrt{1-\rho^2}tu+\rho\sigma_1\sigma_2u^2)\mathrm{e}^{-\frac{u^2+t^2}{2}}\mathrm{d}t\mathrm{d}u$$

$$= \frac{\rho\sigma_1\sigma_2}{2\pi}\left(\int_{-\infty}^{+\infty}u^2\mathrm{e}^{-\frac{u^2}{2}}\mathrm{d}u\right)\left(\int_{-\infty}^{+\infty}\mathrm{e}^{-\frac{t^2}{2}}\mathrm{d}t\right)$$

$$+\frac{\sigma_1\sigma_2\sqrt{1-\rho^2}}{2\pi}\left(\int_{-\infty}^{+\infty}u\mathrm{e}^{-\frac{u^2}{2}}\mathrm{d}u\right)\left(\int_{-\infty}^{+\infty}t\mathrm{e}^{-\frac{t^2}{2}}\mathrm{d}t\right)$$

$$= \frac{\rho\sigma_1\sigma_2}{2\pi}\sqrt{2\pi}\sqrt{2\pi}+0=\rho\sigma_1\sigma_2,$$

于是 $\rho_{XY}=\frac{\mathrm{Cov}(X,Y)}{\sqrt{D(X)}\sqrt{D(Y)}}=\frac{\rho\sigma_1\sigma_2}{\sigma_1\sigma_2}=\rho.$

注　(1) 二维正态随机变量 (X,Y) 的概率密度中的参数 ρ 就是 X 和 Y 的相关系数,因而二维正态随机变量的分布完全可由 X,Y 各自的数学期望、方差以及它们的相关系数所确定.

(2) 在第 3 章已得到,若 (X,Y) 服从二维正态分布, 则 X 与 Y 相互独立的充分必要条件是 $\rho=0$. 现知 $\rho=\rho_{XY}$,故对于二维正态随机变量 (X,Y) 来说,X 和 Y 不相关与 X 和 Y 相互独立是等价的.

对随机变量 X 与 Y,下面事实是等价的.

1) $\mathrm{Cov}(X,Y)=0$;

2) $\rho_{XY}=0$;

3) $E(XY)=E(X)E(Y)$;

4) $D(X+Y)=D(X)+D(Y)$.

4.4 矩

数学期望、方差、协方差都是随机变量的数字特征. 它们都是某种矩. 矩是最广泛的一种数字特征,在概率论和数理统计中占有重要地位,下面介绍几种最常用的矩.

定义 4.6　设 X 和 Y 为随机变量,k,l 为正整数,若 $E(X^k)$ 存在,称其为 X 的 k **阶原点矩**,简称 k **阶矩**. 也记作 v_k.

若 $E(|X|^k)$ 存在,则称其为 X 的 k 阶**绝对原点矩**.

若 $E[X-E(X)]^k$ 存在,则称其为 X 的 k 阶**中心矩**.

若 $E(|X-E(X)|^k)(k=2,3,\cdots)$ 存在, 则称其为 X 的 k 阶**绝对中心矩**.

对于二维随机变量 (X,Y),若 $E(X^kY^l)(k,l=1,2,\cdots)$ 存在,则称其为 X 和 Y 的 $k+l$ 阶**混合矩**.

若 $E\{[X-E(X)]^k[Y-E(Y)]^l\}(k,l=1,2,\cdots)$ 存在,则称其为 X 和 Y 的 $k+l$ 阶**混合中心矩**.

显然,随机变量 X 的数学期望 $E(X)$ 是 X 的一阶原点矩,方差 $D(X)$ 是 X 的二阶中心矩,X 和 Y 的协方差 $\mathrm{Cov}(X,Y)$ 是 X 和 Y 的二阶混合中心距.

例 4.26 设随机变量 X 的概率密度为

$$f(x)=\begin{cases}\dfrac{1}{2}x, & 0<x<2,\\ 0, & \text{其他}.\end{cases}$$

求随机变量 X 的 1 ~3 阶原点矩和 3 阶中心矩.

解 由公式

$$v_k = E(X^k) = \int_{-\infty}^{+\infty} x^k f(x)\mathrm{d}x = \int_0^2 x^k\left(\frac{1}{2}x\right)\mathrm{d}x,$$

得 X 的 1 ~3 阶原点矩:

$$v_1 = \int_0^2 x\left(\frac{1}{2}x\right)\mathrm{d}x = \frac{1}{2}\int_0^2 x^2\mathrm{d}x = \frac{1}{2}\times\frac{1}{3}x^3\bigg|_0^2 = \frac{4}{3},$$

$$v_2 = \int_0^2 x^2\left(\frac{1}{2}x\right)\mathrm{d}x = \frac{1}{2}\int_0^2 x^3\mathrm{d}x = \frac{1}{2}\times\frac{1}{4}x^4\bigg|_0^2 = 2,$$

$$v_3 = \int_0^2 x^3\left(\frac{1}{2}x\right)\mathrm{d}x = \frac{1}{2}\int_0^2 x^4\mathrm{d}x = \frac{1}{2}\times\frac{1}{5}x^5\bigg|_0^2 = \frac{16}{5},$$

X 的 3 阶中心矩:

$$\begin{aligned}\mu_3 &= E\{[X-E(X)]^3\}\\ &= E(X^3-3X^2E(X)+3X[E(X)]^2-[E(X)]^3)\\ &= E(X^3)-3E(X^2)E(X)+2[E(X)]^3\\ &= \frac{16}{5}-3\times2\times\frac{4}{3}+2\times\left(\frac{4}{3}\right)^2 = -\frac{8}{135}.\end{aligned}$$

习题 4

1. 两台生产同一种零件的车床,一天生产中次品数的概率分别为

甲(次品数)	0	1	2	3
P	0.4	0.3	0.2	0.1

乙(次品数)	0	1	2	3
P	0.3	0.5	0.2	0

如果两台机床的产量相同,问哪台机床好?

2. 设随机变量 X 的分布律为 $P(X=k)=\frac{1}{5},(k=1,2,3,4,5)$,求 $E(X)$.

3. 盒内有 5 个球,其中 3 个白球,2 个黑球,从中随机地抽取 2 个,设 X 为取得白球的个数,求 $E(X)$.

4. 设随机变量 X 的概率分布为

X	-1	0	$\frac{1}{2}$	1	2
P	$\frac{1}{3}$	$\frac{1}{6}$	$\frac{1}{6}$	$\frac{1}{12}$	$\frac{1}{4}$

求 $E(X),E(1-X),E(X^2)$.

5. 设连续型随机变量 X 的概率密度为 $f(x)=\begin{cases}kx^a, & 0<x<1,\\ 0, & \text{其他},\end{cases}$ $(k,a>0)$,已知 $E(X)=0.75$,求 k,a 的值.

6. 设随机变量 X 的概率密度为 $f(x)=\begin{cases}Ax, & 0\leqslant x\leqslant 1,\\ 2-x, & 1\leqslant x<2,\\ 0, & \text{其他}.\end{cases}$ 求(1) 常数 A;(2) $E(X)$;(3) $E(X^2)$;(4) $E(1+2X)$.

7. 设随机变量 X 的概率密度为 $f(x)=\begin{cases}e^{-x}, & x>0,\\ 0, & x\leqslant 0.\end{cases}$ 求(1) $Y=2X$ 的数学期望;(2) $Y=e^{-2X}$ 的数学期望.

8. 设随机变量 X 与 Y 相互独立,概率密度分别为 $f_X(x)=\begin{cases}2x, & 0\leqslant x\leqslant 1,\\ 0, & \text{其他}.\end{cases}$ $f_Y(x)=\begin{cases}e^{5-y}, & y>5,\\ 0, & y\leqslant 5.\end{cases}$ 求 $E(XY)$.

9. 设 100 件产品中有 10 件次品,求任意取出的 5 件产品中次品数的数学期望和方差.

10. 设随机变量 X 服从参数为 λ 的泊松分布,已知 $E[(X-1)(X-2)]=1$,求 λ.

11. 设随机变量 X 服从泊松分布,且 $P(X=1)=P(X=2)$,求 $E(X),D(X)$.

12. 设 $X\sim N(1,2)$,Y 服从参数为 3 的泊松分布,且 X 与 Y 相互独立,求 $D(XY)$.

13. 设随机变量 $X\sim U\left(-\frac{1}{2},\frac{1}{2}\right)$,$y=g(x)=\begin{cases}\ln x, & x>0\\ 0, & x\leqslant 0\end{cases}$,求随机变量 $Y=g(X)$ 的数学期望和方差.

14. 设随机变量 X 的分布函数为 $F(x)=\begin{cases}1-e^{-\lambda x}, & x>0,\\ 0, & \text{其他}.\end{cases}$ 求 $E(X)$, $D(X)$.

15. 设随机变量 $X\sim f(x)=\begin{cases}\dfrac{1}{\pi\sqrt{1-x^2}}, & |x|<1,\\ 0, & \text{其他}.\end{cases}$ 求 $E(X)$, $D(X)$.

16. 设随机变量 X 服从二项分布 $B(n,p)$, 求 $Y=a^X-2$ 的数学期望 $E(Y)$, 其中, $a>0$.

17. 证明:对于任意常数 c, 随机变量 X, 有 $D(X)=E(X-c)^2-(EX-c)^2$.

18. 设二维随机变量 (X,Y) 的概率密度为

$$f(x,y)=\begin{cases}\dfrac{1}{8}(x+y), & 0\leqslant x\leqslant 2, 0\leqslant y\leqslant 2,\\ 0, & \text{其他}.\end{cases}$$

求 $E(X)$, $E(Y)$, $\mathrm{Cov}(X,Y)$, ρ_{XY}, $D(X+Y)$.

19. 设二维随机变量 (X,Y) 的联合概率分布为

X \ Y	-1	0	1
-1	$\frac{1}{8}$	$\frac{1}{8}$	$\frac{1}{8}$
0	$\frac{1}{8}$	0	$\frac{1}{8}$
1	$\frac{1}{8}$	$\frac{1}{8}$	$\frac{1}{8}$

试验证 X 和 Y 是不相关的,并判断 X 和 Y 是否独立.

20. 设随机变量 X 与 Y, 已知 $D(X)=16$, $D(Y)=25$, $\rho_{XY}=0.5$, 求 $D(X+Y)$, $D(X-Y)$.

21. 设 X 和 Y 是两个相互独立同服从正态分布 $N\left(0,\dfrac{1}{2}\right)$ 的随机变量,则 $E(|X-Y|)=$ ________, $D(|X-Y|)=$ ________.

22. 设随机变量 $X_{ij}(i,j=1,2,\cdots,n,n\geqslant 2)$ 独立同分布, $E(X_{ij})=2$, 则行列式 $Y=\begin{vmatrix}X_{11} & X_{12} & \cdots & X_{1n}\\ X_{21} & X_{22} & \cdots & X_{2n}\\ \vdots & \vdots & & \vdots\\ X_{n1} & X_{n2} & \cdots & X_{nn}\end{vmatrix}$ 的数学期望 $E(Y)=$ ________.

23. 设 X 为 n 次独立试验中事件 A 出现的次数,在第 i 次试验中事件 A 出现的概率为 p_i, $i=1,2,\cdots,n$, 试求 $E(X)$, $D(X)$.

24. 在长为 a 的线段上任取两点,求两点之间的距离的数学期

望与方差.

25. 地铁列车的运行间隔时间为2min,一旅客在任意时刻进入月台,求候车时间的数学期望和方差.

26. 一个袋子中有5个球,编号分别为1,2,3,4,5,现在从中任取3个球,求取出的3个球的最大编号的数学期望和方差.

27. 随机变量 X 的分布律为 $P(X=k)=\frac{1}{2^k}, k=1,2,\cdots$ 求 $E(X),D(X)$.

28. 设随机变量 X 的概率密度为 $f(x)=\begin{cases}\frac{2}{\pi}, & |x|\leqslant\frac{\pi}{2},\\ 0, & |x|>\frac{\pi}{2}.\end{cases}$

求 $E(X),D(X)$.

29. 设随机变量 X 的概率密度为 $f(x)=\begin{cases}\frac{3}{(x+1)^4}, & x>0,\\ 0, & x\leqslant 0.\end{cases}$

求 $E(X),D(X)$.

30. 设随机变量 X 的分布函数为

$$F(x)=\begin{cases}\frac{e^x}{2}, & x<0,\\ \frac{1}{2}, & 0\leqslant x<1,\\ 1-\frac{1}{2}e^{-(x-1)}, & x\geqslant 1.\end{cases}$$

求 $E(X),D(X)$.

31. 设 (X,Y) 的概率密度为 $f(x,y)=\begin{cases}12y^2, & 0\leqslant y\leqslant x\leqslant 1,\\ 0, & \text{其他}.\end{cases}$

求 $E(X),E(Y),E(XY),E(X^2+Y^2)$.

32. 设随机变量 X 的概率密度为 $f(x)=\frac{1}{\pi(1+x^2)}, -\infty<x<+\infty$, 求 $E[\min(|X|,1)]$.

33. 设随机变量 X 与 Y 在以点 $(0,1),(1,0),(1,1)$ 为顶点的三角形区域上服从均匀分布,试求随机变量 $U=X+Y$ 的方差.

34. 设 (X,Y) 服从区域 $D=\{(x,y)\mid 0<x<1,0<y<1\}$ 上的均匀分布,求相关系数 ρ_{XY}.

35. 设随机变量 $X\sim N(1,3^2),Y\sim N(0,4^2)$, X 与 Y 的相关系数 $\rho_{XY}=-\frac{1}{2}$,令 $Z=\frac{X}{3}+\frac{Y}{2}$,求(1) $E(Z),D(Z)$;(2) ρ_{XZ}.

36. 设 (X,Y) 的概率密度为 $f(x,y)=\begin{cases}1, & |y|<x,0<x<1,\\ 0, & \text{其他}.\end{cases}$

求 $E(X)$,$E(Y)$,$\mathrm{Cov}(X,Y)$.

37. 已知二维随机变量(X,Y)服从二维正态分布,并且 X,Y 分别服从正态分布 $N(1,9)$ 和 $N(0,16)$,$\rho_{XY}=-0.5$,设 $Z=\frac{1}{3}X+\frac{1}{2}Y$,试求(1) $E(Z)$,$D(Z)$(2) ρ_{XZ};(3) X 和 Z 是否相互独立?

38. 设二维离散型随机变量(X,Y)的概率分布为

X \ Y	0	1	2
0	$\frac{1}{4}$	0	$\frac{1}{4}$
1	0	$\frac{1}{3}$	0
2	$\frac{1}{12}$	0	$\frac{1}{12}$

求(1) $P(X=2Y)$;(2) $\mathrm{Cov}(X-Y,Y)$.

39. 设 X 是随机变量且 $E(X)=\mu$,$D(X)=\sigma^2$,证明:对任意常数 c,$E(X-c)^2\geqslant E(X-\mu)^2$ 成立.

40. 设 X 是连续型随机变量,且 $E|X|$ 存在,证明:$P(|X|\geqslant\varepsilon)\leqslant\frac{E|X|}{\varepsilon}$,其中,$\varepsilon>0$ 为常数.

41. 设随机变量 X 服从拉普拉斯分布,其概率密度为 $f(x)=\frac{1}{2\lambda}e^{-\frac{|x|}{\lambda}}$,$-\infty<x<+\infty$,其中 $\lambda>0$ 为常数,求 X 的 k 阶中心矩.

42. 设随机变量 X 和 Y 相互独立,证明:

$$D(XY)=D(X)D(Y)+[E(X)]^2D(Y)+[E(Y)]^2D(X).$$

第 5 章

大数定律与中心极限定理

为了研究大量随机现象的统计规律,常常采用极限定理的形式去刻画.极限定理是概率论的基本理论之一,在概率论和数理统计的理论研究和实践应用中十分重要.本章将介绍最基本的两类极限定理,即大数定律和中心极限定理.前者是叙述随机变量序列的前一些项的算术平均值在某种条件下收敛到这些项的均值的算术平均值;而后者则是确定在什么条件下,大量随机变量之和的分布逼近于正态分布.

5.1 切比雪夫不等式

第 1 章介绍的概率的统计定义时指出,n 次独立重复试验中随机事件发生的频率具有稳定性,即随着试验次数 n 的增多,随机事件发生的频率逐渐稳定在某个常数附近.本节所介绍的大数定律将从理论上对频率的稳定性加以证明.方法与传统的极限的理论是一致的.为此,本节先介绍下面的一个重要的不等式.

定理 5.1 (**切比雪夫不等式**)设随机变量 X 的期望 $E(X)=\mu$,方差 $D(X)=\sigma^2<+\infty$,则对于任意 $\varepsilon>0$,有 $P(|X-\mu|\geqslant\varepsilon)\leqslant\dfrac{\sigma^2}{\varepsilon^2}$.

此不等式称为**切比雪夫不等式**.

证明 这里仅就连续型随机变量的情况来证明.

设 X 的概率密度为 $f(x)$,则有

$$\begin{aligned}P(|X-\mu|\geqslant\varepsilon)&=\int_{|x-\mu|\geqslant\varepsilon}f(x)\,\mathrm{d}x\\&\leqslant\int_{|x-\mu|\geqslant\varepsilon}\frac{(x-\mu)^2}{\varepsilon^2}f(x)\,\mathrm{d}x\\&\leqslant\frac{1}{\varepsilon^2}\int_{-\infty}^{+\infty}(x-\mu)^2f(x)\,\mathrm{d}x=\frac{\sigma^2}{\varepsilon^2}.\end{aligned}$$

离散型随机变量的情形读者可自己证明.

注 (1) 切比雪夫不等式也可以写成等价形式:

$$P(|X-\mu|<\varepsilon)\geqslant 1-\frac{\sigma^2}{\varepsilon^2}.$$

(2) 切比雪夫不等式表明:随机变量 X 的方差越小,则事件 $\{|X-\mu|<\varepsilon\}$ 发生的概率越大,即 X 的取值基本上集中在它的期望 μ 附近. 由此可见方差刻画了随机变量取值的离散程度.

(3) 在方差已知的情况下,切比雪夫不等式给出了 X 与它的期望 μ 的偏差不小于 ε 的概率的估计式,即用切比雪夫不等式,我们可以粗略估计随机变量 X 落在以其期望 μ 为中心的某区间的概率的大小. 如取 $\varepsilon=3\sigma$,则有 $P(|X-\mu|\geqslant 3\sigma)\leqslant\frac{\sigma^2}{9\sigma^2}\approx 0.111$.

于是,对任意给定的分布,只要期望和方差存在,则随机变量 X 取值偏离 μ 超过 3 倍标准差的概率小于 0.111.

例 5.1 已知随机变量 X 的期望 $E(X)=80$,方差 $D(X)=100$,试用切比雪夫不等式估计 $P(60<X<100)$ 的大小.

解

$$\begin{aligned}P(60<X<100)&=P(60-80<X-80<100-80)\\&=P(-20<X-\mu<20)=P(|X-\mu|<20)\\&\geqslant 1-\frac{100}{(20)^2}=0.75.\end{aligned}$$

5.2 大数定律

定义 5.1 设 $Y_1,Y_2,\cdots,Y_n,\cdots$ 是一个随机变量序列,a 为常数. 若对任意 $\varepsilon>0$,有

$$\lim_{n\to\infty}P(|Y_n-a|<\varepsilon)=1,$$

则称序列 $\{Y_n\}$ **依概率收敛于 a**,记作 $Y_n\xrightarrow{P}a(n\to\infty)$.

依概率收敛的序列有如下性质:

性质 1.1 若 $X_n\xrightarrow{P}a,Y_n\xrightarrow{P}b$,函数 $g(x,y)$ 在点 (a,b) 连续,则

$$g(X_n,Y_n)\xrightarrow{P}g(a,b).$$

定理 5.2 (**切比雪夫大数定律**)设 $X_1,X_2,\cdots,X_n\cdots$ 是独立的随机变量序列,且存在,$E(X_i)=\mu_i,D(X_i)=\sigma_i^2,D(X_i)\leqslant C(i=1,2,\cdots)$,其中 C 为与 n 无关的常数,则对任意 $\varepsilon>0$,有

$$\lim_{n\to\infty}P\left(\left|\frac{1}{n}\sum_{i=1}^{n}X_i-\frac{1}{n}\sum_{i=1}^{n}\mu_i\right|<\varepsilon\right)=1.$$

证明 记 $X=\frac{1}{n}\sum_{i=1}^{n}X_i$,则 $E(X)=\frac{1}{n}\sum_{i=1}^{n}\mu_i$,注意到 $X_1,X_2,\cdots,$

$X_n,\cdots$相互独立及条件 $D(X_i)\leqslant C,(i=1,2,\cdots)$，则 $D(X)=\frac{1}{n^2}\sum_{i=1}^{n}\sigma_i^2\leqslant\frac{1}{n^2}\cdot nC=\frac{1}{n}C.$

从而由切比雪夫不等式得

$$P\left(\left|\frac{1}{n}\sum_{i=1}^{n}X_i-\frac{1}{n}\sum_{i=1}^{n}\mu_i\right|\geqslant\varepsilon\right)\leqslant\frac{\frac{1}{n}C}{\varepsilon^2}\to 0(n\to\infty),$$

故有 $\lim_{n\to\infty}P\left(\left|\frac{1}{n}\sum_{i=1}^{n}X_i-\frac{1}{n}\sum_{i=1}^{n}\mu_i\right|<\varepsilon\right)=1$，结论得证.

此定理表明，当 n 充分大时，相互独立的随机变量的算术平均值 $\frac{1}{n}\sum_{i=1}^{n}X_i$ 与均值的算术平均值 $\frac{1}{n}\sum_{i=1}^{n}E(X_i)$ 偏差很大的可能性很小，这意味着在 n 充分大时，经算术平均后得到的随机变量 $\frac{1}{n}\sum_{i=1}^{n}X_i$ 的值将比较紧密地聚集在它的期望 $E\left(\frac{1}{n}\sum_{i=1}^{n}X_i\right)$ 的附近.

定理 5.3　(**伯努利大数定律**)设 μ_n 是 n 重伯努利试验中事件 A 发生的次数，$p(0<p<1)$是事件 A 在每次试验中发生的概率，则对任意 $\varepsilon>0$，有

$$\lim_{n\to\infty}P\left(\left|\frac{\mu_n}{n}-p\right|<\varepsilon\right)=1,$$

或

$$\lim_{n\to\infty}P\left(\left|\frac{\mu_n}{n}-p\right|\leqslant\varepsilon\right)=0.$$

证明　令

$$X_i=\begin{cases}1 & \text{在第 } i \text{ 次试验中事件 } A \text{ 发生},\\ 0, & \text{在第 } i \text{ 次试验中事件 } A \text{ 不发生},\end{cases}\quad(i=1,2,\cdots,n),$$

则 $X_1,X_2,\cdots,X_n$ 相互独立且 $X_i\sim B(1,p)$，$E(X_i)=p$，$D(X_i)=p(1-p)$，$(i=1,2,\cdots,n)$，$\mu_n=X_1+X_2+\cdots+X_n=\sum_{i=1}^{n}X_i$，显然有 $\sum_{i=1}^{n}X_i=\mu_n$，$E\left(\sum_{i=1}^{n}X_i\right)=\sum_{i=1}^{n}E(X_i)=np.$

当试验次数无限增多时，有独立随机变量序列 $X_1,X_2,\cdots,X_n,\cdots$. 故由定理 5.2，对任意的 $\varepsilon>0$ 有

$$\lim_{n\to\infty}P\left(\left|\frac{\mu_n}{n}-p\right|<\varepsilon\right)=\lim_{n\to\infty}P\left(\left|\frac{1}{n}\sum_{i=1}^{n}X_i-\frac{1}{n}\sum_{i=1}^{n}p\right|<\varepsilon\right)=1.$$

伯努利大数定律可看作是切比雪夫大数定律的特殊情形，它表明当试验的次数 n 无限增大时，事件 A 发生的频率依概率收敛于事件 A 发生的概率 p，从而当 n 充分大时，事件 A 发生的频率$\frac{\mu_n}{n}$与事件

A 发生的概率 p 有较大偏差的可能性很小. 因此,在实际应用中,当试验次数很大时,可通过做试验确定某事件发生的频率并把它作为相应概率的估计.

上述两个大数定律都是借助于切比雪夫不等式证得的,故对随机变量序列 $X_1, X_2, \cdots, X_n, \cdots$,要求各 X_i 的方差存在. 下面介绍独立同分布的辛钦大数定律,从中可见,方差存在这一条件并不是必要的.

定理 5.4 (**辛钦大数定律**)设随机变量 $X_1, X_2, \cdots, X_n, \cdots$ 相互独立且服从同一分布,$E(X_i)=\mu(i=1,2,\cdots)$,则对任意 $\varepsilon>0$,有

$$\lim_{n\to\infty} P\left(\left|\frac{1}{n}\sum_{i=1}^{n} X_i - \mu\right| < \varepsilon\right) = 1.$$

此定理表明,对于独立同分布且具有均值 μ 的随机变量 $X_1, X_2, \cdots, X_n, \cdots$,当 n 充分大时,它的算术平均值 $\frac{1}{n}\sum_{i=1}^{n} X_i$ 以较大的概率聚集在均值 μ 附近,这就为随机变量 X 的数学期望的估计提供了一条可行的途径. 这一思想方法将被应用于第 7 章中讨论参数的点估计理论中.

显然,伯努利大数定律也是辛钦大数定律的特殊情形.

5.3 中心极限定理

正态分布是概率论中最重要的分布之一. 在实际问题中,许多随机现象是由大量相互独立的随机因素综合影响所形成的,其中每一个因素在总的影响中所起的作用是微小的. 这类随机变量一般都服从或近似服从正态分布. 中心极限定理从理论上阐明了这种思想.

定理 5.5 (林德伯格-列维中心极限定理)设随机变量 $X_1, X_2, \cdots, X_n, \cdots$ 相互独立且服从同一分布,$E(X_i)=\mu, D(X_i)=\sigma^2>0(i=1,2,\cdots)$, 则对任意 $x\in\mathrm{R}$,有

$$\lim_{n\to\infty} P\left(\frac{\sum_{i=1}^{n} X_i - n\mu}{\sqrt{n}\sigma} \leqslant x\right) = \frac{1}{\sqrt{2\pi}}\int_{-\infty}^{x} \mathrm{e}^{-\frac{t^2}{2}}\mathrm{d}t = \Phi(x).$$

此定理说明:当 n 充分大时,n 个具有期望和方差的独立同分布的随机变量之和近似服从正态分布,即

$$\sum_{i=1}^{n} X_i \overset{\text{近似}}{\sim} N\left(E\left(\sum_{i=1}^{n} X_i\right), D\left(\sum_{i=1}^{n} X_i\right)\right),$$

或

$$\frac{\sum_{i=1}^{n} X_i - E\left(\sum_{i=1}^{n} X_i\right)}{\sqrt{D\left(\sum_{i=1}^{n} X_i\right)}} \overset{\text{近似}}{\sim} N(0,1).$$

上式说明,在实际应用中,只要 n 足够大,就可以近似地把 n 个独立同分布的随机变量之和作为正态随机变量来处理.

根据定理条件,定理 5.5 又习惯称作**独立同分布中心极限定理**.下面给出定理 5.5 的特殊情况.

定理 5.6 (**棣莫佛-拉普拉斯中心极限定理**)设在 n 重伯努利试验中,事件 A 在每次试验中发生的概率为 $p(0<p<1)$,μ_n 为 n 次试验中事件 A 发生的次数,则对任意 $x\in\mathbf{R}$,有

$$\lim_{n\to\infty}P\left(\frac{\mu_n-np}{\sqrt{np(1-p)}}\leqslant x\right)=\frac{1}{\sqrt{2\pi}}\int_{-\infty}^{x}\mathrm{e}^{-\frac{t^2}{2}}\mathrm{d}t=\Phi(x).$$

定理 5.6 表明,正态分布是二项分布的极限分布. 当 n 充分大时,可以用正态分布的概率来近似计算二项分布的概率. 即若 $X\sim B(n,p)$,则当 n 充分大时,$X\overset{\text{近似}}{\sim}N(np,npq)$,从而有

$$P(a<X\leqslant b)\approx\Phi\left(\frac{b-np}{\sqrt{npq}}\right)-\Phi\left(\frac{a-np}{\sqrt{npq}}\right),$$

其中 $q=1-p$.

在第 2 章中曾指出,泊松分布也可用来近似代替二项分布,请读者思考这两种近似代替的场合.

例 5.2 一盒同型号螺丝钉共有 100 个,已知该型号的螺丝钉的重量是一个随机变量,期望值是 100g,标准差是 10g,求一盒螺丝钉的重量超过 10.2kg 的概率.

解 设 $X_i(i=1,2,\cdots,100)$ 为第 i 个螺丝钉的重量,且它们之间独立同分布. 于是,一盒螺丝钉的重量为 $X=\sum_{i=1}^{100}X_i$,而且 $\mu=E(X_i)=100$,$\sigma=\sqrt{D(X_i)}=10$,$n=100$.

由独立同分布中心极限定理有,$X=\sum_{i=1}^{100}X_i\overset{\text{近似}}{\sim}N(10000,10000)$,于是所求概率为

$$\begin{aligned}P(X>10200)&=1-P(X\leqslant 10200)\\&=1-P\left(\frac{\sum_{i=1}^{100}X_i-n\mu}{\sigma\sqrt{n}}\leqslant\frac{10200-n\mu}{\sigma\sqrt{n}}\right)\\&=1-P\left(\frac{X-10000}{100}\leqslant 2\right)=1-\Phi(2)\\&=1-0.9772=0.0228.\end{aligned}$$

例 5.3 计算机在进行数学计算时,遵从四舍五入原则. 为简单计,现对小数点后面第一位进行舍入运算,则可以认为误差 X 服从 $[-0.5,0.5]$ 上的均匀分布. 若在一项计算中进行了 100 次数字计算,求平均误差落在区间 $\left[-\frac{\sqrt{3}}{20},\frac{\sqrt{3}}{20}\right]$ 上的概率.

解 设 X_i 表示第 i 次运算中产生的误差，$i=1,2,\cdots,n,n=100$. $X_1,X_2,\cdots,X_{100}$ 相互独立，且都服从 $[-0.5,0.5]$ 上的均匀分布. $E(X_i)=0,D(X_i)=\frac{1}{12},i=1,2,\cdots,100$，从而近似地有

$$Y_{100}=\frac{\sum_{i=1}^{100}X_i-100\times 0}{\sqrt{100/12}}=\frac{\sqrt{3}}{5}\sum_{i=1}^{100}X_i\overset{\text{近似}}{\sim}N(0,1).$$

于是，平均误差 $\bar{X}=\frac{1}{100}\sum_{i=1}^{100}X_i$ 落在区间 $\left[-\frac{\sqrt{3}}{20},\frac{\sqrt{3}}{20}\right]$ 上的概率为

$$\begin{aligned}P\left(-\frac{\sqrt{3}}{20}\leqslant\bar{X}\leqslant\frac{\sqrt{3}}{20}\right)&=P\left(-\frac{\sqrt{3}}{20}\leqslant\frac{1}{100}\sum_{i=1}^{100}X_i\leqslant\frac{\sqrt{3}}{20}\right)\\&=P\left(-3\leqslant\frac{\sqrt{3}}{5}\sum_{i=1}^{100}X_i\leqslant 3\right)\\&\approx\Phi(3)-\Phi(-3)\approx 0.9973.\end{aligned}$$

例 5.4 在人寿保险公司 3000 个同龄人参加了某种人寿保险，在一年中，这些人的死亡率为 0.1%，参加保险的人在一年中的第一天交付保险费 10 元，死亡时家属可以从保险公司领取 2000 元. 试求保险公司一年中在这 3000 人的保险中获利不小于 10000 元的概率.

解 设 X 表示一年中这批年龄的人中的死亡人数，则 $X\sim B(3000,0.001)$，且

$$E(X)=np=3000\times 0.001=3,$$
$$D(X)=npq=3000\times 0.001\times 0.999=2.997,$$

于是，由棣莫佛-拉普拉斯中心极限定理，$X\overset{\text{近似}}{\sim}N(3,2.997)$. 又因为保险公司的年初收入为 $3000\times 10=30000$ 元，赔付 $2000X$ 元，所以

$$\begin{aligned}P(\text{获得不小于 }10000\text{ 元})&=P(30000-2000X\geqslant 10000)\\&=P(0\leqslant X\leqslant 10)\\&=P\left(\frac{0-3}{\sqrt{2.997}}\leqslant\frac{X-np}{\sqrt{npq}}\leqslant\frac{10-3}{\sqrt{2.997}}\right)\\&\approx\Phi\left(\frac{7}{\sqrt{2.997}}\right)-\Phi\left(-\frac{3}{\sqrt{2.997}}\right)\\&=\Phi(4.043)-\Phi(-1.773)=0.96\end{aligned}$$

故保险公司一年中从这 3000 人的保险中获利不小于 10000 元的概率为 0.96.

例 5.5 一生产线生产的产品成箱包装，每箱的质量是随机的. 假设每箱平均 50kg，标准差 5kg，若用最大载质量为 5t 的汽车承运，试利用中心极限定理说明每辆车最多装多少箱，才能保证不超载的概率大于 0.977?

解 设每辆车最多可以装 n 箱，记 $X_i(i=1,2,\cdots,n)$ 为装运的第 i 箱的质量（单位：kg），可以把 $X_1,X_2,\cdots,X_n$ 视为独立同分布的随机变量，$E(X_i)=50,D(X_i)=25$，另记 $Y_n=X_1+X_2+\cdots+X_n$ 为 n 箱产品的总质量，根据林德伯格-列维中心极限定理，$Y_n\overset{\text{近似}}{\sim}N(50n,25n)$，由题意，有

$$P(Y_n\leqslant 5000)=P\left(\frac{Y_n-50n}{5\sqrt{n}}\leqslant\frac{5000-50n}{5\sqrt{n}}\right)$$
$$=\Phi\left(\frac{1000-10n}{\sqrt{n}}\right)\geqslant 0.977,$$

查表得$\frac{1000-10n}{\sqrt{n}}\geqslant 2$，所以 $n<98.02$. 即最多可以装 98 箱.

习题 5

1. 设随机变量 X 是抛掷一枚骰子所出现的点数，若给定 $\varepsilon=2$，$\varepsilon=2.5$，试分别计算 $P(|X-E(X)|\geqslant\varepsilon)$，并验证切比雪夫不等式成立.

2. 设随机变量 X 与 Y 的期望分别为 -2 和 2，方差分别为 1 和 4，而相关系数为 -0.5，根据切比雪夫不等式估计 $P(|X+Y|\geqslant 6)$.

3. 设电站供电网有 10000 盏灯，夜晚每一盏灯开灯的概率都是 0.7，而假定所有电灯开或关是相互独立的，试用切比雪夫不等式估计夜晚同时开着的灯数在 6800 ~7200 的概率.

4. 在 n 重伯努利试验中，事件 A 在一次试验里发生的概率为 p，设 X 表示 n 次试验中事件 A 发生的次数，试分别用切比雪夫不等式和中心极限定理估计满足下式的 n：

$$P\left(\left|\frac{X}{n}-p\right|<\frac{1}{2}\sqrt{DX}\right)\geqslant 99\%.$$

5. 为了测定一台机床的质量，把它分解成 75 个部件来称量，假定每个部件称量误差（单位：kg）服从区间（$-1,1$）上的均匀分布，且每个部件的称量误差相互独立，试求机床重量的总误差的绝对值不超过 10kg 的概率.

6. 袋装味精用机器装袋，每袋的净重为随机变量，且相互独立，其期望值为 100g，标准差为 10g. 一纸箱内装 200 袋，求一纸箱内味精净重大于 20.5kg 的概率.

7. 某学校有二年级学生 2000 人，在某时间内，每个学生想借某种教学参考书的概率都是 0.1，试估计图书馆至少应准备多少本这样的书，才能以 97% 的概率保证满足同学的借书需要.

8. 一保险公司有 10000 人投保，每人每年付 12 元保险费，已知一年内投保人死亡率为 0.006，如投保人死亡，保险公司付给死者家

属1000元，求(1) 保险公司年利润为0的概率;(2) 保险公司年利润不少于60000元的概率.

9. 一食品店有三种蛋糕出售，由于售出哪一种蛋糕是随机的，因而，售出一只蛋糕的价格是一个随机变量，它取1元、1.2元、1.5元各个值的概率分别为0.3、0.2、0.5. 某天售出300只蛋糕，(1) 求这天的收入至少为400元的概率;(2) 求这天售出价格为1.2元的蛋糕多于60只的概率.

10. 设随机变量X和Y的期望都是2，方差分别为1和4，而相关系数为0.5，则根据切比雪夫不等式，$P(|X-Y|\geqslant 6)\leqslant$_________.

11. 设总体X服从参数为2的指数分布，$X_1,X_2,\cdots,X_n$为来自总体X的简单随机样本，则当$n\to\infty$时，$Y_n=\frac{1}{n}\sum_{i=1}^{n}X_i^2$依概率收敛于____________.

12. 设$\{X_n\}$相互独立，$P(X_n=\pm\sqrt{n})=\frac{1}{n}$，$P(X_n=0)=1-\frac{2}{n}$ $(n=2,3,\cdots)$，证明：$\{X_n\}$服从大数定律.

13. 设$a_n=\sum_{m=0}^{n}\frac{n^m}{m!}\mathrm{e}^{-n}$，求证$\lim\limits_{n\to\infty}a_n=0.5$.

14. 设$X_1,X_2,\cdots,X_n$独立同分布，且$E(X_i^k)=a_k(k=1,2,3,4)$. 证明：当n充分大时，$Z_n=\frac{1}{n}\sum_{i=1}^{n}X_i^2$近似服从正态分布.

第 6 章

样本及样本分布

前几章介绍了概率论的基本内容,由概率论的知识我们知道随机现象可以用随机变量来描述,而对随机变量最好的刻画是知道它的分布函数或至少知道它的某些数字特征(如果存在的话).但在许多实际问题中,描述随机现象的随机变量的分布和数字特征往往是未知的.因此,要研究这一随机现象首先必须解决的问题是如何确定相应随机变量的分布函数或数字特征.这就需要我们对相应的随机现象进行观测与分析,而数理统计就是这样一门学科.**数理统计**是以概率论为基础,研究如何合理有效地收集、整理和分析随机现象的观测数据,从而对随机变量的分布或数字特征做出合理估计和推断的一门学科.从本章开始我们将要学习数理统计的一些基本内容.

6.1 数理统计的几个基本概念

6.1.1 总体和样本

在数理统计中,研究对象的全体称为**总体**,总体中的每个元素称为**个体**.例如,要研究某高校在校生的消费情况,那么该校所有在校生就是一个总体,每一位在校生就是一个个体.如果要研究某一天的气温,那么这一天的气温就是一个总体,而各个时刻的气温就是个体.

在实际问题中,我们在研究总体时往往关心的仅仅是研究对象的一项或几项数量指标而不是所有信息.因此,把每个个体所具有的数量指标的全体视为总体.例如,要研究某高校在校生的消费情况,那么消费金额就是总体.这些数量指标抛开实际背景就是一堆数,在这堆数中有的数据出现的次数较多,有的数据出现的次数较少,从概率的角度出发,重复次数较多的数据出现的可能性大,即概率较大;

重复次数较少的数据出现的可能性小，即概率较小. 于是，可以用一个随机变量 X 来描述总体所对应的数据集合. 因此，在这种意义下总体就是一个随机变量.

定义 6.1 一个随机变量 X 或其相应的分布函数 $F(x)$ 称为一个总体.

为了研究总体的性质，就要对总体进行观测从中获取数据. 采用对每个个体逐个观测的方法往往是不切实际的. 因为一方面在一些实际问题中，总体 X 的取值试验具有破坏性，如对灯泡的寿命进行研究，一旦某灯泡的使用寿命被测得，该灯泡就报废了；另一方面，有的观测会耗费大量的时间与人力物力，或由于技术条件的限制不可能逐个观察. 此时，我们常用的方法是按照一定的规则从总体 X 中抽取若干个个体进行观测，这一抽取过程称为**抽样**，所抽取的个体称为**样本**，样本中所包含的个体数量称为**样本容量**. 设 $X_1,X_2,\cdots,X_n$ 是来自总体 X 的容量为 n 的样本，称样本观测值$(x_1,x_2,\cdots,x_n)$为样本值. 由于抽取的随机性，在一个总体中两次抽取相同容量的样本，所得的样本值$(x_1,x_2,\cdots,x_n)$及$(x_1',x_2',\cdots,x_n')$不一定相同. 因此，样本$(X_1,X_2,\cdots,X_n)$是一个 n 元随机变量.

抽样的目的是根据样本的取值来推断总体的情况，而样本取值的随机性会使推断带有一定程度的不确定性. 因此，我们应尽可能使抽取的样本能反映总体的状况. 这就要求样本具有以下两个性质：

(1) 代表性：样本中的每个随机变量 X_i 与总体 X 具有相同的分布.

(2) 独立性：每次观测结果互不影响，即 $X_1,X_2,\cdots,X_n$ 相互独立.

满足上述两个性质的样本$(X_1,X_2,\cdots,X_n)$称为**简单随机样本**，简称样本. 以后本书所说的样本，都指简单随机样本.

由简单随机样本的定义可以看出 $X_1,X_2,\cdots,X_n$ 是独立同分布的，因此样本的分布有如下结论：

若总体 X 的分布函数为 $F(x)$，则样本$(X_1,X_2,\cdots,X_n)$的**联合分布函数**为

$$F(x_1,x_2,\cdots,x_n)=\prod_{i=1}^{n}F(x_i)$$

若总体 X 为离散型随机变量，其分布律为 $P(X=x_i)=p,i=1,2,\cdots$，则样本$(X_1,X_2,\cdots,X_n)$的**联合分布律**为

$$P(X_1=x_1,X_2=x_2,\cdots,X_n=x_n)=\prod_{i=1}^{n}P(X_i=x_i)=\prod_{i=1}^{n}p_i$$

若总体 X 为连续型随机变量，其密度函数为 $f(x)$，则样本$(X_1,X_2,\cdots,X_n)$的**联合密度函数**为

$$f(x_1,x_2,\cdots,x_n) = \prod_{i=1}^{n} f(x_i)$$

例 6.1 设总体 $X \sim P(\lambda)$，求其样本 $(X_1,X_2,\cdots,X_n)$ 的联合分布律.

解 由于 $X \sim P(\lambda)$，其分布律为 $P(X=k)=\dfrac{\lambda^k}{k!}\mathrm{e}^{-\lambda}, k=0,1,2,\cdots$.

因此，样本 $(X_1,X_2,\cdots,X_n)$ 的联合分布律为

$$P(X_1 = k_1, X_2 = k_2, \cdots, X_n = k_n) = \prod_{i=1}^{n} P(X_i = k_i)$$

$$= \prod_{i=1}^{n} P(X = k_i) = \prod_{i=1}^{n} \frac{\lambda^{k_i}}{k_i!}\mathrm{e}^{-\lambda} = \frac{1}{k_1!k_2!\cdots k_n!}\lambda^{\sum\limits_{i=1}^{n} k_i}\mathrm{e}^{-n\lambda},$$

$k_i = 0,1,2,\cdots, i = 1,2,\cdots n.$

6.1.2 统计量

1. 定义

利用样本值来推断总体的情况时往往不能直接使用样本，而需要对这些样本值进行整理与加工，把样本所含的信息提炼出来. 常用的方法是针对具体问题构造样本的函数，同时由于提炼的样本信息都是已知的，所以这个函数不能含有未知参数，这样的函数称之为统计量. 数学定义如下：

定义 6.2 设 $X_1,X_2,\cdots,X_n$ 为总体的一个样本，$g(X_1,X_2,\cdots,X_n)$ 为样本的函数且不含任何未知参数，则称 $g(X_1,X_2,\cdots,X_n)$ 为样本 $(X_1,X_2,\cdots,X_n)$ 的一个**统计量**.

显然，统计量也是随机变量.

例 6.2 设总体 $X \sim N(\mu,\sigma^2)$，其中，参数 μ 已知，σ^2 未知，$(X_1,X_2,\cdots,X_n)$ 为总体 X 的一个样本，则 $X_1+\mu$，$\max\{X_1,X_2,\cdots,X_n\}$ 和 $\dfrac{1}{n}\sum\limits_{i=1}^{n} X_i^2$ 都是统计量，而 $\dfrac{X_n+\mu}{\sigma^2}$ 和 $\dfrac{5X_1-2\mu}{3\sigma}$ 都不是统计量.

2. 常用统计量

设总体 X 的一个样本为 $(X_1,X_2,\cdots,X_n)$，常用的统计量有：

(1) 样本均值 $\bar{X} = \dfrac{1}{n}\sum\limits_{i=1}^{n} X_i$，

反映了总体期望的信息，其观测值为 $\bar{x} = \dfrac{1}{n}\sum\limits_{i=1}^{n} x_i$；

(2) 样本方差 $S^2 = \dfrac{1}{n-1}\sum\limits_{i=1}^{n}(X_i-\bar{X})^2$，

反映了总体方差的信息，描述了样本的离散程度.

样本标准差 $S = \sqrt{\dfrac{1}{n-1}\sum\limits_{i=1}^{n}(X_i-\bar{X})^2}$；

(3) 样本 k 阶原点矩 $m_k = \frac{1}{n}\sum_{i=1}^{n} X_i^k, k = 1,2,\cdots$

(4) 样本 k 阶中心矩 $M_k = \frac{1}{n}\sum_{i=1}^{n} (X_i - \bar{X})^k, k = 1,2,\cdots$

显然,样本的 k 阶原点矩与样本 k 阶中心矩反映了总体原点矩与中心矩的信息.

根据上述定义,样本均值与样本方差有如下结论:

定理 6.1 若总体 X 的期望为 μ,方差为 σ^2,则

(1) $E(\bar{X}) = \mu$;

(2) $D(\bar{X}) = \frac{\sigma^2}{n}$;

(3) $E(S^2) = \sigma^2$.

证明 由于样本 $X_1, X_2, \cdots, X_n$ 相互独立且与总体 X 同分布,故

$$E(X_i) = E(X) = \mu, D(X_i) = D(X) = \sigma^2, i = 1,2,\cdots,n.$$

所以

(1) $E(\bar{X}) = E\left(\frac{1}{n}\sum_{i=1}^{n} X_i\right) = \frac{1}{n}\sum_{i=1}^{n} E(X_i) = \frac{1}{n}\sum_{i=1}^{n} \mu = \mu$,

(2) $D(\bar{X}) = D\left(\frac{1}{n}\sum_{i=1}^{n} X_i\right) = \frac{1}{n^2}\sum_{i=1}^{n} D(X_i) = \frac{1}{n^2}\sum_{i=1}^{n} \sigma^2 = \frac{\sigma^2}{n}$,

(3)
$$\begin{aligned} E(S^2) &= E\left[\frac{1}{n-1}\sum_{i=1}^{n} (X_i - \bar{X})^2\right] = \frac{1}{n-1}E\sum_{i=1}^{n} (X_i - \bar{X})^2 \\ &= \frac{1}{n-1}E\sum_{i=1}^{n} (X_i^2 - 2\bar{X}X_i + \bar{X}^2) \\ &= \frac{1}{n-1}E\left[\sum_{i=1}^{n} X_i^2 - 2\bar{X}\sum_{i=1}^{n} X_i + \sum_{i=1}^{n} \bar{X}^2\right] \\ &= \frac{1}{n-1}E\left[\sum_{i=1}^{n} X_i^2 - 2\bar{X}\cdot n\bar{X} + n\bar{X}^2\right] \\ &= \frac{1}{n-1}E\left[\sum_{i=1}^{n} X_i^2 - n\bar{X}^2\right] \\ &= \frac{1}{n-1}\left[\sum_{i=1}^{n} EX_i^2 - nE(\bar{X})^2\right] \\ &= \frac{1}{n-1}\left[\sum_{i=1}^{n} (\mu^2 + \sigma^2) - n\left(\mu^2 + \frac{1}{n}\sigma^2\right)\right] \\ &= \sigma^2. \end{aligned}$$

6.2 抽样分布

由统计量的概念可知统计量也是随机变量,那么统计量就有概率分布.在数理统计中,把统计量的分布称为**抽样分布**,它是进行统

计推断的重要依据. 本节将介绍以正态分布为基础而构造的三个著名抽样分布.

6.2.1 三大抽样分布

1. χ^2 分布

χ^2 分布是由海尔默特(Hermert)和 K. 皮尔逊(K. Pearson)分别于 1875 年和 1900 年推导出来的.

定义 6.3 设$(X_1,X_2,\cdots,X_n)$为来自正态总体 $X\sim N(0,1)$ 的样本,则称随机变量

$$\chi^2 = X_1^2 + X_2^2 + \cdots + X_n^2 = \sum_{i=1}^{n} X_i^2$$

服从自由度为 n 的 **χ^2 分布**, 记为$\chi^2\sim\chi^2(n)$. 其中自由度 n 是指表达式 $\sum\limits_{i=1}^{n} X_i^2$ 中相互独立的随机变量的个数.

χ^2 分布的密度函数为

$$f(x)=\begin{cases}\dfrac{1}{2^{\frac{n}{2}}\Gamma\left(\dfrac{n}{2}\right)}x^{\frac{n}{2}-1}\mathrm{e}^{-\frac{x}{2}}, & x>0,\\ 0, & x\leqslant 0.\end{cases}$$

其中,$\Gamma(s)=\int_0^{+\infty}x^{s-1}\mathrm{e}^{-x}\mathrm{d}x\,(s>0)$ 为 Γ 函数,$\Gamma(1)=1,\Gamma\left(\dfrac{1}{2}\right)=\sqrt{\pi}$.

$\chi^2(n)$分布的密度函数的曲线,如图 6.1 所示.

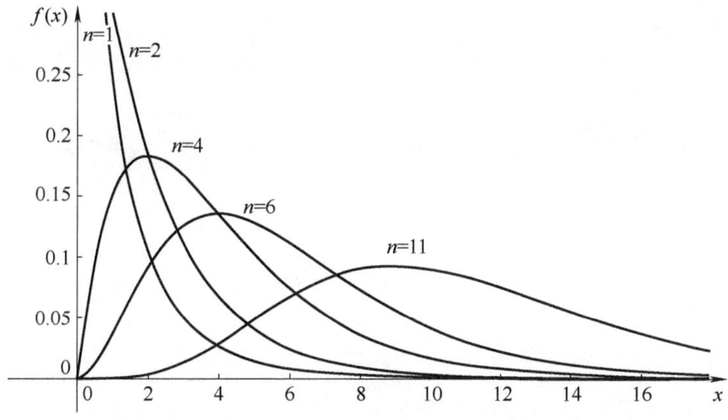

图 6.1　χ^2 分布的密度函数曲线

χ^2 分布具有以下性质:

(1) (可加性)设$\chi_i^2\sim\chi^2(n_i)$,$i=1,2,\cdots,m$,且$\chi_1^2,\chi_2^2,\cdots,\chi_m^2$ 相互独立,则 $\sum\limits_{i=1}^{m}\chi_i^2\sim\chi^2\left(\sum\limits_{i=1}^{m}n_i\right)$.

(2) 设$\chi^2\sim\chi^2(n)$,则 $E(\chi^2)=n,D(\chi^2)=2n$.

(3)(渐近正态性)当 $n\to\infty$ 时,χ^2 分布的极限分布是标准正态分布. 即随着 n 的增大,图形逐渐接近于正态分布的密度曲线.

2. t 分布

t 分布是由英国统计学家哥赛特(Gosset)在研究小样本数据时提出的,于 1908 年以 student 为笔名发表了该成果,因此 t 分布又称学生分布.

定义 6.4　设 $X\sim N(0,1)$,$Y\sim\chi^2(n)$,且 X 与 Y 相互独立,则称随机变量 $T=\dfrac{X}{\sqrt{Y/n}}$ 的分布为自由度为 n 的 **t 分布**,记为 $T\sim t(n)$.

t 分布的密度函数为

$$f(x)=\frac{\Gamma\left(\frac{n+1}{2}\right)}{\sqrt{n\pi}\,\Gamma\left(\frac{n}{2}\right)}\left(1+\frac{x^2}{n}\right)^{-\frac{n+1}{2}},\ -\infty<x<+\infty.$$

由于 t 分布的密度函数 $f(x)$ 为偶函数,所以它的图像关于纵坐标轴对称,形状与标准正态分布的密度曲线类似,如图 6.2 所示.

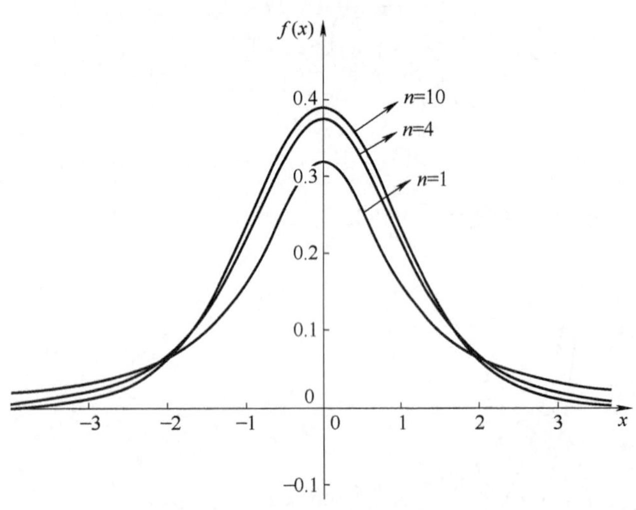

图 6.2　t 分布的密度函数曲线

t 分布具有以下性质:

(1) 设 $T\sim t(n)$,则 $E(T)=0$,$D(T)=\dfrac{n}{n-2}$,$(n>2)$.

(2)(渐近正态性)当 $n\to\infty$ 时,t 分布的极限分布是标准正态分布. 即

$$\lim_{n\to+\infty}f(x)=\frac{1}{2\pi}e^{-\frac{x^2}{2}},x\in\mathbf{R}.$$

3. F 分布

定义 6.5　设 $X\sim\chi^2(m)$,$Y\sim\chi^2(n)$, 且 X 与 Y 相互独立,则称

随机变量 $F=\dfrac{X/m}{Y/n}$ 的分布为服从自由度为 (m,n) 的 **F 分布**，记作 $F\sim F(m,n)$.

$F(m,n)$ 分布的密度函数为

$$f(x)=\begin{cases}\dfrac{\Gamma\left(\dfrac{m+n}{2}\right)}{\Gamma\left(\dfrac{m}{2}\right)\Gamma\left(\dfrac{n}{2}\right)}\left(\dfrac{m}{n}\right)^{\frac{m}{2}}x^{\frac{m}{2}-1}\left(1+\dfrac{m}{n}x\right)^{-\frac{m+n}{2}}, & x>0\\ 0, & x\leqslant 0\end{cases}.$$

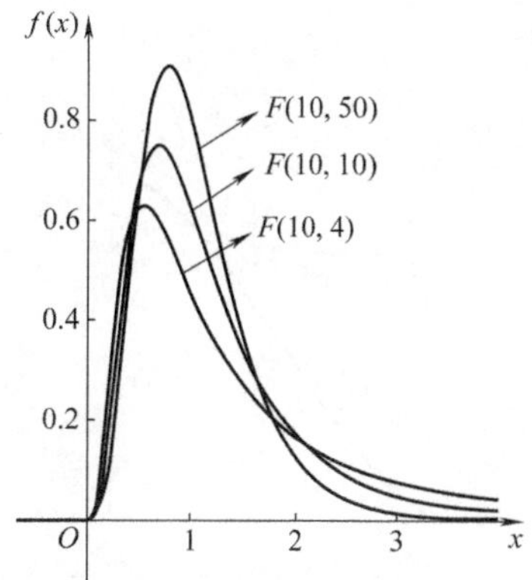

图 6.3　F 分布的密度函数曲线

F 分布的密度函数 $f(x)$ 的曲线，如图 6.3 所示.

F 分布具有以下性质：

(1) 若 $F\sim F(m,n)$，则 $\dfrac{1}{F}\sim F(n,m)$.

(2) $E(F)=\dfrac{n}{n-2}$，$D(T)=\dfrac{2n^2(m+n-2)}{m(n-2)^2(n-4)}$.

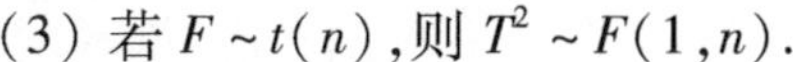

(3) 若 $F\sim t(n)$，则 $T^2\sim F(1,n)$.

在了解了数理统计中的三大抽样分布之后，我们给出统计中又一重要概念——分位数. 分位数的概念在后续统计推断中有着重要的作用.

6.2.2　分位数

1. 定义

定义 6.6　设 X 为随机变量，若对任给实数 $\alpha(0<\alpha<1)$，存在实数 x_α 使得 $P(X>x_\alpha)=\alpha$，则称 x_α 为随机变量 X 的**上侧 α 分位数**.

若存在实数 λ_1,λ_2 使得 $P(X>\lambda_1)=P(X<\lambda_2)=\dfrac{\alpha}{2}$，则称 λ_1,λ_2 为 X 的**双侧 α 分位数**.

特别地，当 X 的分布关于 y 轴对称时，若存在 $x_{\frac{\alpha}{2}}$ 使得 $P(|X|>x_{\frac{\alpha}{2}})=\alpha$，则称 $x_{\frac{\alpha}{2}}$ 为 X 的**双侧 α 分位数**.

一般地，常用分布 $N(0,1)$，$\chi^2(n)$，$t(n)$，$F(m,n)$ 的上侧 α 分位数和双侧 α 分位数分别记为 u_α，$\chi^2_\alpha(n)$，$t_\alpha(n)$，$F_\alpha(m,n)$ 和 $u_{\frac{\alpha}{2}}$，$\chi^2_{\frac{\alpha}{2}}(n)$，$t_{\frac{\alpha}{2}}(n)$，$F_{\frac{\alpha}{2}}(m,n)$.

例如，若 $X\sim N(0,1)$，则 X 的上侧 α 分位数 u_α 和双侧 α 分位数 $u_{\frac{\alpha}{2}}$ 分别如图 6.4 和图 6.5 所示.

2. 性质

(1) $u_{1-\alpha}=-u_\alpha$，$t_{1-\alpha}(n)=-t_\alpha(n)$.

(2) 当 n 充分大 $(n>45)$ 时，$t_\alpha(n)\approx u_\alpha$，$\chi^2_\alpha(n)\approx\dfrac{1}{2}(u_\alpha+\sqrt{2n-1})^2$.

(3) $F_{1-\alpha}(n,m)=\dfrac{1}{F_{\alpha}(m,n)}$.

对于不同的 α 和 n,各分布的分位数值可通过查表得到.

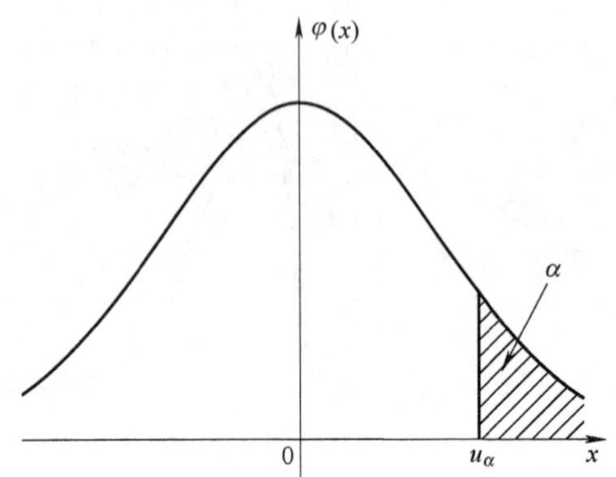

图 6.4　正态分布的上侧 α 分位数 u_{α}

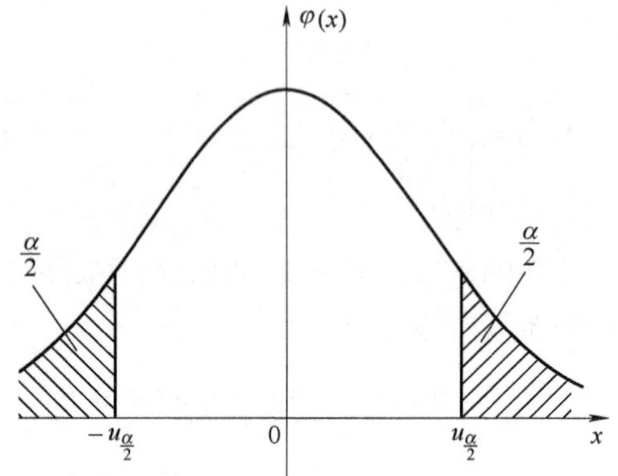

图 6.5　正态分布的双侧 α 分位数 $u_{\frac{\alpha}{2}}$

例 6.3　查表求下列各值.

(1) $\chi^2_{0.975}(10)$;(2) $\chi^2_{0.025}(10)$;(3) $t_{0.05}(6)$;(4) $t_{0.90}(18)$;

(5) $F_{0.01}(3,7)$;(6) $F_{0.95}(4,6)$;(7) $u_{0.05}$;(8) $u_{0.025}$.

解　查表得

(1) $\chi^2_{0.975}(10)=3.247$;(2) $\chi^2_{0.025}(10)=20.483$;

(3) $t_{0.05}(6)=1.9432$;(4) $t_{0.90}(18)=-t_{0.10}(18)=-1.3304$;

(5) $F_{0.01}(3,7)=8.45$;

(6) $F_{0.95}(4,6)=\dfrac{1}{F_{0.05}(6,4)}=\dfrac{1}{6.16}=0.1623$;

(7) $u_{0.05}=1.645$;(8) $u_{0.025}=1.96$.

6.2.3　正态总体下的抽样分布

一般地,要确定统计量的准确分布是比较困难的.在数理统计中大量的实际问题总体都服从正态分布.下面不加证明地给出来自正态总体的几个抽样分布的重要结论,这些结论在后续的统计推断中起着重要的作用.

定理 6.2　设$(X_1,X_2,\cdots,X_n)$为来自正态总体 $N(\mu,\sigma^2)$的一个样本,则

(1) 样本均值 $\bar{X}\sim N\left(\mu,\dfrac{\sigma^2}{n}\right)$;

(2) $\bar{X}$ 与样本方差 S^2 相互独立;

(3) $\dfrac{(n-1)S^2}{\sigma^2}\sim\chi^2(n-1)$.

定理 6.3　设$(X_1,X_2,\cdots,X_n)$为来自正态总体 $X\sim N(\mu,\sigma^2)$的

一个样本，则$\dfrac{\bar{X}-\mu}{S/\sqrt{n}} \sim t(n-1)$.

例 6.4　设总体 $X \sim N(2,36)$，$(X_1,X_2,\cdots,X_9)$是来自总体 X 的一个样本，求样本均值落在 1.5 ~ 3 之间的概率.

解　因为 $X \sim N(2,36)$，所以 $\bar{X} \sim N(2,4)$.

$$
\begin{aligned}
\text{于是 } P(1.5<\bar{X}<3) &= P\left(-0.25<\frac{\bar{X}-2}{2}<0.5\right) \\
&= \Phi(0.5)-\Phi(-0.25) \\
&= \Phi(0.5)-1+\Phi(0.25) \\
&= 0.6915-1+0.5987=0.2902.
\end{aligned}
$$

定理 6.4　设$(X_1,X_2,\cdots,X_{n_1})$和$(Y_1,Y_2,\cdots,Y_{n_2})$分别是来自总体 $N(\mu_1,\sigma^2)$，$N(\mu_2,\sigma^2)$的相互独立的样本，$\bar{X}$，$\bar{Y}$ 分别为两个样本的均值，S_1^2，S_2^2 分别为两个样本的方差，则

（1）$\dfrac{\bar{X}-\bar{Y}-(\mu_1-\mu_2)}{\sqrt{\dfrac{\sigma_1^2}{n_1}+\dfrac{\sigma_2^2}{n_2}}} \sim N(0,1)$；

（2）$\dfrac{\bar{X}-\bar{Y}-(\mu_1-\mu_2)}{\sqrt{\dfrac{(n_1-1)s_1^2+(n_2-1)s_2^2}{n_1+n_2-2}}\sqrt{\dfrac{1}{n_1}+\dfrac{1}{n_2}}} \sim t(n_1+n_2-2)$；

（3）$\dfrac{S_1^2/\sigma_1^2}{S_2^2/\sigma_2^2} \sim F(n_1-1,n_2-1)$.

习题 6

1. 什么是统计量？为什么要引进统计量？统计量为什么不能含有未知参数？

2. 什么是抽样分布？三大抽样分布与正态分布有什么关系？

3. 设总体 $X \sim B(1,p)$，其中，$0<p<1$，$(X_1,X_2,\cdots,X_n)$是来自总体 X 的一个样本，求样本$(X_1,X_2,\cdots,X_n)$的联合分布律.

4. 设总体 $X \sim E(\lambda)$，$(X_1,X_2,\cdots,X_n)$是来自总体 X 的一个样本，求样本$(X_1,X_2,\cdots,X_n)$的联合密度函数.

5. 设总体 $X \sim N(\mu,\sigma^2)$，$(X_1,X_2,\cdots,X_{10})$是来自总体 X 的一个样本，求样本$(X_1,X_2,\cdots,X_{10})$的联合密度函数.

6. 设总体 $X \sim N(\mu,\sigma^2)$，σ^2 为未知参数，μ 为已知参数，$(X_1,X_2,\cdots,X_{20})$是来自总体 X 的一个样本，$\bar{X}$ 为样本均值，S^2 为样本方差，指出下列随机变量中哪些是统计量，哪些不是统计量.

（1）$X_1+X_5-X_{10}$；（2）$\dfrac{X_i-\bar{X}}{\sigma}$；（3）$\max\limits_{1\leqslant i\leqslant 20}\{X_i\}$；（4）$\dfrac{X_i-\mu}{S}$；

(5) $\frac{\sigma^2}{S^2}$;(6) $\frac{\sum\limits_{i=1}^{20}(X_i-\bar{X})^2}{\sigma^2}$.

7. 要研究某高校高等数学课程的不及格情况,现随机抽取 7 个班级,高等数学课程不及格人数分别为 9,12,8,6,15,9,11,求样本均值,样本方差和样本二阶中心矩.

8. 设总体 $X \sim E(\lambda)$,$(X_1,X_2,\cdots,X_n)$ 为来自总体的一个样本,求 $E(\bar{X})$,$D(\bar{X})$,$E(S^2)$.

9. 查表求下列分位数的值.

(1) $\chi^2_{0.95}(18)$;(2) $t_{0.01}(20)$;(3) $t_{0.99}(15)$;(4) $F_{0.05}(7,11)$;

(5) $F_{0.95}(8,14)$;(6) $u_{0.01}$.

10. 已知 $X \sim t(n)$,求证 $X^2 \sim F(1,n)$.

11. 设$(X_1,X_2,\cdots,X_6)$是来自总体 $N(0,1)$ 的样本,试确定常数 a_1,a_2,a_3 使得 $a_1(X_1+X_2)^2+a_2(X_3+X_4+X_5)^2+a_3X_6^2$ 服从χ^2 分布,并求出自由度的取值.

12. 设$(X_1,X_2,\cdots,X_4)$是来自总体 $N(0,4)$ 的样本,试确定常数 a,b 使得 $Y=a(X_1-2X_2)^2+b(3X_3-4X_4)^2$ 服从χ^2 分布,并求出自由度的取值.

13. 设样本$(X_1,X_2,\cdots,X_n)$来自总体 $X \sim N(10,4)$.

(1) 设 $n=4$,求 $P(9.02 \leqslant \bar{X} \leqslant 10.98)$;

(2) 设 $P(9.02 \leqslant \bar{X} \leqslant 10.98)=0.95$,求 n 的大小.

14. 某产品的重量服从 $N(10,0.5^2)$,现从中抽取 10 件进行检查,求 10 件产品的平均重量大于 9.5 的概率.

15. 设总体 $X \sim N(0,4)$,$(X_1,X_2,\cdots,X_9)$是总体中的一个样本,求 $P\left(\sum\limits_{i=1}^{9}X_i^2<128\right)$.

16. 设 $X_1,X_2,\cdots,X_{10}$ 是来自总体 $X \sim N(0,0.2^2)$ 的样本,求 $P\left(\sum\limits_{i=1}^{10}X_i^2>1.44\right)$.

17. 设总体 $X \sim N(0,4)$,$(X_1,X_2,\cdots,X_9)$和$(Y_1,Y_2,\cdots,Y_{16})$分别是来自总体的相互独立的样本,求两个样本均值差的绝对值大于 0.4 的概率.

第 7 章

参数估计

数理统计的主要任务是由样本的信息推断总体的特征,而总体的特征往往是通过其分布来刻画的.若总体分布的形式未知,由样本信息直接推断总体分布的形式的问题称为非参数统计问题.而在实际问题中出现更多的情况是由以往的经验可以确定总体的分布类型,但其中含有未知参数,需要通过样本来推断总体中的未知参数,这就是参数统计问题.参数估计是参数统计推断的基本问题之一.本章主要介绍参数估计的两种方法:点估计和区间估计.

7.1 点估计

设总体 X 的分布 $f(x,\theta)$ 形式已知,θ 是未知参数,其中 $f(x,\theta)$ 可以是分布函数,也可以是分布律或密度函数.$(X_1,X_2,\cdots,X_n)$ 是总体的一个样本,相应的样本观测值为 $(x_1,x_2,\cdots,x_n)$.点估计问题就是由样本构造一个适当的统计量 $\hat{\theta}(X_1,X_2,\cdots,X_n)$,用它的观察值 $\hat{\theta}(x_1,x_2,\cdots,x_n)$ 来作为未知参数 θ 的估计,称统计量 $\hat{\theta}(X_1,X_2,\cdots,X_n)$ 为 θ 的**估计量**,$\hat{\theta}(x_1,x_2,\cdots,x_n)$ 为 θ 的**估计值**.在不致引起混淆的情况下估计量与估计值统称为**估计**,并都简记为 $\hat{\theta}$.

点估计的关键是如何构造一个合适的统计量,它既要具有理论上的合理性,又要具有计算上的方便性.下面介绍两种常用的构造统计量的方法:矩估计法和极大似然估计法.

7.1.1 矩估计

矩估计是 1900 年英国统计学家卡尔・皮尔逊(K. Pearson)提出的一种方法,其基本思想是替换原理,即用样本矩替换相应的总体矩.

定义 7.1 设 $(X_1,X_2,\cdots,X_n)$ 是来自总体 X 的样本,总体 X 的

分布中含有 k 个未知参数 $\theta_1,\theta_2,\cdots,\theta_k$，若 X 的 k 阶原点矩存在，记为 $\mu_i=E(X^i)$，$i=1,2,\cdots,k$，显然 μ_i 为 $\theta_1,\theta_2,\cdots,\theta_k$ 的函数，即 $\mu_i=E(X^i)=\mu_i(\theta_1,\theta_2,\cdots,\theta_k)$，$i=1,2,\cdots,k$. 样本的 k 阶原点矩 $m_i=\frac{1}{n}\sum_{i=1}^{n}x_j^i\ (i=1,2,\cdots,k)$，由替换原理，用 m_i 替换 μ_i，即

$$\begin{cases}\mu_1(\theta_1,\theta_2,\cdots,\theta_k)=m_1,\\ \mu_2(\theta_1,\theta_2,\cdots,\theta_k)=m_2,\\ \qquad\vdots\\ \mu_k(\theta_1,\theta_2,\cdots,\theta_k)=m_k,\end{cases}$$

解出 $\hat{\theta}_i=\hat{\theta}_i(X_1,X_2,\cdots,X_n)$，$i=1,2,\cdots,k$，即为参数 $\theta_1,\theta_2,\cdots,\theta_k$ 的矩估计.

例 7.1 设总体 X 服从 $[0,\theta]$ 上的均匀分布，θ 未知，$(X_1,X_2,\cdots,X_n)$ 为来自总体的一个样本，求 θ 的矩估计.

解 总体 X 的一阶原点矩 $\mu_1=E(X)=\frac{\theta}{2}$，样本的一阶原点矩 $m_1=\bar{X}=\frac{1}{n}\sum_{i=1}^{n}X_i$，令 $\mu_1=m_1$，即 $\frac{\theta}{2}=\bar{X}$，所以 θ 的矩估计为 $\hat{\theta}=2\bar{X}$.

上例中总体只含一个参数，因此只需构造一个方程，就可以求出该参数的估计. 当总体中含有多个参数时，则需要构造方程组求未知参数的估计.

例 7.2 设总体 X 的均值 μ 及方差 σ^2 都存在，且均未知，$(X_1,X_2,\cdots,X_n)$ 是总体的一个样本，试求 μ,σ^2 的矩估计.

解 因 $\mu_1=E(X)=\mu,\mu_2=E(X^2)=D(X)+[E(X)]^2=\sigma^2+\mu^2$，令 $\begin{cases}\mu_1=m_1,\\ \mu_2=m_2.\end{cases}$ 即

$$\begin{cases}\mu_1=\mu=\bar{X},\\ \mu_2=m_2=\mu^2+\sigma^2=\frac{1}{n}\sum_{i=1}^{n}X_i^2.\end{cases}$$

解方程组得到 μ,σ^2 的矩估计为

$$\hat{\mu}=\bar{X},\hat{\sigma}^2=\frac{1}{n}\sum_{i=1}^{n}X_i^2-\bar{X}^2=\frac{1}{n}\sum_{i=1}^{n}(X_i-\bar{X})^2.$$

7.2 极大似然估计法

极大似然估计是点估计的另一种重要方法，由英国统计学家费希尔(R. A. Fisher)首先提出，并且证明了这一方法在理论上具有很好的性质，是目前广泛应用的一种点估计方法.

为了说明极大似然估计的思想，我们先看一个例子.

例 7.3 设有外形完全相同的两个箱子,甲箱子中有 99 个黑球和 1 个白球,乙箱中有 99 个白球和 1 个黑球,今随机地抽取一箱,并从中随机抽取一球,结果取得白球,问这球是从哪一个箱子中取出的?

解 从甲箱中取出白球的概率为 0.01,从乙箱中取出白球的概率为 0.99,现在一次试验中取到白球这个现象发生了,人们的第一印象就是:白球最像从乙箱中取出的,或者说应该认为试验的条件对取出白球更有利,从而推断这球是从乙箱中取出的,这个推断符合经验事实,这里"最像"就是"极大似然"之意,这种想法称为"极大似然原理".

极大似然估计的基本原理可以归纳为:在随机试验中,概率大的事件发生的可能性也大.那么,在一次随机试验中,某一事件已经发生,则有理由认为这一事件发生的概率大.根据这一原理,利用抽样结果,寻找使这一结果出现的可能性最大的那个 θ 作为 θ 的估计.

定义 7.2 设$(X_1,X_2,\cdots,X_n)$是来自总体 $X\sim f(x,\theta)$ 的样本,θ 为未知参数,则样本$(X_1,X_2,\cdots,X_n)$的联合分布为$f(x_1,\theta)\cdots f(x_n,\theta)$,它是未知参数 θ 的函数,记为

$$L(\theta)=f(x_1,\theta)f(x_2,\theta)\cdots f(x_n,\theta)=\prod_{i=1}^{n}f(x_i,\theta)$$

称之为**似然函数**.

$L(\theta)$表示样本 $X_1,X_2,\cdots,X_n$ 出现的"可能性"大小.在已经抽得样本 $x_1,x_2,\cdots,x_n$ 的情况下,应选择使 $L(\theta)$达到最大的那个 θ 作为 θ 的估计 $\hat{\theta}$.这种求点估计的方法称为极大似然估计法.由此我们给出定义:

定义 7.3 对于给定的样本值 $x_1,x_2,\cdots,x_n$,若存在 $\hat{\theta}$ 使得 $L(\hat{\theta})=\max\limits_{\theta}L(\theta)$,则称 $\hat{\theta}$ 为 θ 的**极大似然估计**,其中 $\hat{\theta}$ 与样本值 x_1, $x_2,\cdots,x_n$ 有关,常记为 $\hat{\theta}(x_1,x_2,\cdots,x_n)$.

按照上述思想我们可以看出,求 θ 的极大似然估计可以归结为求似然函数 $L(\theta)$的最大值点的问题.由极值理论可知,当 $L(\theta)$可导时,通常用求驻点的方法求 $L(\theta)$的最大值点.由于 $L(\theta)$与 $\ln L(\theta)$在相同的点处取得最大值点,因此,为了求导方便,通常把求 $L(\theta)$的最大值点转化为求 $\ln L(\theta)$的最大值点,其中 $\ln L(\theta)$称为对数似然函数.

由上述思想可以总结出求极大似然估计的一般步骤:

(1) 建立似然函数 $L(\theta)$;

(2) 求对数似然函数 $\ln L(\theta)$;

(3) 求导$\frac{\mathrm{d}\ln L(\theta)}{\mathrm{d}\theta}$,令$\frac{\mathrm{d}\ln L(\theta)}{\mathrm{d}\theta}=0$;

(4) 解出 θ 即为所求的极大似然估计.

注 1) 若总体的分布中含有多个未知参数 $\theta_1,\theta_2,\cdots,\theta_k$,则似然函数为 $\theta_1,\theta_2,\cdots,\theta_k$ 的多元函数,可以通过求偏导数的方法得到极大似然估计.

2) 上述方法为求极大似然估计的一般方法,但是当这个方法失效时,需要根据极大似然估计的思想求得 $L(\theta)$ 的极大值点.

例 7.4 设总体 $X \sim B(1,p)$,$(X_1,X_2,\cdots,X_n)$ 是来自 X 的一个样本,求参数 p 的极大似然估计.

解 总体 X 的分布律为 $P(X=x)=p^x(1-p)^{1-x}, x=0.1$,

故似然函数 $L(p) = \prod_{i=1}^{n} p^{x_i}(1-p)^{1-x_i} = p^{\sum_{i=1}^{n} x_i}(1-p)^{n-\sum_{i=1}^{n} x_i}$,

对数似然函数为 $\ln L(p) = \sum_{i=1}^{n} x_i \ln p + \left(n - \sum_{i=1}^{n} x_i\right) \ln(1-p)$,

令 $\dfrac{\mathrm{d}\ln L(p)}{\mathrm{d}p} = \dfrac{\sum_{i=1}^{n} x_i}{p} - \dfrac{n - \sum_{i=1}^{n} x_i}{1-p} = 0$,解得 p 的极大似然估计为 $\hat{p} = \dfrac{1}{n}\sum_{i=1}^{n} x_i = \bar{x}$.

例 7.5 设 $X \sim N(\mu,\sigma^2)$,μ,σ^2 为未知参数,$(X_1,X_2,\cdots,X_n)$ 是来自 X 的一个样本,求 μ,σ^2 的极大似然估计.

解 总体 X 的密度函数为 $f(x;\mu,\sigma^2) = \dfrac{1}{\sqrt{2\pi}\sigma}\mathrm{e}^{-\frac{(x-\mu)^2}{2\sigma^2}}, -\infty < x < +\infty$,

似然函数为 $L(\mu,\sigma^2) = \prod_{i=1}^{n} \dfrac{1}{\sqrt{2\pi}\sigma}\mathrm{e}^{-\frac{(x_i-\mu)^2}{2\sigma^2}} = (2\pi)^{-n/2}\mathrm{e}^{-\frac{\sum_{i=1}^{n}(x_i-\mu)^2}{2\sigma^2}}$,

对数似然函数为 $\ln L = -\dfrac{n}{2}\ln(2\pi) - \dfrac{1}{2\sigma^2}\sum_{i=1}^{n}(x_i-\mu)^2$,

令 $\begin{cases} \dfrac{\partial \ln L}{\partial \mu} = 0, \\ \dfrac{\partial \ln L}{\partial \sigma^2} = 0, \end{cases}$ 得 $\begin{cases} \dfrac{1}{\sigma^2}\left[\sum_{i=1}^{n} x_i - n\mu\right] = 0, \\ -\dfrac{n}{2\sigma^2} + \dfrac{1}{2(\sigma^2)^2}\sum_{i=1}^{n}(x_i-\mu)^2 = 0, \end{cases}$

进一步,μ,σ^2 的极大似然估计为

$$\hat{\mu} = \bar{X}, \hat{\sigma}^2 = \frac{1}{n}\sum_{i=1}^{n} X_i^2 - \bar{X}^2 = \frac{1}{n}\sum_{i=1}^{n}(X_i - \bar{X})^2$$

虽然求导是求极大似然估计最常用的方法,但并不是在所有的场合求导都是有效的.下面的例子说明了这个问题.

例 7.6 设总体 X 服从 (a,b) 上的均匀分布,试求 a,b 的极大似然估计.

解 总体 X 的密度函数为 $f(x;a,b)=\begin{cases}\dfrac{1}{b-a}, & x\in(a,b),\\ 0, & \text{其他}.\end{cases}$

似然函数为 $L(a,b)=\prod\limits_{i=1}^{n}f(x_i;a,b)=\dfrac{1}{(b-a)^n}$,其中,

$$a<x_1,x_2,\cdots,x_n<b,$$

由于 $\begin{cases}\dfrac{\partial\ln L(a,b)}{\partial a}=\dfrac{n}{b-a}=0,\\ \dfrac{\partial\ln L(a,b)}{\partial b}=\dfrac{n}{b-a}=0\end{cases}$ 无解,因此需要寻求其他的方法得到参数的极大似然估计. 根据极大似然估计的思想,欲使 $L(a,b)=\dfrac{1}{(b-a)^n}$ 达到最大,且要满足 $a<x_1,x_2,\cdots,x_n<b$,则可取 $a=x_{(1)}$, $b=x_{(n)}$. 其中 $x_{(1)}$ 表示样本中最小的样本值,$x_{(n)}$ 表示样本中最大的样本值.

7.3 点估计量的评选标准

对于同一参数,采用不同的点估计方法得到的估计量也可能不同. 那么究竟哪一个估计更好呢? 要回答这个问题,必须首先建立点估计的评价标准. 下面介绍三种常见的评价标准.

7.3.1 无偏性

设 θ 是总体分布中的未知参数,$\hat{\theta}$ 是它的估计量. 对于不同的抽样结果 $x_1,x_2,\cdots,x_n$,得到 $\hat{\theta}$ 的值一般也不相同. 然而我们希望在多次试验中,用 $\hat{\theta}$ 作为 θ 的估计,其取值以 θ 为概率平均值. 满足这个要求的估计称为无偏估计.

定义 7.4 设 $\hat{\theta}$ 为未知数 θ 的一个估计,若 $E(\hat{\theta})=\theta$,则称 $\hat{\theta}$ 为参数 θ 的**无偏估计**.

例 7.7 设总体 X 的均值为 μ,方差为 σ^2,$(X_1,X_2,\cdots,X_n)$ 是来自总体 X 的一个样本,试讨论样本均值 $\bar{X}$ 和样本方差 $S^2=\dfrac{1}{n-1}\sum\limits_{i=1}^{n}(X_i-\bar{X})^2$ 的无偏性.

解 因为 $E(X_i)=E(X)=\mu$, $i=1,2,\cdots,n$,所以 $E(\bar{X})=\dfrac{1}{n}\sum\limits_{i=1}^{n}E(X_i)=\mu$.

即 $\bar{X}$ 是 μ 的无偏估计.

由于 $\sum\limits_{i=1}^{n}(X_i-\bar{X})^2=\sum\limits_{i=1}^{n}(X_i-\mu)^2-n(\bar{X}-\mu)^2$,从而

$$E\left[\sum_{i=1}^{n}(X_i-\bar{X})^2\right]=\sum_{i=1}^{n}E(X_i-\mu)^2-nE(\bar{X}-\mu)^2$$
$$=n\sigma^2-nD(\bar{X})$$
$$=n\sigma^2-n\frac{\sigma^2}{n}$$
$$=(n-1)\sigma^2$$

而 $S^2=\frac{1}{n-1}\sum_{i=1}^{n}(X_i-\bar{X})^2$,故 $E(S^2)=\sigma^2$.

即 S^2 是 σ^2 的无偏估计.

例 7.8 设$(X_1,X_2,\cdots,X_n)$是来自总体 X 的一个样本,总体的期望 $E(X)=\mu,\alpha_1,\alpha_2,\cdots,\alpha_n$ 为任意常数,且满足 $\alpha_1+\alpha_2+\cdots+\alpha_n=1$,试证明:$\hat{\mu}=\alpha_1X_1+\alpha_2X_2+\cdots+\alpha_nX_n$ 是 μ 的无偏估计量.

证明 因为 $E(X_i)=E(X)=\mu,i=1,2,\cdots,n$,

所以 $E(\hat{\mu})=E\left(\sum_{i=1}^{n}\alpha_iX_i\right)=\sum_{i=1}^{n}E(\alpha_iX_i)=\sum_{i=1}^{n}\alpha_iE(X_i)=\mu$.

故 $\hat{\mu}=\alpha_1X_1+\alpha_2X_2+\cdots+\alpha_nX_n$ 是 μ 的无偏估计量.

由此可见,一个未知参数可以有不同的无偏估计.那么,在众多的无偏估计中又用什么标准去挑选更优的估计呢?下面引入估计量的第二个评价标准——有效性.

7.3.2 有效性

无偏性保证了估计量在真实值周围波动,那么我们自然希望波动的幅度越小越好,即估计值和真实值的偏离越小越好.而方差正是反映偏离程度的量,因此我们希望估计量的方差越小越好.下面给出定义.

定义 7.5 设 $\hat{\theta}_1=\hat{\theta}_1(X_1,X_2,\cdots,X_n),\hat{\theta}_2=\hat{\theta}_2(X_1,X_2,\cdots,X_n)$都是 θ 的无偏估计量,若有 $D(\hat{\theta}_1)<D(\hat{\theta}_2)$,则称 $\hat{\theta}_1$ 比 $\hat{\theta}_2$ **有效**.

例 7.9 设$(X_1,X_2,\cdots,X_5)$是来自总体 X 的容量为 5 的一个样本,$\hat{\theta}_1=\bar{X},\hat{\theta}_2=\frac{1}{2}(X_1+X_2),\hat{\theta}_3=\frac{1}{3}(X_1+X_2+X_3)$都是 θ 的无偏估计,试比较它们的有效性.

证明 由于 $D(\hat{\theta}_1)=D(\bar{X})=\frac{1}{5}D(X)$,

$$D(\hat{\theta}_2)=D\left[\frac{1}{2}(X_1+X_2)\right]=\frac{1}{4}[D(X_1)+D(X_2)]=\frac{1}{2}D(X),$$

$$D(\hat{\theta}_3)=D\left[\frac{1}{3}(X_1+X_2+X_3)\right]=\frac{1}{9}[D(X_1)+D(X_2)+D(X_3)]$$
$$=\frac{1}{3}D(X),$$

所以在 $\hat{\theta}_1,\hat{\theta}_2,\hat{\theta}_3$ 三个无偏估计中 $\hat{\theta}_1$ 最有效.

实际上可以证明,在满足例7.8条件的无偏估计中,样本均值 $\bar{X}$ 是 μ 的最有效的无偏估计. 通常我们把方差最小的无偏估计称为**一致最小方差无偏估计**.

7.3.3 相合性

对于一个估计量来说,我们希望当样本容量增加时,估计值能无限接近真实值. 这就是相合性的涵义,下面给出其定义.

定义 7.6 设 $\hat{\theta}(X_1,X_2,\cdots,X_n)$ 为参数 θ 的估计,若对任意 $\varepsilon>0$,有 $\lim\limits_{n\to\infty}P(|\hat{\theta}-\theta|<\varepsilon)=1$,则称 $\hat{\theta}$ 为参数 θ 的**相合估计**.

估计量具有相合性是对估计量的一个基本要求. 如果一个估计量在样本容量不断增大时,不能把被估参数估计到任意指定的精度范围内,那么这个估计是值得怀疑的.

7.4 区间估计

前面讨论了未知参数的点估计问题,它是用估计量 $\hat{\theta}(X_1,X_2,\cdots,X_n)$ 的值作为未知参数 θ 的估计,只要得到样本的一组观测值便可以得到 θ 的一个估计值. 然而估计值和真实值之间的误差有多大,用这个估计值去估计真值的可靠性有多大,参数的点估计方法并没有回答. 要回答这些问题,我们需要引进新的估计方法——区间估计. 区间估计不仅给出未知参数所在的范围,还能确定这个范围包含参数 θ 真值的可信程度.

7.4.1 区间估计的概念

定义 7.7 设 $(X_1,X_2,\cdots,X_n)$ 是取自总体 X 的样本,θ 为总体分布中的未知参数,构造两个统计量 $\hat{\theta}_1(X_1,X_2,\cdots,X_n)$ 和 $\hat{\theta}_2(X_1,X_2,\cdots,X_n)$,对于给定的 $\alpha(0<\alpha<1)$,若 $P(\hat{\theta}_1<\theta<\hat{\theta}_2)=1-\alpha$,则称随机区间 $(\hat{\theta}_1,\hat{\theta}_2)$ 为 θ 的置信度为 $1-\alpha$ 的**置信区间**,$\hat{\theta}_1$ 称为**置信下限**,$\hat{\theta}_2$ 称为**置信上限**,$1-\alpha$ 称为**置信度**或**置信水平**.

α 称为**显著性水平**,一般取较小的值,如0.05,0.01,0.1等.

注 (1) 由于 $\hat{\theta}_1$ 和 $\hat{\theta}_2$ 是随机变量,因此置信区间 $(\hat{\theta}_1,\hat{\theta}_2)$ 是一个随机区间.

$P(\hat{\theta}_1<\theta<\hat{\theta}_2)=1-\alpha$ 的含义为对于给定的样本 $x_1,x_2,\cdots,x_n$,$(\hat{\theta}_1,\hat{\theta}_2)$ 要么包含 θ,要么不包含 θ. 若反复抽样多次(样本容量均为 n),在得到的置信区间 $(\hat{\theta}_1,\hat{\theta}_2)$ 中包含 θ 真值的约占 $100(1-\alpha)\%$,不包含 θ 真值的约仅占 $100\alpha\%$.

例如,若 $\alpha=0.05$,反复抽样100次,则得到的100个区间中不包含 θ 真值的约为5个.

(2) 置信度 $1-\alpha$ 表示区间估计的可靠度,置信度越接近于 1 越好. 区间长度表示估计的范围,即估计的精度,区间长度越短越好.

我们自然希望一个区间估计的置信度越大越好,同时估计的精度越高越好. 然而,当样本容量一定时,置信度和区间长度往往不能兼顾. 那么如何解决这一矛盾呢? 我们通常的做法是在保证可靠度的前提下,尽可能地提高精度. 下面介绍求置信区间的一般方法——枢轴量法.

7.4.2 枢轴量法

由区间估计的定义可知,要求未知参数的置信区间,就是要构造满足 $P(\hat{\theta}_1<\theta<\hat{\theta}_2)=1-\alpha$ 的两个统计量 $\hat{\theta}_1$ 和 $\hat{\theta}_2$,由分位数的定义可知,若 θ 的分布已知,则很容易得出 $\hat{\theta}_1$ 和 $\hat{\theta}_2$ 的值,然而 θ 是未知参数没有分布,那么一个自然的想法就是能否构造一个样本的函数 $Z=Z(X_1,X_2,\cdots,X_n;\theta)$,该函数既包含待估参数 θ(但不含其他未知参数),又分布已知,这样通过分位数的定义及等价变形就可以得到 $\hat{\theta}_1$ 和 $\hat{\theta}_2$ 的值,统计上把这样的函数称为枢轴量,把这种求区间估计的方法称为枢轴量法. 下面是用枢轴量法求未知参数 θ 的置信区间的一般步骤:

(1) 设法构造一个样本 $X_1,X_2,\cdots,X_n$ 的函数 $Z=Z(X_1,X_2,\cdots,X_n;\theta)$,该函数满足:

1) 它包含待估参数 θ,不包含其他未知参数;

2) Z 的分布已知,不依赖于 θ.

(2) 对于给定的置信度 $1-\alpha$,确定常数 c,d 使其满足 $P(c<Z<d)=1-\alpha$.

(3) 从 $c<Z(X_1,X_2,\cdots,X_n;\theta)<d$ 解出

$$\hat{\theta}_1(X_1,X_2,\cdots,X_n)<\theta<\hat{\theta}_2(X_1,X_2,\cdots,X_n)$$

则区间 $(\hat{\theta}_1,\hat{\theta}_2)$ 即为 θ 的置信度为 $1-\alpha$ 的置信区间.

7.4.3 单个正态总体参数的区间估计

设总体 $X\sim N(\mu,\sigma^2)$,$(X_1,X_2,\cdots X_n)$ 为取自总体 X 的样本.

1. 方差 σ^2 已知,求均值 μ 的置信区间

μ 的无偏估计为 $\bar{X}$,而 $U=\dfrac{\bar{X}-\mu}{\sigma/\sqrt{n}}\sim N(0,1)$. 因此,可选取枢轴量 $U=\dfrac{\bar{X}-\mu}{\sigma/\sqrt{n}}$.

对于给定的 α,由双侧 α 分位数(见图 7.1)的概念知

可取 $c=-u_{\frac{\alpha}{2}},d=u_{\frac{\alpha}{2}}$,即

$$P\left(-u_{\frac{\alpha}{2}}<\frac{\bar{X}-\mu}{\sigma/\sqrt{n}}<u_{\frac{\alpha}{2}}\right)=1-\alpha,$$

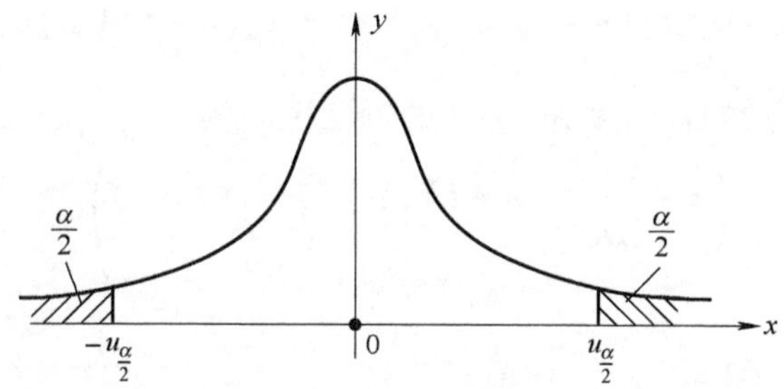

图 7.1 标准正态分布的双侧 α 分位数

等价变形后得

$$P\left(\bar{X}-\frac{\sigma}{\sqrt{n}}u_{\frac{\alpha}{2}}<\mu<\bar{X}+\frac{\sigma}{\sqrt{n}}u_{\frac{\alpha}{2}}\right)=1-\alpha,$$

于是得到了 μ 的置信度为 $1-\alpha$ 的置信区间

$$\left(\bar{X}-\frac{\sigma}{\sqrt{n}}u_{\frac{\alpha}{2}},\bar{X}+\frac{\sigma}{\sqrt{n}}u_{\frac{\alpha}{2}}\right).$$

此处 c,d 还有其他的取法，如 $c=-u_{\frac{2\alpha}{3}},d=u_{\frac{\alpha}{3}}$，但当总体密度函数的图形是单峰且关于纵轴对称时，$c,d$ 取对称区间，置信区间长度最小.

例 7.10 从某种香烟中随机抽取 12 只，测得尼古丁含量(单位:mg)为：

28,26,27,29,22,25,24,30,31,23,28,27

若尼古丁含量服从正态分布 $N(\mu,0.01)$，试求该批香烟平均每只尼古丁含量 μ 的置信度为 95% 的置信区间.

解 由题设知 $\alpha=0.05$，查表得 $u_{\frac{\alpha}{2}}=u_{0.025}=1.96$，$\bar{x}=26.667$，$n=12$，$\sigma=0.01$，代入得到 μ 的置信度为 95% 的置信区间为

$$\left(26.667-1.96\times\frac{0.01}{\sqrt{12}},26.667+1.96\times\frac{0.01}{\sqrt{12}}\right)=(26.661,26.673).$$

2. σ^2 为未知，求均值 μ 的置信区间

由于 σ^2 未知，不能用随机变量 $U=\frac{\bar{X}-\mu}{\sigma/\sqrt{n}}\sim N(0,1)$ 求置信区间，可用 σ^2 的无偏估计 S^2 代替，由抽样定理知 $T=\frac{\bar{X}-\mu}{S/\sqrt{n}}\sim t(n-1)$，故可选取枢轴量 $T=\frac{\bar{X}-\mu}{S/\sqrt{n}}$，由 t 分布的上侧 α 分位点的概念(见图 7.2)可得

$$P\left(-t_{\frac{\alpha}{2}}(n-1)<\frac{\bar{X}-\mu}{S/\sqrt{n}}<t_{\frac{\alpha}{2}}(n-1)\right)=1-\alpha,$$

即

$$P\left(\bar{X}-\frac{S}{\sqrt{n}}t_{\frac{\alpha}{2}}(n-1)<\mu<\bar{X}+\frac{S}{\sqrt{n}}t_{\frac{\alpha}{2}}(n-1)\right)=1-\alpha,$$

于是得 μ 的置信度为 $1-\alpha$ 的置信区间为

$$\left(\bar{X}-\frac{S}{\sqrt{n}}t_{\frac{\alpha}{2}}(n-1),\bar{X}+\frac{S}{\sqrt{n}}t_{\frac{\alpha}{2}}(n-1)\right).$$

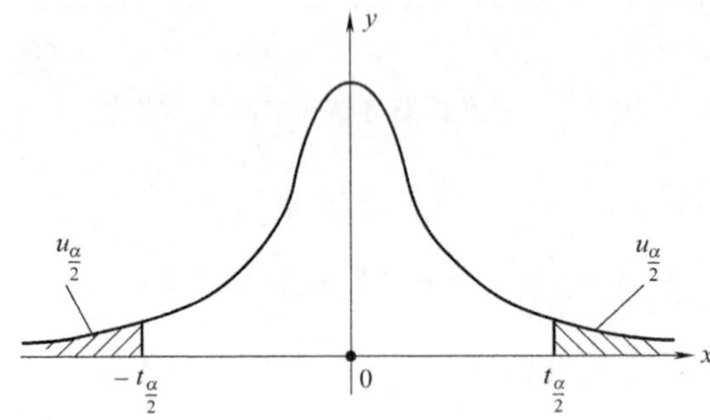

图 7.2　t 分布的双侧 α 分位

例 7.11　有一批袋装白砂糖,现随机地从中取 16 袋,称得重量(单位:g)如下:

506,　508,　499,　503,　504,　510,　497,　512

514,　505,　493,　496,　506,　502,　509,　496

设袋装白砂糖的重量近似地服从正态分布,试求总体均值 μ 的置信度为 95% 的置信区间.

解　由 $1-\alpha=0.95$ 得 $\alpha=0.05,\frac{\alpha}{2}=0.025,n-1=15$,查表得 $t_{0.025}(15)=2.1315$.

由给出的数据算得:$\bar{x}=503.75,S=6.2022$,则 μ 的置信度为 0.95 的置信区间为

$$\left(503.75-\frac{6.2022}{\sqrt{16}}\times2.1315,503.75+\frac{6.2022}{\sqrt{16}}\times2.1315\right)$$

即(500.4,507.1).

3. 求方差 σ^2 的置信区间

此时虽然也可以就 μ 是否已知分两种情况讨论 σ^2 的置信区间,但在实际中 σ^2 未知,μ 已知的情形极为少见,所以我们只在 μ 未知条件下讨论 σ^2 的置信区间.

σ^2 的无偏估计为 S^2,由第 6 章的定理知 $\frac{(n-1)S^2}{\sigma^2}\sim\chi^2(n-1)$.

由双侧 α 分位数定义可取 $\chi^2_{1-\frac{\alpha}{2}}(n-1),\chi^2_{\frac{\alpha}{2}}(n-1)$ 使得(见图 7.3)

$$P\left(\chi^2_{1-\frac{\alpha}{2}}(n-1)<\frac{(n-1)S^2}{\sigma^2}<\chi^2_{\frac{\alpha}{2}}(n-1)\right)=1-\alpha,$$

即
$$P\left\{\frac{(n-1)S^2}{\chi^2_{\frac{\alpha}{2}}(n-1)}<\sigma^2<\frac{(n-1)S^2}{\chi^2_{1-\frac{\alpha}{2}}(n-1)}\right\}=1-\alpha.$$

则方差 σ^2 的置信度为 $1-\alpha$ 的置信区间为

$$\left(\frac{(n-1)S^2}{\chi^2_{\frac{\alpha}{2}}(n-1)},\frac{(n-1)S^2}{\chi^2_{1-\frac{\alpha}{2}}(n-1)}\right).$$

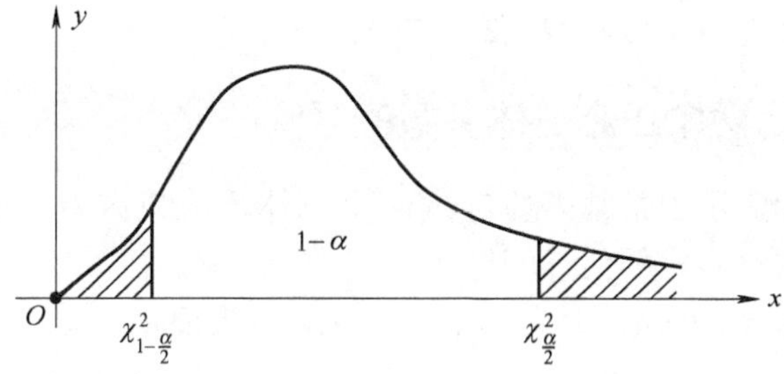

图 7.3 χ^2 分布双侧 α 分位数

例 7.12 某厂生产一批鼠标，其长度服从正态分布 $N(\mu,\sigma^2)$，现从该产品中抽取 9 个，测得其长度为 12.6，13.4，12.8，13.2，13.0，12.5，12.6，12.7，13.0，求总体标准差 σ 的 95% 的置信区间.

解 σ^2 的置信度为 $1-\alpha$ 的置信区间为

$$\left(\frac{(n-1)S^2}{\chi^2_{\frac{\alpha}{2}}(n-1)},\frac{(n-1)S^2}{\chi^2_{1-\frac{\alpha}{2}}(n-1)}\right),$$

由题意知 $n=9$，$1-\alpha=0.95$，$\alpha=0.05$，查表得：$\chi^2_{0.025}(8)=2.1797$，$\chi^2_{0.975}(8)=17.5345$.

计算得 $S^2=0.093$，则所求 σ^2 的 95% 置信区间为 (12.6329，13.1004)，进一步得到 σ 的 95% 置信区间为 (3.5543，3.6194).

若总体 X 不服从正态分布，那么由中心极限定理知，只要样本容量 n 足够大($n\geqslant50$)，$\bar{X}$ 近似服从正态分布 $N\left(\mu,\frac{\sigma^2}{n}\right)$. 所以在大样本情况下，关于总体均值 μ 的区间估计与正态总体的情形类似，下面举例说明.

例 7.13 某大学从该校学生中随机抽取 100 人，调查到他们平均每天参加体育锻炼的时间为 26min. 试以 95% 的置信水平估计该大学全体学生平均每天参加体育锻炼的时间(已知总体方差为 36min^2).

解 此总体没有说明服从正态分布，但样本容量较大，可看作近似服从正态分布，由于方差已知，所以均值 μ 的置信度为 $1-\alpha$ 的置信区间为$\left(\bar{X}-\frac{\sigma}{\sqrt{n}}u_{\frac{\alpha}{2}},\bar{X}+\frac{\sigma}{\sqrt{n}}u_{\frac{\alpha}{2}}\right)$

由已知得 $\bar{x}=26,\sigma=6,n=100,1-\alpha=0.95\alpha=0.05$,查表得:$u_{\frac{\alpha}{2}}=u_{0.025}=1.96$

所以均值μ 的置信度为 $1-\alpha$ 的置信区间为

$$\left(26-\frac{6}{10}\times1.96,26+\frac{6}{10}\times1.96\right)=(24.824,27.176)$$

即该大学全体学生平均每天参加体育锻炼的时间的置信度为95%的置信区间为(24.824,27.176).

7.4.4 两个正态总体参数的区间估计

在实际应用中常常需要考虑两个总体均值或方差之间的关系,即均值差或方差比的估计问题.

设总体 $X\sim N(\mu_1,\sigma_1^2)$,$(X_1,X_2,\cdots,X_m)$为取自总体 X 的样本,总体 $Y\sim N(\mu_2,\sigma_2^2)$,$(X_1,X_2,\cdots,X_n)$为取自总体 Y 的样本,且$(X_1,X_2,\cdots,X_m)$与$(X_1,X_2,\cdots,X_n)$相互独立,求两总体均值差 $\mu_1-\mu_2$ 的置信区间.

1. 均值差$\mu_1-\mu_2$ 的置信区间

(1) σ_1^2,σ_2^2 已知的情形

因为 $\bar{X}-\bar{Y}$ 是$\mu_1-\mu_2$ 的点估计,且 $\bar{X}-\bar{Y}\sim N\left(\mu_1-\mu_2,\frac{\sigma_1^2}{m}+\frac{\sigma_2^2}{n}\right)$,所以取

$$U=\frac{\bar{X}-\bar{Y}-(\mu_1-\mu_2)}{\sqrt{\frac{\sigma_1^2}{m}+\frac{\sigma_2^2}{n}}}\sim N(0,1).$$

由 $P\left(|U|<u_{\frac{\alpha}{2}}\right)=1-\alpha$ 得到$\mu_1-\mu_2$ 的 $1-\alpha$ 的置信区间为

$$\left(\bar{X}-\bar{Y}-u_{\frac{\alpha}{2}}\sqrt{\frac{\sigma_1^2}{m}+\frac{\sigma_2^2}{n}},\bar{X}-\bar{Y}+u_{\frac{\alpha}{2}}\sqrt{\frac{\sigma_1^2}{m}+\frac{\sigma_2^2}{n}}\right).$$

(2) $\sigma_1^2=\sigma_2^2=\sigma^2$,但 σ^2 未知的情形

由抽样定理可知,

$$T=\frac{\bar{X}-\bar{Y}-(\mu_1-\mu_2)}{s_w\sqrt{\frac{1}{m}+\frac{1}{n}}}\sim t(m+n-2),$$

故选取枢轴量 $T=\frac{\bar{X}-\bar{Y}-(\mu_1-\mu_2)}{s_w\sqrt{\frac{1}{m}+\frac{1}{n}}}$,其中,$S_w^2=\frac{1}{m+n-2}\left[\sum_{i=1}^{m}(X_i-\bar{X})^2+\sum_{j=1}^{n}(Y_j-\bar{Y})^2\right]$.

不难得到$\mu_1-\mu_2$的$1-\alpha$的置信区间为

$$\left(\bar{X}-\bar{Y}-t_{\frac{\alpha}{2}}(m+n-2)S_w\sqrt{\frac{1}{m}+\frac{1}{n}},\bar{X}-\bar{Y}+t_{\frac{\alpha}{2}}(m+n-2)S_w\sqrt{\frac{1}{m}+\frac{1}{n}}\right).$$

2. 方差比$\frac{\sigma_1^2}{\sigma_2^2}$的置信区间

由于

$$F=\frac{S_1^2/\sigma_1^2}{S_2^2/\sigma_2^2}\sim F(m-1,n-1),$$

对给定置信水平$1-\alpha$,由

$$P\left[F_{1-\frac{\alpha}{2}}(m-1,n-1)\leqslant\frac{S_1^2/\sigma_1^2}{S_2^2/\sigma_2^2}\leqslant F_{\frac{\alpha}{2}}(m-1,n-1)\right]=1-\alpha,$$

可得$\frac{\sigma_1^2}{\sigma_2^2}$的置信区间为

$$\left(\frac{S_1^2}{S_2^2}\frac{1}{F_{\frac{\alpha}{2}}(m-1,n-1)},\frac{S_1^2}{S_2^2}\frac{1}{F_{1-\frac{\alpha}{2}}(m-1,n-1)}\right).$$

例 7.14 为比较两位银行职员为新顾客办理个人结算账目的平均时间长度,分别给两位职员随机安排了10位顾客,并记录下为每位顾客办理账单所需的时间(单位:min),相应的样本均值和方差分别$\bar{x}=22.2$,$\bar{y}=28.5$,$s_1^2=16.63$,$s_2^2=18.92$. 假定每位职员办理账单所需时间均服从正态分布,且方差相等. 试求两位职员办理账单的服务时间之差的95%的区间估计.

解 由于两总体服从正态分布,且方差相等,所以$\mu_1-\mu_2$的$1-\alpha$的置信区间为

$$\left(\bar{X}-\bar{Y}-t_{\frac{\alpha}{2}}(m+n-2)S_w\sqrt{\frac{1}{m}+\frac{1}{n}},\bar{X}-\bar{Y}+t_{\frac{\alpha}{2}}(m+n-2)S_w\sqrt{\frac{1}{m}+\frac{1}{n}}\right)$$

由已知得$\bar{x}=22.2$,$\bar{y}=28.5$,$s_1^2=16.63$,$s_2^2=18.92$,$m=n=10$,$\alpha=0.05$,

计算得$S_w=4.2$,$t_{0.025}(18)=2.1$,所以$\mu_1-\mu_2$的95%的置信区间为

$$\left(22.2-28.5-2.1\times4.2\sqrt{\frac{1}{10}+\frac{1}{10}},22.2-28.5+2.1\times4.2\sqrt{\frac{1}{10}+\frac{1}{10}}\right)$$
$$=(-10.2,-2.4).$$

说明 (1) 均值差置信区间的含义:若$\mu_1-\mu_2$的下限大于0,则认为μ_1不小于μ_2,若$\mu_1-\mu_2$的上限小于0,则认为μ_1不大于μ_2.

(2) 方差比置信区间的含义:若$\frac{\sigma_1^2}{\sigma_2^2}$的下限大于1,则认为$\sigma_1^2$不

小于 σ_2^2，若 $\frac{\sigma_1^2}{\sigma_2^2}$ 的上限小于 1，则认为 σ_1^2 不大于 σ_2^2.

习题 7

1. 设随机变量 X 的概率分布为 $P\{X=k\}=\frac{1}{\theta}(k=1,2,\cdots,\theta)$，其中 θ 为未知参数，$(X_1,X_2,\cdots,X_n)$ 是取自 X 的一个样本，试求 θ 的矩估计.

2. 随机地抽取了一批铆钉中的 10 个进行检查，测得它们的直径分别为(单位 cm)：

3.30,3.28,3.25,3.34,3.33,3.31,3.30,3.29,3.35

试用矩估计法估计该批铆钉直径的均值和方差.

3. 设总体的概率分布为

X	0	1	2	3
P	θ^2	$2\theta(1-\theta)$	θ^2	$1-2\theta$

其中 $\theta\left(0<\theta<\frac{1}{2}\right)$ 是未知参数，利用总体的如下样本值 3,1,3,0,3,1,2,3，求 θ 的矩估计值.

4. 设总体 X 服从参数为 $\lambda(\lambda>0)$ 的泊松分布，求参数 $\lambda(\lambda>0)$ 的矩估计和极大似然估计.

5. 已知某种灯泡的使用寿命服从参数是 $\lambda(\lambda>0)$ 的指数分布，今随机抽取 10 台，测得寿命数据如下(单位：h)

1812,1890,2580,1789,2703,1921,2054,1354,1967,2324

求 λ 的极大似然估计值.

6. 设总体 X 的密度函数为 $f(x)=\begin{cases}(\theta+1)x^{\theta}, & 0<x<1,\\ 0, & 其他,\end{cases}$ 其中 $\theta(\theta>0)$ 为未知参数，$(X_1,X_2,\cdots,X_n)$ 是取自总体 X 的一个样本，求 θ 的矩估计和极大似然估计.

7. 设总体 X 的密度函数为 $f(x)=\begin{cases}\sqrt{\theta}x^{\sqrt{\theta}-1}, & 0<x<1,\\ 0, & 其他,\end{cases}$ 其中 $\theta(\theta>0)$ 未知，$(X_1,X_2,\cdots,X_n)$ 是取自总体 X 的一个样本，求 θ 的矩估计和极大似然估计.

8. 设总体 X 的密度函数为 $f(x)=\begin{cases}\frac{\theta^2}{x^3}e^{-\frac{\theta}{x}}, & x>0,\\ 0, & 其他,\end{cases}$ 其中 θ 为未知参数且大于零，$(X_1,X_2,\cdots,X_n)$ 为来自总体 X 的简单随机样本.
(1) 求 θ 的矩估计量；(2) 求 θ 的极大似然估计量.

9. 设总体 X 的密度函数为 $f(x)=\begin{cases}\dfrac{1}{2\theta}, & 0<x<\theta,\\ \dfrac{1}{2(1-\theta)}, & \theta\leqslant x<1,\\ 0, & \text{其他}.\end{cases}$

其中 θ 为未知参数，且 $0<\theta<1$，求 θ 的矩估计量，并判断其无偏性.

10. 设总体 $X\sim P(\lambda)$，λ 未知，$(X_1,X_2,\cdots,X_n)$ 为来自总体的一个样本，$\bar{X}$ 及 S^2 分别为样本均值及样本方差，试证明：$\dfrac{2\bar{X}+S^2}{3}$ 为 λ 的无偏估计.

11. 设 $X\sim N(\mu,1)$ 其中 μ 是未知参数，$(X_1,X_2,\cdots,X_5)$ 是来自总体 X 的样本，试讨论

$$\hat{\mu}_1=\frac{1}{3}X_1+\frac{1}{6}X_2+\frac{1}{2}X_5,$$

$$\hat{\mu}_2=\frac{1}{4}(X_1+X_5)+\frac{1}{3}X_2+\frac{1}{2}X_4,$$

$$\hat{\mu}_3=\frac{1}{6}(X_1+2X_2+X_3+2X_4).$$

中哪些是 μ 的无偏估计量，并指出哪一个更有效.

12. 已知某地一氧化碳数量服从正态分布 $N(\mu,4)$，现随机进行了10次检测，得到数据如下：

5, 7.7, 3.4, 6.6, 4.1, 2.7, 9.3, 3.6, 9.1, 3.2

求 μ 的置信度为0.95置信区间.

13. 设新生儿的体重服从正态分布，随机抽取10名新生婴儿，测得其体重为（单位：g）

2520, 3000, 3000, 3600,
3320, 2800, 2600, 3400

试以95%的置信度估计新生婴儿的平均体重.

14. 已知某种材料的抗压力服从正态分布 $N(\mu,\sigma^2)$，现随机抽取10件进行测试，得试验结果如下（单位：MPa）

568, 572, 570, 570, 596, 584, 572

试求：(1) 已知 $\sigma^2=25$，求 μ 的置信度为95%的置信区间；

(2) 若 σ^2 未知，求 μ 的置信度为99%的置信区间.

15. 一车间生产小袋包装的白砂糖，其重量服从 $N(\mu,0.05^2)$，从某天的产品里随机抽取5袋进行检查，测得重量如下（单位：g）

14.6, 15.1, 14.9, 15.2, 15.1

试求平均重量的置信区间（$\alpha=0.05$）.

16. 设一钟表厂生产某种品牌的手表，已知手表的走时误差服从正态分布，检验员从某天生产的钟表中随机抽取9只进行检测，结果为（单位：s/d）：

3. 1，-4，2. 5，2. 9，0. 9，1. 1，2. 0，-3，2. 8

试求该品牌手表的走时误差均值 μ 和方差 σ^2 的置信度为 95% 的置信区间.

17. 设某机床加工的零件长度服从正态分布，今抽查 16 个零件，测得长度（单位：mm）如下：

12. 15，12. 12，12. 01，12. 08，12. 09，12. 16，12. 03，12. 01

12. 06，12. 13，12. 07，12. 11，12. 08，12. 01，12. 03，12. 06

在置信度为 95% 时，试求总体方差 σ^2 的置信区间.

18. 为了比较甲乙两种品牌的灯泡寿命，在甲品牌灯泡中随机抽取 10 只，测得平均寿命为 1400h，样本标准差为 52h，在乙品牌灯泡中随机抽取 8 只，测得平均寿命为 1250h，样本标准差为 64h，估计灯泡使用时数的均值 μ 和方差 σ^2，测试了 10 个灯泡，得 $\bar{X}=1500\text{h}$，$S^2=400\text{h}^2$. 已知两种灯泡使用时数均服从正态分布，且方差相等，求两总体均值差 $\mu_1-\mu_2$ 的置信度为 95% 的置信区间.

19. 一个银行负责人想知道储户存入两家银行的钱数. 他从两家银行各抽取了一个由 25 个储户组成的随机样本，样本均值如下：银行 A：4500 元；银行 B：3250 元. 设已知两个总体服从方差分别为 $\sigma_A^2=2500$ 和 $\sigma_B^2=3600$ 的正态分布. 试求 $\mu_A-\mu_B$ 的置信度为 99% 的区间估计.

20. 为了估计磷肥对农作物产量的作用，现选 20 块条件基本相同的土地进行试验，其中 10 块不施磷肥，10 块施磷肥，试验得到亩产量（单位：kg）如下：

不施磷肥：560，590，560，570，580，570，600，550，570，550

施磷肥：　620，570，650，600，630，580，570，600，600，580

设亩产量近似地服从正态分布，

（1）设不施磷肥和施磷肥时亩产量的标准差分别为 $\sigma_1=10$，$\sigma_2=15$，求平均亩产量均值差的置信度为 95% 的置信区间.

（2）设方差相同，求平均亩产量均值差 $\mu_1-\mu_2$ 的置信度为 95% 的置信区间.

（3）求方差比 $\dfrac{\sigma_1^2}{\sigma_2^2}$ 的置信度为 95% 的置信区间.

第 8 章

假设检验

上一章所介绍的参数估计问题主要是根据样本的信息对总体分布中所包含的未知参数进行估计.而在实际问题中,还有另一种重要问题,就是根据样本的信息对总体分布的某种假设做出推断,这就是假设检验问题,它是统计推断的另一个主要内容.

假设检验的基本任务是:在总体的分布函数完全未知或只知其形式,但不知其参数的情况下,为了推断总体的某些未知特性,首先提出关于总体的某种假设,然后根据样本所提供的信息,对所提出的假设做出接受还是拒绝的论断.

假设检验分为两类:参数检验和非参数检验.若总体的分布函数已知,对其中的未知参数进行检验称为**参数检验**.若总体的分布形式不确定或完全未知,对其做出推断,称为**非参数检验**.本章只讨论对总体参数的假设检验.

8.1 假设检验的基本概念

8.1.1 问题的提出

为了说明参数检验可以解决什么问题以及具体如何进行,结合以下例子来加以说明.

例 8.1 某工厂在正常情况下生产的零件直径服从正态分布 $N(20,1)$(单位:mm),某天从该厂生产的零件中随机抽查了 6 个,测得直径分别为(单位:mm):

$$19,19.2,19.1,20.5,19.6,20.8$$

假定方差不变,问该天生产的零件是否合格?

问题中问生产的零件是否合格就是问是否可以认为这天生产的零件的平均直径为 20mm.即要判断 $\mu=20$ 是否成立.为此,首先提出两个对立的假设：

$$H_0:\mu=20, H_1:\mu\neq 20.$$

通常称 H_0 为原假设或零假设，称 H_1 为备择假设. 如果接受 H_0，即认为 $\mu=20$，表示该天生产的零件合格；如果拒绝 H_0（即接受 H_1），即认为 $\mu\neq 20$，表明该天生产的零件不合格.

8.1.2 假设检验的基本思想和原理

假设检验的推理方法主要利用了反证法的思想：为检验原假设 H_0 是否为真，先假设 H_0 为真，看由此能推出什么结果. 如果导致一个不合理的现象出现，则表明"H_0 为真"是错误的，拒绝 H_0，即原假设 H_0 为假. 如果没有导致不合理现象发生，则不拒绝 H_0，即不能认为 H_0 为假.

这里的反证法不同于数学中的反证法，所谓出现的不合理现象不是逻辑中的绝对矛盾，而是概率中的广泛使用的一个推断原则：**小概率事件原理**（也称实际推断原理），即小概率事件在一次试验中基本不会发生.

就例 8.1 中提出的问题，我们具体来说明假设检验的方法.

由于 $\bar{X}$ 是 μ 的无偏估计量，所以用 $\bar{X}$ 进行判断. 若 $H_0(\mu=20)$ 为真，虽然由于随机因素的影响 $\bar{X}$ 与 $\mu_0=20$ 之间的差异不可避免，但差异应该不大，即 $|\bar{X}-\mu_0|$ 应不大，那么 $|\bar{X}-\mu_0|$ 太大应该为小概率事件，即若 H_0 为真.

抽取一组样本，若 $|\bar{X}-\mu_0|\geqslant k$ 发生，则认为小概率事件发生，拒绝 H_0. 那么究竟差距多大算大？即如何选择一个适当的数 k，使得 $|\bar{X}-\mu_0|<k$ 时接受 H_0，而当 $|\bar{X}-\mu_0|>k$ 时拒绝 H_0. 这就需要给出确定常数 k 的原则.

若令小概率事件的概率为 α，即 $P\{|\bar{X}-\mu_0|>k\}=\alpha$，类似于枢轴量法的思想，若 $|\bar{X}-\mu_0|$ 的分布已知，则由分位数的定义易得 k 的值，而 $|\bar{X}-\mu_0|$ 的分布是未知的，但由抽样定理知 $U=\dfrac{\bar{X}-\mu_0}{\sigma/\sqrt{n}}\sim N(0,1)$，因此，当 H_0 为真时，衡量 $|\bar{X}-\mu_0|$ 的大小可以转化为衡量$\dfrac{\bar{X}-\mu_0}{\sigma/\sqrt{n}}$的大小，给定小概率事件的概率 α，由 α 分位数的定义得

$$P(|\bar{X}-\mu_0|\geqslant k)=P\left(\frac{|\bar{X}-\mu_0|}{\sigma/\sqrt{n}}\geqslant\frac{k}{\sigma/\sqrt{n}}\right)=P(|U|>u_{\frac{\alpha}{2}})=\alpha,$$

其中 $u_{\frac{\alpha}{2}}$为标准正态分布的上侧$\dfrac{\alpha}{2}$分位数.

由于 α 已定，可查正态分布表求出 $u_{\frac{\alpha}{2}}$，$u_{\frac{\alpha}{2}}$称为临界值，区间 $|U|>u_{\frac{\alpha}{2}}$称为**拒绝域**，而 $|U|<u_{\frac{\alpha}{2}}$称为**接受域**，如图 8.1 所示. 其

实在很大程度上可以说,确定假设检验法则的过程就是寻找拒绝域的过程.

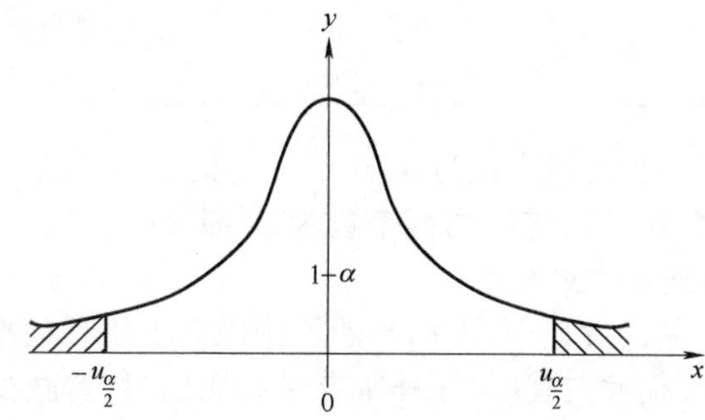

图 8.1　标准正态分布双侧分位数图

上述用以检验 H_0 真假的统计量通常称为**检验统计量**.

对于例 8.1,若取 $\alpha=0.05$,查标准正态分布表得临界值 $u_{0.025}=1.96$,经由样本观测值计算得

$$|U|=\left|\frac{\bar{X}-20}{\frac{1}{\sqrt{6}}}\right|=0.735<1.96,$$

即 $|U|$ 落入接受域,故应接受 H_0,认为该天生产的零件平均直径为 20mm.

8.1.3　假设检验的一般步骤

根据上面的分析,处理假设检验问题的一般步骤可归纳如下:

(1) 根据实际问题提出原假设 H_0 及备择假设 H_1;

(2) 确定检验用的统计量;

(3) 选择显著性水平 α 并求出拒绝域;

(4) 由样本观测值计算统计量的值;

(5) 推断 H_0:当统计量的值落入拒绝域时,则拒绝 H_0,反之则接受 H_0.

8.1.4　假设检验的两类错误

由假设检验的原理我们可以看到,小概率事件在一次试验中基本不会发生,但并非绝对不会发生,因此利用小概率事件原理作为判断准则有可能犯以下两类错误.

当 H_0 为真时,我们做出了拒绝 H_0 的决策,称这种错误为第一类错误或“弃真”错误.

当 H_0 为假时,我们做出了接受 H_0 的决策,称这种错误为第二类错误或“取伪”错误.

表 8.1 假设检验的两类错误

真实情况＼决策	接受 H_0	拒绝 H_0
H_0 为真	判断正确	第一类错误(弃真)
H_0 为假	第二类错误(取伪)	判断正确

犯第一类错误的概率记为 α,即 $\alpha=P$(拒绝 $H_0 \mid H_0$ 为真) 这是一个小概率,犯第二类错误的概率记为 β. 即 $\beta=P$(接受 $H_0 \mid H_0$ 不真),β 的计算通常很复杂.

在统计推断的过程中,人们当然希望犯两类错误的概率 α 与 β 都尽可能的小. 但研究表明:当样本容量 n 固定时,若减少犯第一类错误的概率,则犯第二类错误的概率往往会增大. 若要使犯两类错误的概率都减小,除非充分地增加样本容量,这在实际中很难做到. 因此,通常的做法是,在控制犯第一类错误的概率 α 的情况下,尽量减小犯第二类错误的概率. 这种只对犯第一类错误的概率加以控制,而不考虑犯第二类错误的检验问题,称为**显著性检验问题**,其中 α 称为显著性水平. α 的大小视具体情况而定,通常取 0.1,0.05,0.01,0.005 等.

8.2 单个正态总体参数的假设检验

设总体 X 服从正态分布 $X\sim N(\mu,\sigma^2)$,$(X_1,X_2,\cdots,X_n)$ 为一个取自总体 X 的样本,样本均值 $\bar{X}=\frac{1}{n}\sum_{i=1}^{n}X_i$,样本方差 $S^2=\frac{1}{n-1}\sum_{i=1}^{n}(X_i-\bar{X})^2$,显著性水平为 α.

8.2.1 关于总体均值 μ 的假设检验

关于未知参数 μ 可以提出如下几种常见的假设检验问题:

(1) $H_0:\mu=\mu_0,H_1:\mu\neq\mu_0$;

(2) $H_0:\mu\leqslant\mu_0,H_1:\mu>\mu_0$;

(3) $H_0:\mu\geqslant\mu_0,H_1:\mu<\mu_0$.

其中 μ_0 为已知常数,称形如式(1)的假设检验为**双侧检验**,称形如式(2)的假设检验为右侧检验,称形如式(3)的假设检验为左侧检验. 右侧检验和左侧检验统称为**单侧检验**.

下面分 σ^2 已知和 σ^2 未知两种情形来讨论.

1. σ^2 已知,关于均值 μ 的检验

(1) 对于双侧检验 $H_0:\mu=\mu_0,H_1:\mu\neq\mu_0$,即为例 8.1 中的情形,由上一节分析可得给定显著性水平 α,由 $P(|U|>u_{\frac{\alpha}{2}})=\alpha$ 查标准正态分布表,得临界值 $u_{\frac{\alpha}{2}}$. 进而得到拒绝域为 $(-\infty,u_{\frac{\alpha}{2}})\cup(u_{\frac{\alpha}{2}},+\infty)$.

(2) 对于右侧检验 $H_0:\mu\leqslant\mu_0,H_1:\mu>\mu_0$，若 H_0 为真，则 $\bar{X}-\mu_0$ 不应太大，即 $\bar{X}-\mu_0>k$ 为小概率事件，令小概率事件的概率为 α，即 $P\{\bar{X}-\mu_0>k\}=\alpha$，由于 $U=\dfrac{\bar{X}-\mu_0}{\sigma/\sqrt{n}}\sim N(0,1)$，故选取检验统计量 $U=\dfrac{\bar{X}-\mu_0}{\sigma/\sqrt{n}}$，则 $P\left\{\dfrac{\bar{X}-\mu_0}{\sigma/\sqrt{n}}>\dfrac{k}{\sigma/\sqrt{n}}\right\}=\alpha$，由分位数定义可知 $P\left\{\dfrac{\bar{X}-\mu_0}{\sigma/\sqrt{n}}>u_\alpha\right\}=\alpha$，因此可得临界值为 $\dfrac{k}{\sigma/\sqrt{n}}=u_\alpha$，此时，拒绝域为 $(u_\alpha,+\infty)$. 如图 8.2 所示.

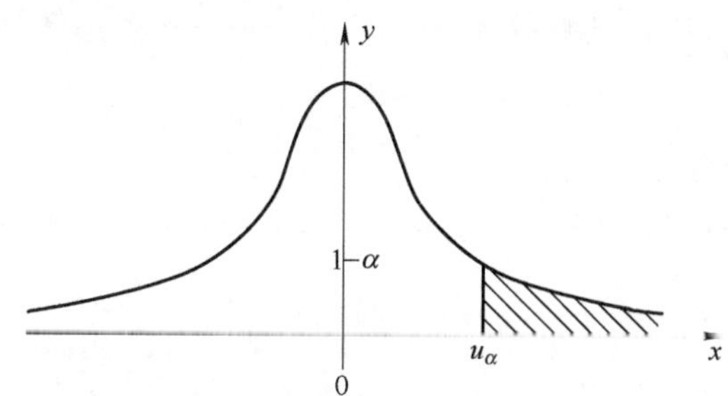

图 8.2 标准正态分布分位数图

(3) 类似地可得左侧检验 $H_0:\mu\geqslant\mu_0,H_1:\mu<\mu_0$ 的临界值为 $-u_\alpha$，拒绝域为 $(-\infty,-u_\alpha)$.

求出拒绝域后，再根据样本观测值计算统计量 U 的值，若 U 值落入拒绝域，则拒绝原假设 H_0，反之，则接受原假设 H_0.

以上三种假设检验都是选取 $U=\dfrac{\bar{X}-\mu_0}{\sigma/\sqrt{n}}\sim N(0,1)$ 作为检验统计量，这种检验法常称为 **U 检验法**.

顺便说明，有时总体 X 不服从正态分布或 X 的分布未知，由中心极限定理知道，当样本容量 n 较大时，随机变量 $U=\dfrac{\bar{X}-E(X)}{\frac{\sqrt{D(X)}}{\sqrt{n}}}$ 渐近于标准正态分布. 于是，只要 $D(X)$ 已知，我们也可以采用 U 检验法对总体均值进行假设检验.

例 8.2 已知某炼铁厂铁水含碳量 X 服从正态分布，现测定了 9 炉铁水，测得其平均含碳量 $\bar{x}=4.484$，如果已知方差不变，能否认为铁水的平均含碳量为 4.55？($\alpha=0.05$)

解 本题是在方差 σ^2 已知下对均值 μ 的双侧检验，应用 U 检验法.

(1) 提出原假设与备择假设 $H_0:\mu=4.55,H_1:\mu\neq4.55$；

(2) 取检验统计量 $U=\dfrac{\bar{X}-\mu_0}{\sigma/\sqrt{n}}\sim N(0,1)$；

(3) 在给定的显著性水平 $\alpha=0.05$,查标准正态分布表,得临界值 $u_{\frac{\alpha}{2}}=u_{0.025}=1.96$,拒绝域为 $(-\infty,-1.96)\cup(1.96,+\infty)$;

(4) 由样本观测值 $n=9$, $\bar{x}=4.484$, $\sigma^2=0.108$ 计算得

$$|U|=\left|\frac{4.484-4.55}{\frac{0.108}{\sqrt{9}}}\right|=1.833<1.96.$$

没有落入拒绝域,故不能拒绝 H_0,即认为铁水含碳量仍为 4.55.

2. σ^2 未知,关于总体均值 μ 的检验

在实际问题中,方差 σ^2 未知是最常见的. 一般只知道总体 $X\sim N(\mu,\sigma^2)$,而不知 σ^2 时,样本函数 $U=\frac{\bar{X}-\mu_0}{\frac{\sigma}{\sqrt{n}}}$ 不再是统计量了,因为它含有未知参数 σ.

由参数估计理论知样本方差 S^2 是 σ^2 的一个无偏估计量,且由抽样定理知 $T=\frac{\bar{X}-\mu_0}{\frac{S}{\sqrt{n}}}\sim t(n-1)$,故可以用 $T=\frac{\bar{X}-\mu_0}{\frac{S}{\sqrt{n}}}$ 作为检验统计量,通常称此类检验方法为 **t 检验法**.

对于双侧检验,给定的显著性水平 α, 由 $P(|T|>t_{\frac{\alpha}{2}}(n-1))=\alpha$ 查 t 分布表,求出临界值 $t_{\frac{\alpha}{2}}(n-1)$,得拒绝域为 $\left(-\infty,-t_{\frac{\alpha}{2}}(n-1)\right)\cup\left(t_{\frac{\alpha}{2}}(n-1),+\infty\right)$.

如图 8.3 所示.

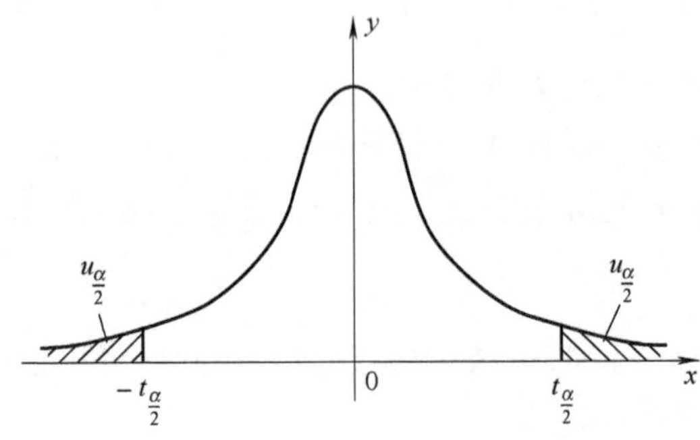

图 8.3 t 分布的双侧 α 分位数

类似于 σ^2 已知情形的讨论不难得到:

右侧检验的拒绝域为 $(t_\alpha(n-1),+\infty)$,左侧检验的拒绝域为 $(-\infty,-t_\alpha(n-1))$.

求出拒绝域后,再根据样本观测值计算统计量 T 的值,若 T 值落入拒绝域,则拒绝原假设 H_0,反之,则接受原假设 H_0.

例 8.3 设某计算机公司所使用的现行系统通过每个程序的

平均时间为45s，今在一个新系统中进行试验，试通过9个程序，所需计算时间如下（单位：s）：

30，37，42，35，36，40，47，48，45

由此数据能否断言，新系统能减少通过程序的平均时间？假设通过每个程序的时间服从正态分布 $N(\mu,\sigma^2)$.（$\alpha=0.05$）.

解 由于 σ^2 未知，采用 t 检验法.

（1）提出原假设与备择假设 $H_0:\mu\geqslant 45$，$H_1:\mu<45$；

（2）取检验统计量 $T=\dfrac{\bar{X}-\mu_0}{\dfrac{S}{\sqrt{n}}}\sim t(n-1)$；

（3）对给定的 $\alpha=0.05$，查表得临界值 $-t_{0.05}(8)=-1.8595$，拒绝域为 $(-\infty,-1.8595)$；

（4）由样本值计算 $T=-2.4828<-1.38595$.

故拒绝原假设 H_0，即认为新系统能减少通过程序的平均时间而优于现行系统.

8.2.2 关于总体方差 σ^2 的假设检验

关于 σ^2 的假设检验问题也分为总体均值 μ 已知和 μ 未知两种情形. 而在实际问题中 σ^2 未知，μ 已知的情形极为少见，因此我们也只针对在 μ 未知的情况下讨论 σ^2 的假设检验问题. 类似于均值 μ 的检验问题，检验也可以分为双侧检验、右侧检验和左侧检验三种. 原假设与备择假设分别为：

$$H_0:\sigma^2=\sigma_0^2,H_1:\sigma^2\neq\sigma_0^2;$$

$$H_0:\sigma^2\leqslant\sigma_0^2,H_1:\sigma^2>\sigma_0^2;$$

$$H_0:\sigma^2\geqslant\sigma_0^2,H_1:\sigma^2<\sigma_0^2;$$

由于 S^2 是 σ^2 的无偏估计，当 H_0 成立时，样本方差 S^2 应该在 σ_0^2 附近，即 $\dfrac{S^2}{\sigma_0^2}$ 应该接近于1，不应该太大也不应该太小，由抽样定理可知，$\dfrac{(n-1)S^2}{\sigma^2}\sim\chi^2(n-1)$，故可选取检验统计量

$$\chi^2=\frac{(n-1)S^2}{\sigma^2}\sim\chi^2(n-1).$$

对于双侧检验 $H_0:\sigma^2=\sigma_0^2$，$H_1:\sigma^2\neq\sigma_0^2$，当 H_0 成立时，$\dfrac{(n-1)S^2}{\sigma_0^2}\leqslant k_1$ 或 $\dfrac{(n-1)S^2}{\sigma_0^2}\geqslant k_2$ 都应该是小概率事件，令小概率事件的概率为 α，则

$$P\left(\frac{(n-1)S^2}{\sigma_0^2}\leqslant k_1\cup\frac{(n-1)S^2}{\sigma_0^2}\geqslant k_2\right)=\alpha.$$

习惯上仍可取

$$P\left(\frac{(n-1)S^2}{\sigma_0^2}\leqslant k_1\right)=P\left(\frac{(n-1)S^2}{\sigma_0^2}\geqslant k_2\right)=\frac{\alpha}{2},$$

查χ^2分布表确定临界值$k_1=\chi^2_{1-\frac{\alpha}{2}}(n-1)$，$k_2=\chi^2_{\frac{\alpha}{2}}(n-1)$，从而拒绝域为

$$(0,\chi^2_{1-\frac{\alpha}{2}}(n))\cup(\chi^2_{\frac{\alpha}{2}}(n),+\infty).$$

如图8.4所示.

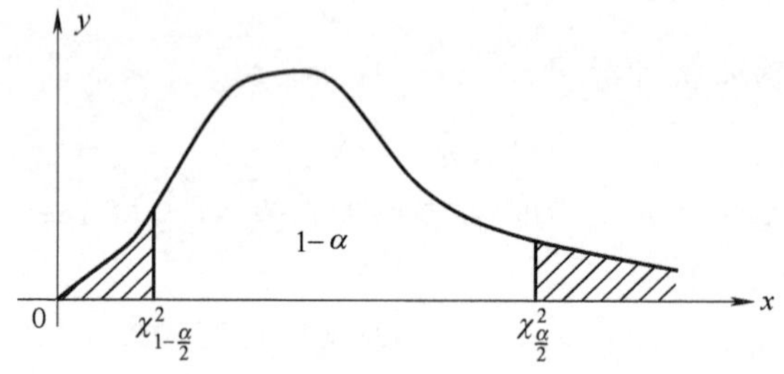

图8.4　χ^2分布双侧α分位数

对于右侧检验$H_0:\sigma^2\leqslant\sigma_0^2$，$H_1:\sigma^2>\sigma_0^2$不难推得拒绝域为$(\chi^2_\alpha(n-1),+\infty)$，如图8.5所示.

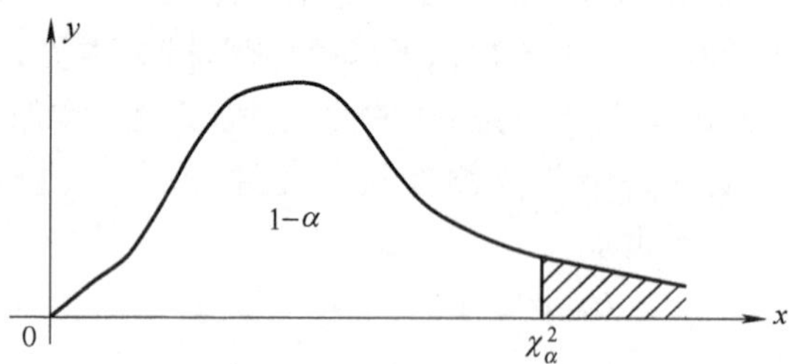

图8.5　χ^2分布右侧检验分位数

左侧检验$H_0:\sigma^2\geqslant\sigma_0^2$，$H_1:\sigma^2<\sigma_0^2$的拒绝域为$(0,\chi^2_{1-\alpha}(n-1))$，如图8.6所示.

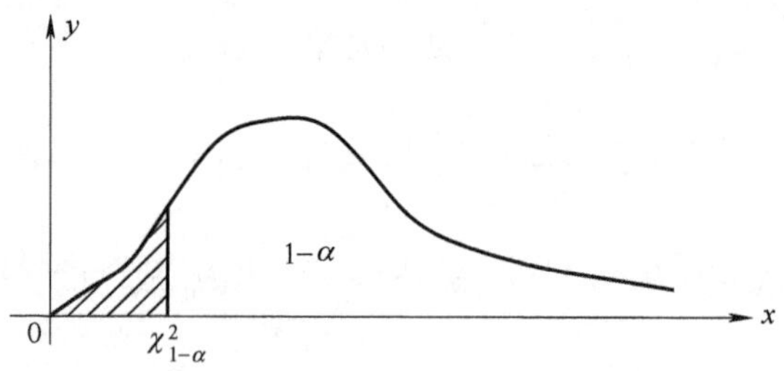

图8.6　χ^2分布左侧检验分位数

以上检验法称为**χ^2检验法**.

例8.4　已知导线的电阻总体服从正态分布，且要求其电阻的

方差不能超过 $0.005\Omega^2$，今从生产的一批导线中随机抽取 25 根，测得 $S^2=0.007\Omega^2$. 问在 $\alpha=0.01$ 水平下能认为这批导线电阻的方差显著偏大吗？

解 本题为 μ 未知，σ^2 的单侧检验问题.

（1）提出原假设与备择假设 $H_0:\sigma^2\leqslant 0.005$，$H_1:\sigma^2>0.005$；

（2）选取检验统计量 $\chi^2=\dfrac{(n-1)s^2}{\sigma_0^2}\sim\chi^2(n-1)$；

（3）对给定的显著性水平 $\alpha=0.01$，查 χ^2 分布表得 $\chi_\alpha^2(n-1)=\chi_{0.01}^2(24)=42.98$；

（4）由 $n=25$，$S^2=0.005$，计算得 $\chi^2=\dfrac{(n-1)S^2}{\sigma_0^2}=33.6<42.98$；

所以接受 H_0，即认为这批导线电阻的方差不显著偏大.

8.3 两个正态总体参数的假设检验

在实际工作中，常常需要对两个总体进行比较，这实际上就是两个正态总体参数的假设检验问题.

设总体 $X\sim N(\mu_1,\sigma_1^2)$，总体 $Y\sim N(\mu_2,\sigma_2^2)$，$(X_1,X_2,\cdots,X_{n_1})$ 为取自总体 X 的样本，$(X_1,X_2,\cdots,X_{n_2})$ 为取自总体 Y 的样本，且 X 与 Y 相互独立. 这两组样本的样本均值和样本方差分别记为 $\bar{X}$，S_1^2 和 $\bar{Y}$，S_2^2.

8.3.1 关于总体均值 μ_1，μ_2 的假设检验

对 μ_1，μ_2 通常提出如下假设检验问题：

$$H_0:\ \mu_1=\mu_2,H_1:\ \mu_1\neq\mu_2;$$
$$H_0:\ \mu_1\leqslant\mu_2,H_1:\ \mu_1>\mu_2;$$
$$H_0:\ \mu_1\geqslant\mu_2,H_1:\ \mu_1<\mu_2.$$

1. σ_1^2，σ_2^2 已知，关于 μ_1，μ_2 的假设检验

当 H_0 成立时，上述三类检验均可取检验统计量

$$U=\frac{\bar{X}-\bar{Y}-(\mu_1-\mu_2)}{\sqrt{\dfrac{\sigma_1^2}{n_1}+\dfrac{\sigma_2^2}{n_2}}}\sim N(0,1).$$

类似于前述 U 检验问题的推导可分别求得拒绝域为 $(-\infty,-u_{\frac{\alpha}{2}})\cup(u_{\frac{\alpha}{2}},+\infty)$，$(u_\alpha,+\infty)$，$(-\infty,-u_\alpha)$.

然后由样本值计算统计量 U 的值，根据 U 值，可推断原假设 H_0 的真伪.

2. σ_1^2，σ_2^2 均未知，但 $\sigma_1^2=\sigma_2^2=\sigma^2$，关于 μ_1，μ_2 的假设检验

由抽样定理知，可取检验统计量

$$T=\frac{\overline{X}-\overline{Y}}{\sqrt{\frac{(n_1-1)S_1^2+(n_2-1)S_2^2}{n_1+n_2-2}}\sqrt{\frac{1}{n_1}+\frac{1}{n_2}}}.$$

当原假设 H_0 为真时，有 $T\sim t(n_1+n_2-2)$. 容易求得拒绝域为分别为 $(-\infty,-t_{\frac{\alpha}{2}})\cup(t_{\frac{\alpha}{2}},+\infty)$，$(t_\alpha,+\infty)$，$(-\infty,-t_\alpha)$.

然后，再由样本值计算统计量 T 的值，据 T 值可推断原假设 H_0.

例 8.5 某地区对中学教学进行改革，为了评估改革效果，分别在改革前和改革后进行两次考试，从参加考试的学生中随机抽取 100 人，测得两次考试的平均分分别为 63.5，67.0. 假设两次考试成绩均服从正态分布 $N(\mu_1,\sigma_1^2)$，$N(\mu_2,\sigma_2^2)$，试问在显著性水平 $\alpha=0.05$ 下，以下两种情况下改革是否有效？

(1) $\sigma_1^2=4.41$，$\sigma_2^2=4.84$；(2) $\sigma_1^2=\sigma_2^2$ 未知，$S_1=1.9$，$S_2=2.01$.

解 根据题意，需要检验假设 $H_0:\mu_1\geqslant\mu_2$，$H_1:\mu_1<\mu_2$.

(1) 当 $\sigma_1^2=4.41$，$\sigma_2^2=4.84$ 均已知时，可选取统计量

$$U=\frac{\overline{X}-\overline{Y}}{\sqrt{\frac{\sigma_1^2}{n_1}+\frac{\sigma_2^2}{n_2}}}\sim N(0,1).$$

在显著性水平 $\alpha=0.05$ 下，查标准正态分布表得 $u_{0.05}=1.645$，H_0 的拒绝域为 $U<-1.645$.

由题意得 $\bar{x}=63.5$，$\bar{y}=67.0$，$n_1=n_2=100$，所以

$$U=\frac{\bar{x}-\bar{y}}{\sqrt{\frac{\sigma_1^2}{n_1}+\frac{\sigma_2^2}{n_2}}}=\frac{63.5-67.0}{\sqrt{\frac{4.41}{100}+\frac{4.84}{100}}}=-11.51<-1.645.$$

故拒绝 H_0，即认为改革有效.

(2) 当 $\sigma_1^2=\sigma_2^2$ 未知时，取检验统计量

$$T=\frac{\overline{X}-\overline{Y}}{\sqrt{\frac{(n_1-1)S_1^2+(n_2-1)S_2^2}{n_1+n_2-2}}\sqrt{\frac{1}{n_1}+\frac{1}{n_2}}}\sim t(n_1+n_2-2),$$

给定显著性水平 $\alpha=0.05$，查表得临界值 $t_{0.05}(198)\approx u_{0.05}=1.645$，$H_0$ 的拒绝域为 $T<-1.645$. 由已知 $S_1=1.9$，$S_2=2.01$ 得

$$T=\frac{63.5-67.0}{\sqrt{\frac{(100-1)1.9^2+(100-1)2.01^2}{198}}\sqrt{\frac{1}{100}+\frac{1}{100}}}$$

$$=-12.65<-1.645,$$

故拒绝 H_0，即认为改革有效.

例 8.6 分别用两个不同的计算机系统检索 10 个资料，考察其检索时间（单位：s），测得平均检索时间及时间的修正样本方差为 $\bar{x}=3.097$，$s_X^2=2.67$，$\bar{y}=2.179$，$s_Y^2=1.21$，假设检索时间服从正态分

布 $X\sim N(\mu_1,\sigma^2)$，$Y\sim N(\mu_2,\sigma^2)$，问这两种系统检索资料的时间有无明显差别？（$\alpha=0.05$）

解 （1）按题意需检验 $H_0:\mu_1=\mu_2$，$H_1:\mu_1\neq\mu_2$；

（2）注意到两总体方差未知，但相等，故取检验统计量

$$T=\frac{\bar{X}-\bar{Y}}{\sqrt{\dfrac{(n_1-1)S_X^2+(n_2-1)S_Y^2}{n_1+n_2-2}}\sqrt{\dfrac{1}{n_1}+\dfrac{1}{n_2}}},$$

当 H_0 为真时，$T\sim t(n_1+n_2-2)$；

（3）由 $\alpha=0.05$，$n_1=10$，$n_2=10$，查 t 分布上侧分位数表，得临界值 $t_{\frac{\alpha}{2}}(n_1+n_2-2)=t_{0.025}(18)=2.101$，拒绝域为 $(-\infty,-2.101)\cup(2.101,+\infty)$.

（4）由样本值计算统计量 T 的值

$$|T|=\frac{3.097-2.179}{\sqrt{\dfrac{9(2.67+1.21)}{18}}}\cdot\frac{1}{\sqrt{\dfrac{2}{10}}}=1.474<2.101,$$

所以接受 H_0，即认为两系统检索资料的平均时间无明显差异.

8.3.2 $\boldsymbol{\mu}_1,\boldsymbol{\mu}_2$ 未知时，检验 $\boldsymbol{\sigma}_1^2=\boldsymbol{\sigma}_2^2$（方差齐性）

在检验 $\mu_1=\mu_2$ 的问题中，使用 t 检验法时，有一个重要的前提条件是 $\sigma_1^2=\sigma_2^2=\sigma^2$（俗称方差的齐性）. 但实际问题往往事先并不知道方差是否相等. 因此，必须先进行方差齐性的检验.

提出假设 $H_0:\sigma_1^2=\sigma_2^2$，$H_1:\sigma_1^2\neq\sigma_2^2$.

由于 S_X^2,S_Y^2 分别是 σ_1^2,σ_2^2 的无偏估计量，要比较 σ_1^2 与 σ_2^2 的大小，自然想到 S_X^2,S_Y^2. 若 $\sigma_1^2=\sigma_2^2$，则 $\dfrac{S_X^2}{S_Y^2}$ 也应接近于 1，如果 $\dfrac{S_X^2}{S_Y^2}$ 不接近于 1，我们就不能认为 $\sigma_1^2=\sigma_2^2$.

由抽样定理知，

$$F=\frac{S_1^2/\sigma_1^2}{S_2^2/\sigma_2^2}\sim F(n_1-1,n_2-1),$$

在 $H_0(\sigma_1^2=\sigma_2^2)$ 成立的条件下，统计量 $F=\dfrac{S_1^2}{S_2^2}\sim F(n_1-1,n_2-1)$.

令 $P\left[\left(\dfrac{S_1^2}{S_2^2}>k_1\right)\cup\left(\dfrac{S_1^2}{S_2^2}<k_2\right)\right]=\alpha$，由分位数定义可得临界值 $k_1=F_{\frac{\alpha}{2}}(n_1-1,n_2-1)$ 及 $k_2=F_{1-\frac{\alpha}{2}}(n_1-1,n_2-1)$（见图 8.7）使

$$P\left(\frac{S_1^2}{S_2^2}<F_{1-\frac{\alpha}{2}}(n_1-1,n_2-1)\right)=P\left(\frac{S_1^2}{S_2^2}>F_{\frac{\alpha}{2}}(n_1-1,n_2-1)\right)=\frac{\alpha}{2}.$$

拒绝域为 $[F>F_{\frac{\alpha}{2}}(n_1-1,n_2-1)\cup F<F_{1-\frac{\alpha}{2}}(n_1-1,n_2-1)]$.

求出拒绝域后，再根据样本观测值计算统计量 F 的值，由 F 值

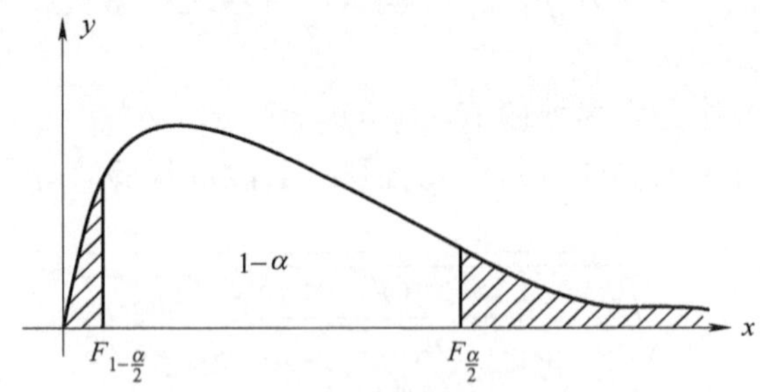

图 8.7 F 分布双侧分位数图

推断原假设 H_0 的真伪.此检验方法称为 ***F* 检验法**.

例 8.7 两台机床加工同种零件,假定零件的直径服从正态分布,现分别从两台机床加工的零件中抽取 6 个和 9 个测量其直径,计算得 $S_1^2=0.345$ $S_X^2=0.375$,试比较两台机床加工精度有无显著差异?(取 $\alpha=0.1$)

解 提出原假设和备择假设 $H_0:\sigma_1^2=\sigma_2^2, H_1:\sigma_1^2\neq\sigma_2^2$,

选取检验统计量 $F=\dfrac{S_1^2}{S_2^2}\sim F(n_1-1,n_2-1)$,

对于 $\alpha=0.1$,查表得 $F_{0.05}(5,8)=3.69, F_{0.95}(5,8)=\dfrac{1}{F_{0.05}(8,5)}=$ 0.207,拒绝域为 $F<0.207$ 或 $F>3.69$.

由于 $S_1^2=0.345$ $S_X^2=0.375$,计算统计量 F 的值得 $F=\dfrac{0.345}{0.375}=$ $0.92>0.42$.

故接受 H_0,即认为两机床加工精度无显著性差异.

习题 8

1. 什么是假设检验? 假设检验使用的方法与原理分别是什么?

2. 假设检验为什么会犯错误,两类错误分别是什么?

3. 按规定某品牌的黄桃罐头中维生素 C 的平均含量为 30mg,标准差为 2mg,已知维生素 C 含量服从正态分布,现从一批罐头中抽了 15 罐,测算得维生素 C 含量的平均值 $\bar{x}=25$,问分别在显著性水平 $\alpha=0.05$,$\alpha=0.1$ 下检验该批罐头维生素 C 含量是否合格?

4. 在某次高等数学考试成绩中随机抽取 25 位同学,得到他们的平均成绩为 67.5 分,标准差为 10 分,设考生的考试成绩服从正态分布,问在 0.05 的显著性水平下能否认为这次考试全体考生的平均成绩为 70 分?

5. 设人的脉搏次数服从正态分布,正常人的平均脉搏为平均每分钟 72 次,在患有某种疾病的患者中抽取 10 人,测得其脉搏(单位:

次/min)为:

54,68,65,77,70,64,69,72,62,71

试在显著性水平为0.05的情况下检验患者脉搏与正常人脉搏有无显著性差异?

6. 某机构要对本省当前市场的价格情况进行调查,以猪肉为例,抽查了该省10个集市上猪肉的价格,售价分别为(单位:元/500g)

6.65,7.05,6.85,7.15,7.05,6.58,6.85,6.89,7.00,7.10

已知去年猪肉的平均售价为6.80元,问在$\alpha=0.01$下能否认为当前猪肉的价格高于去年的价格?

7. 某工厂加工的产品重量服从正态分布$N(\mu,\sigma^2)$,其中$\sigma^2=0.05$,现对流水线进行技术改革,现从改革后加工的产品中抽取6包进行测量,得到重量分别为(单位:g):

9.7,10.1,9.8,10.0,10.2,9.6

试问在$\alpha=0.01$下改革后重量的方差与改革前是否有显著性差异?

8. 某种电子元件的寿命服从正态分布$N(\mu,2500)$,现随机抽查30只该产品,测得其寿命的方差为5000h,试检验在$\alpha=0.05$下,这批产品寿命的波动比以往是否有显著性增大?

9. 已知未婚青年的初婚年龄服从正态分布.现随机抽取15人进行调查,得到数据如下(单位:岁):

23,21,20,25,27,19,26,23,28,30,25,24,27,22,29

问:(1) 在显著性水平$\alpha=0.05$下,是否可以认为该地区的初婚年龄已超过25岁?

(2) 在显著性水平$\alpha=0.01$下,是否可以认为该地区的初婚年龄的标准差为3岁?

10. 某厂生产的熔丝的熔断时间服从正态分布,从一批熔丝中抽取8根实验其熔断时间,结果为(单位:ms)

43,65,75,71,59,57,69,57

问:(1) 在显著性水平$\alpha=0.05$下,可否认为融化时间的平均值大于60ms?

(2) 在显著性水平$\alpha=0.05$下,可否认为融化时间的标准差大于10ms?

11. 某机器生产零件的长度服从正态分布,在机器正常生产时,零件长度的标准差不超过0.1,现随机抽取16件零件测量其长度,得到数据:

4.5,4.3,4.4,4.4,4.5,3.8,3.9,4.2,3.5,3.8,3.9,3.6,4.0,4.1,3.2,3.5

问机器生产是否正常?($\alpha=0.05$)

12. 已知甲、乙两厂生产的灯泡寿命X服从$N(\mu_1,2500)$,Y服从$N(\mu_2,2380)$,且X,Y相互独立,现从甲、乙两厂分别抽取50个灯泡进行实验，得到样本均值分别为：$\bar{x}=1282$，$\bar{y}=1208$，若显著性水平$\alpha=0.05$，试问甲、乙两厂灯泡的平均寿命是否有显著差异？

13. 要研究两所不同学校学生的智商情况，现分别从两所学校抽取20名同学进行测试，测得智商的平均值分别为$\bar{x}=105$，$\bar{y}=111$，样本标准差为$s_1^2=10$，$s_2^2=8$，若学生的智商服从正态分布，且方差相等，问在显著性水平$\alpha=0.05$和$\alpha=0.01$下，可否认为这两所学校的学生智商有显著差异？

14. 设有两个来自于不同正态总体的样本：

甲：4.5，4.0，3.3，4.8，2.9

乙：5.0，3.5，2.6，1.1

在显著性水平$\alpha=0.05$下，能否认为两个样本是来自于相同方差的正态总体？

15. 为了检验两种香烟中的尼古丁含量是否相等，从这两种香烟中分别抽取5盒进行化验，含量为：

香烟A：21，23，25，26，22

香烟B：26，27，21，28，25

已知尼古丁含量服从正态分布，

(1) 若香烟A的方差为5，香烟B的方差为7，问在显著性水平$\alpha=0.05$下，可否认为两种香烟的尼古丁含量有显著差异？

(2) 若两种香烟的方差未知但相等，在显著性水平$\alpha=0.05$下，可否认为两种香烟的尼古丁含量有显著差异？

16. 已知产品直径服从正态分布. 某工厂现有甲、乙两台机床加工同种产品，从两机床加工的产品中随机抽取几件测量其直径(单位:mm)为：

甲:20.5，19.8，20.4，19.7，20.1，20.0，19.6，19.9

乙:19.7，20.8，20.5，19.8，19.4，20.6，19.2

问:(1) 两机床加工的产品精度有无显著差异($\alpha=0.05$)？

(2) 是否可以认为两机床加工的产品直径的均值相等($\alpha=0.05$)？

17. 已知学生的学习成绩服从正态分布，现要比较两个班学生的概率统计课程的成绩，在两个班的学生中随机抽取10名同学，成绩如下：

一班：85，77，79，83，91，95，78，100，93，92

二班：87，79，83，88，72，99，94，65，69，74

试在显著性水平为0.05的情况下检验两个班学生的概率统计成绩的平均值是否有显著性差异？

第9章 回归分析方法简介

在实际问题中常常需要研究变量之间的关系,变量之间的关系一般可以分为两类:一类是确定性关系,即变量之间的关系可以用确定的函数表达式表示,如圆的面积 S 与圆的半径 r 可以用 $S=\pi r^2$ 表示,产品的销售额 y 与销售量 x 的关系可以用 $y=px$ 表示等;另一类是非确定性关系,即变量之间有一定的依赖关系但很难用明确的函数表达式来表示. 如由于遗传的关系,孩子的身高与父亲的身高有关. 一般来说,父亲的身高高的话孩子的身高也会高,但是已知父亲的身高却不能明确得出孩子的身高. 再比如说,农作物的产量与施肥量有一定的关系,施肥量越多,产量也会越高,但同样的施肥量也会得到不同的产量. 我们把这种非确定性的关系称为相关关系,研究相关关系最常用的方法是回归分析法. 本章主要介绍回归分析的基本思想和一元线性回归的基本方法.

9.1 回归分析问题

早在19世纪,英国生物统计学家高尔顿在研究父子身高的遗传关系时,测量了1078对父子的身高,用 x 表示父亲的身高,用 y 表示成年儿子的身高(单位:in[㊀]),发现这样一个关系式 $y=33.73+0.516x$.

这表明如下结论成立:

(1) 父亲的身高每增加一个单位,其儿子的身高平均增加0.516个单位.

(2) 高个子的父辈有生高儿子的趋势,但是一群高个子父辈的儿子们的平均身高要低于父辈的平均身高. 如 $x=85$,则 $y=77.59$.

(3) 矮个子的父辈有生矮儿子的趋势,但是一群矮个子父辈的

㊀ 1in = 2.54cm.

儿子们的平均身高要高于父辈的平均身高. 如 $x=65$,则 $y=67.27$.

也就是说,子代的平均身高有向中心回归的趋势,否则若高个子父代的子代比父代个子高,矮个子父代的子代比父代矮,那么久而久之,人的身高有向两级分化的趋势,这就是最初回归一词的由来.

在回归分析中,把预先可以控制的变量称为**自变量**,如父代身高. 把可以观测但不能预先确定的量称为**因变量**,如子代身高. 按照自变量的多少回归分析可以分为**一元回归分析**和**多元回归分析**. 若回归分析研究的是变量之间的线性关系又称为**线性回归**,否则称为**非线性回归**.

本章主要研究一元线性回归分析问题. 一元线性回归是研究两个变量之间相关关系最简单的回归分析模型,但可以通过一元线性回归模型的建立过程了解回归分析的基本思想及方法应用.

回归分析的主要任务包括:①从一组样本数据出发,确定变量间的数学关系式;②对关系式的可靠性检验,确认已选择的回归模型是否适合所研究的问题;③如果是多元回归模型,还需要对自变量进行筛选确定哪些变量的影响显著;④根据所确定的关系式进行预测或估计.

9.2 一元线性回归

9.2.1 一元线性回归模型

例 9.1 某水库的蓄水量 y 与时间 x 有关,表 9.1 所列为 1 ~ 7 月份的数据记录.

表 9.1

时间 x_i(月份)	1	2	3	4	5	6	7
蓄水量 $y_i/10^8\text{m}^3$	10	9.7	8.1	7.2	7.2	6.1	5.6

数据表明,总的趋势是蓄水量随时间增长而减少. 若能找到近似描述该关系的回归函数,对于预测和控制有很大的作用. 为了研究变量之间的关系,我们一般将所观测到的样本值在坐标平面上描出他们对应的点,将所得到的图称为**散点图**(见图 9.1).

由散点图(见图 9.1)我们发现,随着时间的增长,蓄水量呈下降趋势,这些点大致分布在一条直线周围,但不完全在直线上. 这是因为蓄水量不仅受时间的影响,还与降雨量和气候等其他因素有关. 这样,我们可以认为蓄水量 y 和时间 x 的关系由两部分组成. 一部分是由时间 x 的线性变化引起的,记为 $\beta_0+\beta_1x$;另一部分由其他的一切随机因素 ε 引起的. 因此,y 和自变量 x 的关系可表示为

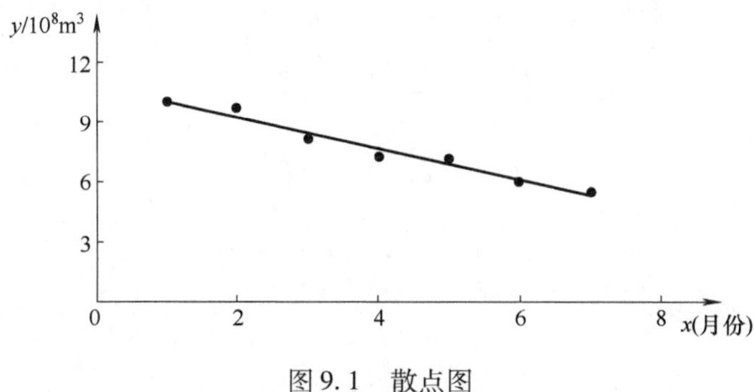

图 9.1　散点图

$$y=\beta_0+\beta_1 x+\varepsilon$$

这就是所谓的一元线性回归理论模型.

这里 x 为可控变量,称为解释变量或自变量;y 为随机变量,称为被解释变量或因变量,β_0,β_1 为未知参数,称为回归系数;ε 为随机变量,称为随机误差,通常假定 $\varepsilon \sim N(0,\sigma^2)$,且各 ε_i 相互独立.

而 $y=\beta_0+\beta_1 x$ 称为一元线性回归方程.

一元线性回归分析的任务就是通过 n 组样本观测值 (x_i,y_i),$i=1,2,\cdots,n$ 对 β_0,β_1 进行估计,记估计值为 $\hat{\beta}_0,\hat{\beta}_1$,则称

$$\hat{y}=\hat{\beta}_0+\hat{\beta}_1 x,$$

为一元线性经验回归方程.

9.2.2　一元线性回归模型的参数估计

1. β_0 和 β_1 的估计

为了得到 β_0,β_1 的估计值 $\hat{\beta}_0,\hat{\beta}_1$,一个直观的想法就是希望对给定的 x_i,观测值 y_i 与回归直线 $\hat{y}=\hat{\beta}_0+\hat{\beta}_1 x$ 的偏离越小越好. 最小二乘估计的思想就是对于给定的样本点 (x_i,y_i),选择 β_0,β_1 的估计值 $\hat{\beta}_0,\hat{\beta}_1$ 使得

$$Q(\beta_0,\beta_1)=\sum_{i=1}^{n}(y_i-\beta_0-\beta_1 x_i)^2$$

达到最小,通常称 $Q(\beta_0,\beta_1)$ 为残差平方和.

由二元函数极值理论得 $(\hat{\beta}_0,\hat{\beta}_1)$ 的求法如下:

$$\begin{cases}\dfrac{\partial Q}{\partial \beta_0}=-2\displaystyle\sum_{i=1}^{n}[y_i-(\beta_0+\beta_1 x_i)]=0,\\[2ex] \dfrac{\partial Q}{\partial \beta_1}=-2\displaystyle\sum_{i=1}^{n}[y_i-(\beta_0+\beta_1 x_i)]x_i=0,\end{cases}$$

整理可得

$$\begin{cases}n\beta_0+\left(\displaystyle\sum_{i=1}^{n}x_i\right)\beta_1=\displaystyle\sum_{i=1}^{n}y_i,\\[2ex] \left(\displaystyle\sum_{i=1}^{n}x_i\right)\beta_0+\left(\displaystyle\sum_{i=1}^{n}x_i^2\right)\beta_1=\displaystyle\sum_{i=1}^{n}x_i y_i,\end{cases}$$

解这个方程组，并令

$$L_{xx} = \sum_{i=1}^{n}(x_i - \bar{x})^2,$$

$$L_{yy} = \sum_{i=1}^{n}(y_i - \bar{y})^2,$$

$$L_{xy} = \sum_{i=1}^{n}(x_i - \bar{x})(y_i - \bar{y}_i).$$

得回归参数

$$\hat{\beta}_1 = \frac{L_{xy}}{L_{xx}} = \frac{\sum_{i=1}^{n} x_i y_i - n\bar{x}\bar{y}}{\sum_{i=1}^{n} x_i^2 - n\bar{x}^2},$$

$$\hat{\beta}_0 = \bar{y} - \hat{\beta}_1 \bar{x},$$

从而得到经验回归方程为

$$\hat{y} = \hat{\beta}_0 + \hat{\beta}_1 x.$$

这种确定待定参数的方法称为最小二乘法，所得$(\hat{\beta}_0, \hat{\beta}_1)$也称为最小二乘估计.

由此我们可以求得例 9.1 的经验回归方程. 首先分别计算以下各值：

$$\bar{x} = 7, \bar{y} = 7.7, \sum_{i=1}^{7} x_i y_i = 194.3, \sum_{i=1}^{7} x_i^2 = 140,$$

进而得

$$\hat{\beta}_1 = \frac{L_{xy}}{L_{xx}} = \frac{\sum_{i=1}^{n} x_i y_i - n\bar{x}\bar{y}}{\sum_{i=1}^{n} x_i^2 - n\bar{x}^2} = \frac{194.3 - 7 \times 4 \times 7.7}{140 - 7 \times 4^2} = -0.76071,$$

$$\hat{\beta}_0 = \bar{y} - \hat{\beta}_1 \bar{x} = 7.7 + 0.76071 \times 4 = 10.74284.$$

所求水库蓄水量 y 与时间 x 的回归方程为

$$y = 10.74284 - 0.76071x.$$

2. σ^2 的估计

在一元线性回归模型中，未知参数除了方程中的 β_0, β_1 外，还有基本假定中的随机误差项 ε 的方差 σ^2.

由假定 $\varepsilon \sim N(0, \sigma^2)$ 可知，$\sigma^2 = D(\varepsilon) = E(\varepsilon^2)$，所以可以用 $\frac{1}{n}\sum_{i=1}^{n}\varepsilon_i^2$ 作为 σ^2 的矩估计. 而由于 $\varepsilon_i = y_i - \beta_0 - \beta_1 x_i$ 中的 β_0, β_1 未知，可以用估计值 $\hat{\beta}_0, \hat{\beta}_1$ 代替，因而可以得 σ^2 的矩估计为

$$\hat{\sigma}^2 = \frac{1}{n}\sum_{i=1}^{n}(y_i - \hat{\beta}_0 - \hat{\beta}_1 x_i)^2.$$

这个估计量是 σ^2 的有偏估计，在实际中我们常用无偏估计

$$\hat{\sigma}^2 = \frac{1}{n-2}\sum_{i=1}^{n}(y_i - \hat{\beta}_0 - \hat{\beta}_1 x_i)^2,$$

作为 σ^2 的估计. 易得例 9.1 中 σ^2 的无偏估计为

$$\hat{\sigma}^2 = \frac{1}{7-2}\sum_{i=1}^{7}(y_i - \hat{\beta}_0 - \hat{\beta}_1 x_i)^2 = 0.237.$$

9.2.3　显著性检验

由前文可以看到,对任意一组数据都能由最小二乘法得到一条回归直线. 然而,若 y 不随 x 的变化呈线性规律,那么得到的经验回归直线就没有实际意义. 因此,必须对回归方程进行检验,常见的显著性检验包含三种:回归方程的显著性检验(F 检验),回归系数的显著性检验(t 检验)以及模型的拟合优度检验,在一元线性回归模型中三种检验方法是等价的.

对于回归方程的显著性检验就是要对两变量是否存在明显的线性关系做检验. 对于一元线性回归模型来说:若 y 与 x 有线性关系,则系数 β_1 不等于 0;若系数 β_1 等于 0,表明 y 与 x 没有线性关系. 因此,检验回归方程是否有意义转化为检验假设

$$H_0:\beta_1 = 0, H_1:\beta_1 \neq 0.$$

常用的检验方法有三种:t 检验,F 检验,相关系数检验. 在一元线性回归模型中三种检验方法是等价的,本章只介绍 t 检验.

回归系数检验是检验某个自变量对因变量的影响是否显著,对于一元线性回归模型来说,只有一个自变量 x,因此回归系数的检验也为检验假设

$$H_0:\beta_1 = 0, H_1:\beta_1 \neq 0.$$

以下仅给出回归系数检验的 t 检验法.

当 H_0 为真时,可以证明 $t = \frac{\hat{\beta}_1\sqrt{L_{xx}}}{\hat{\sigma}} \sim t(n-2)$. 所以选 $t = \frac{\hat{\beta}_1\sqrt{L_{xx}}}{\hat{\sigma}}$ 作为检验统计量,当 H_0 为真时 $|t|$ 的值应该较小. 因此,对于给定的显著性水平 α,拒绝域为 $|t| > t_{\frac{\alpha}{2}}(n-2)$. 对于给定的样本值,计算出 t 的值,若 $|t| > t_{\frac{\alpha}{2}}(n-2)$,则拒绝 H_0,认为 y 与 x 线性关系显著. 否则,认为 y 与 x 线性关系不显著,需要另行研究.

例如,对例 9.1 的回归方程进行显著性检验,给定显著性水平 0.05,查表得临界值 $t_{0.025}(8) = 2.306$,而

$$|t| = \frac{\hat{\beta}_1\sqrt{L_{xx}}}{\hat{\sigma}} = \left|\frac{-0.76071 \times \sqrt{28}}{0.237}\right| = 16.984 > 2.306,$$

所以回归方程是显著的,即蓄水量与时间有较大的线性关系.

9.2.4　预测

对于给定的样本(x_i, y_i),可以得到经验回归方程 $\hat{y} = \hat{\beta}_0 + \hat{\beta}_1 x$. 若

方程能够通过显著性检验,则可以用该方程进行预测.

对于给定的 x_0,由回归方程可得到回归值 $\hat{y}_0=\hat{\beta}_0+\hat{\beta}_1x_0$,称 $\hat{y}_0$ 为 y 在 x_0 的点估计或点预测.

例 9.1 中,预测 9 月份的蓄水量为:$\hat{y}_0=\hat{\beta}_0+\hat{\beta}_1x_0=10.74284-0.76071\times9=3.89645$.

习题 9

1. 一元线性回归的基本假定有哪些?

2. 最小二乘估计的思想是什么?

3. 为什么要对回归方程做显著性检验?一元线性回归方程显著性检验有哪几种方法?它们之间有什么关系?

4. 为了研究温度 x 对某个化学工艺的生产量 y 的影响,搜集了 20 个样本,得到 $\bar{x}=0$, $\sum_{i=1}^{20}x_i^2=110$, $\bar{y}=9.273$, $\sum_{i=1}^{20}x_iy_i=158$. 试建立 y 对 x 的回归方程.

5. 某公司为了调查广告的投入对销售额的影响,分别记录了 5 个月的广告投入费用 y 和销售收入 x,数据如下:

x/万元	1	2	3	4	5
y/万元	10	10	20	25	40

(1) 画出散点图;(2) 计算相关系数;(3) 求 y 对 x 的回归方程;(4) 求 σ^2 的无偏估计.

6. 现有样本数据(1,1)(2,1.9)(3,3.1)(4,3.8),试用最小二乘法求出回归方程,并进行显著性检验.

7. 某单位试图研究个人的年收入与受教育程度之间的关系,现随机抽取 11 名职工,得到受教育年限和年平均收入数据:

教育年限/年	6,	10,	9,	9,	16,	12,	16,	5,	10,	12,	8
年平均收入/万元	5,	7,	6,	6,	9,	8,	13,	5,	10,	12,	10

(1) 求 y 对 x 的回归方程;

(2) 对回归方程进行显著性检验.

8. 已知某种商品的年需求量与该商品的价格有一定的关系,现得到调查数据如下:

价格 x/元	2	2	2.3	2.5	2.6	2.8	3	3.3	3.5	5
需求量 y/kg	3.5	3	2.7	2.4	2.5	2	1.5	1.2	1.2	1

(1) 画出散点图;

(2) 求 y 对 x 的回归方程;

(3) 对回归方程进行显著性检验;

(4) 当价格为3.2元时,给出需求量的预测值.

9. 酒的浓度和储存年限有一定的关系,下表给出了威士忌酒的储存年限和酒的浓度的数据,请给出威士忌酒的储存年限和酒的关系式,并预测储存9年的威士忌酒的浓度是多少.

年限/年	0	0.5	1	2	3	4	5	6	7	8
浓度/10^{-6}	104.6	104.1	104.4	105.0	106.0	106.8	107.7	108.7	110.6	112.1

附　录

附录 A　排列组合与计数原理

1. 加法原理

设完成一件事有 n 类方式，每类方式分别有 $m_1, m_2, \cdots, m_n$ 种不同的方法，那么完成这件事共有 $m_1 + m_2 + \cdots + m_n$ 种方法.

2. 乘法原理

设完成一件事需要 n 个步骤，每个步骤分别有 $m_1, m_2, \cdots, m_n$ 种不同的方法，那么完成这件事共有 $m_1 m_2 \cdots m_n$ 种方法.

3. 排列

从 n 个不同元素中，任取 $r(1 \leqslant r \leqslant n)$ 个，按一定次序排成一列，称之为排列.

（1）选排列

从 n 个不同元素中，无放回地取出 $r(1 \leqslant r \leqslant n)$ 个元素的排列，这样的排列共有 A_n^r 种.

$$A_n^r = n(n-1)\cdots(n-r+1) = \frac{n!}{(n-r)!}.$$

（2）可重复排列

从 n 个不同元素中，有放回地取出 $r(1 \leqslant r \leqslant n)$ 个元素的排列，这样的排列共有 n^r 种.

4. 组合

从 n 个不同元素中，任取 $r(1 \leqslant r \leqslant n)$ 个不同元素，不考虑次序将它们归并成一组，称这为组合.

所有不同的组合种数记为 $\binom{n}{r}$ 或 C_n^r.

$$C_n^r = \frac{n!}{r!(n-r)!} = \frac{n(n-1)\cdots(n-r+1)}{r!}, C_n^{n-r} = C_n^r.$$

附录 B　相关分布表

表 B-1　泊松分布表

$$P(X=k)=\frac{\lambda^k}{k!}e^{-\lambda}, k=0,1,2,\cdots \lambda>0$$

k \ λ	0.1	0.2	0.3	0.4	0.5	0.6	0.7	0.8
0	0.904837	0.818731	0.740818	0.670320	0.606531	0.548812	0.496585	0.449329
1	0.090484	0.163746	0.222245	0.268128	0.303265	0.329287	0.347610	0.359463
2	0.004524	0.016375	0.033337	0.053626	0.075816	0.098786	0.121663	0.143785
3	0.000151	0.001092	0.003334	0.007150	0.012636	0.019757	0.028388	0.038343
4	0.000004	0.000055	0.000250	0.000715	0.001580	0.002964	0.004968	0.007669
5		0.000002	0.000015	0.000057	0.000158	0.000356	0.000696	0.001227
6			0.000001	0.000004	0.000013	0.000036	0.000081	0.000164
7					0.000001	0.000003	0.000008	0.000019
8							0.000001	0.000002

k \ λ	0.9	1.0	1.5	2.0	2.5	3.0	3.5	4.0
0	0.406570	0.367879	0.223130	0.135335	0.082085	0.049787	0.030197	0.018316
1	0.365913	0.367879	0.334695	0.270671	0.205212	0.149361	0.105691	0.073263
2	0.164661	0.183940	0.251021	0.270671	0.256516	0.224042	0.184959	0.146525
3	0.049398	0.061313	0.125510	0.180447	0.213763	0.224042	0.215785	0.195367
4	0.011115	0.015328	0.047067	0.090224	0.133602	0.168031	0.188812	0.195367
5	0.002001	0.003066	0.014120	0.036089	0.066801	0.100819	0.132169	0.156293
6	0.000300	0.000511	0.003530	0.012030	0.027834	0.050409	0.077098	0.104196
7	0.000039	0.000073	0.000756	0.003437	0.009941	0.021604	0.038549	0.059540
8	0.000004	0.000009	0.000142	0.000859	0.003106	0.008102	0.016865	0.029770
9		0.000001	0.000024	0.000191	0.000863	0.002701	0.006559	0.013231
10			0.000004	0.000038	0.000216	0.000810	0.002296	0.005292
11				0.000007	0.000049	0.000221	0.000730	0.001925
12				0.000001	0.000010	0.000055	0.000213	0.006642
13					0.000002	0.000013	0.000057	0.000197
14						0.000003	0.000014	0.000056
15						0.000001	0.000003	0.000015
16							0.000001	0.000004
17								0.000001

（续）

k \ λ	4.5	5.0	6.0	7.0	8.0	9.0	10.0
0	0.011109	0.006738	0.002479	0.000912	0.000335	0.000123	0.000045
1	0.049990	0.033690	0.014873	0.006383	0.002684	0.001111	0.000454
2	0.112479	0.084224	0.044618	0.022341	0.010735	0.004998	0.002270
3	0.168718	0.140374	0.089235	0.052129	0.028626	0.014994	0.007567
4	0.189808	0.175467	0.133853	0.091226	0.057252	0.033737	0.018917
5	0.170827	0.175467	0.160623	0.127717	0.091604	0.060727	0.037833
6	0.128120	0.146223	0.160623	0.149003	0.122138	0.091090	0.063055
7	0.082363	0.104445	0.137677	0.149003	0.139587	0.117116	0.090079
8	0.046329	0.065278	0.103258	0.130377	0.139587	0.131756	0.112599
9	0.023165	0.036266	0.068838	0.101405	0.124077	0.131756	0.125110
10	0.010424	0.018133	0.041303	0.070983	0.099262	0.118580	0.125110
11	0.004264	0.008242	0.022529	0.045171	0.072190	0.097020	0.113736
12	0.001599	0.003434	0.011264	0.026350	0.048127	0.072765	0.094780
13	0.000554	0.001321	0.005199	0.014188	0.029617	0.050376	0.072908
14	0.000178	0.000472	0.002228	0.007094	0.016924	0.032384	0.052077
15	0.000053	0.000157	0.000891	0.003311	0.009026	0.019431	0.034718
16	0.000015	0.000049	0.000334	0.001448	0.004513	0.010930	0.021699
17	0.000004	0.000014	0.000118	0.000596	0.002124	0.005786	0.012764
18	0.000001	0.000004	0.000039	0.000232	0.000944	0.002893	0.007091
19		0.000001	0.000012	0.000085	0.000397	0.001370	0.003732
20			0.000004	0.000030	0.000159	0.000617	0.001866
21			0.000001	0.000010	0.000061	0.000264	0.000889
22				0.000003	0.000022	0.000108	0.000404
23				0.000001	0.000008	0.000042	0.000176
24					0.000003	0.000016	0.000073
25					0.000001	0.000006	0.000029
26						0.000002	0.000011
27						0.000001	0.000004
28							0.000001
29							0.000001

表 B-2　标准正态分布表

$$\Phi(z)=\int_{-\infty}^{z}\frac{1}{\sqrt{2\pi}}e^{-\frac{u^2}{2}}du=P(Z\leqslant z)$$

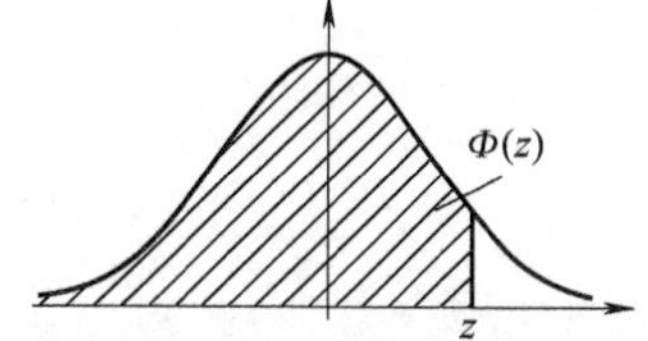

z	0	1	2	3	4	5	6	7	8	9
0.0	0.5000	0.5040	0.5080	0.5120	0.5160	0.5199	0.5239	0.5279	0.5319	0.5359
0.1	0.5398	0.5438	0.5478	0.5517	0.5557	0.5596	0.5636	0.5675	0.5714	0.5753
0.2	0.5793	0.5832	0.5871	0.5910	0.5948	0.5987	0.6026	0.6064	0.6103	0.6141
0.3	0.6179	0.6217	0.6255	0.6293	0.6331	0.6368	0.6406	0.6443	0.6480	0.6517
0.4	0.6554	0.6591	0.6628	0.6664	0.6700	0.6736	0.6772	0.6808	0.6844	0.6879
0.5	0.6915	0.6950	0.6985	0.7019	0.7054	0.7088	0.7123	0.7157	0.7190	0.7224
0.6	0.7257	0.7291	0.7324	0.7357	0.7389	0.7422	0.7454	0.7486	0.7517	0.7549
0.7	0.7580	0.7611	0.7642	0.7673	0.7703	0.7734	0.7764	0.7794	0.7823	0.7852
0.8	0.7881	0.7910	0.7939	0.7967	0.7995	0.8023	0.8051	0.8078	0.8106	0.8133
0.9	0.8159	0.8186	0.8212	0.8238	0.8264	0.8289	0.8315	0.8340	0.8365	0.8389
1.0	0.8413	0.8438	0.8461	0.8485	0.8508	0.8531	0.8554	0.8577	0.8599	0.8621
1.1	0.8643	0.8665	0.8686	0.8708	0.8729	0.8749	0.8770	0.8790	0.8810	0.8830
1.2	0.8849	0.8869	0.8888	0.8907	0.8925	0.8944	0.8962	0.8980	0.8997	0.9015
1.3	0.9032	0.9049	0.9066	0.9082	0.9099	0.9115	0.9131	0.9147	0.9162	0.9177
1.4	0.9192	0.9207	0.9222	0.9236	0.9251	0.9265	0.9278	0.9292	0.9306	0.9319
1.5	0.9332	0.9345	0.9357	0.9370	0.9382	0.9394	0.9406	0.9418	0.9430	0.9441
1.6	0.9452	0.9463	0.9474	0.9484	0.9495	0.9505	0.9515	0.9525	0.9535	0.9545
1.7	0.9554	0.9564	0.9573	0.9582	0.9591	0.9599	0.9608	0.9616	0.9625	0.9633
1.8	0.9641	0.9648	0.9656	0.9664	0.9671	0.9678	0.9686	0.9693	0.9700	0.9706
1.9	0.9713	0.9719	0.9726	0.9732	0.9738	0.9744	0.9750	0.9756	0.9762	0.9767
2.0	0.9772	0.9778	0.9783	0.9788	0.9793	0.9798	0.9803	0.9808	0.9812	0.9817
2.1	0.9821	0.9826	0.9830	0.9834	0.9838	0.9842	0.9846	0.9850	0.9854	0.9857
2.2	0.9861	0.9864	0.9868	0.9871	0.9874	0.9878	0.9881	0.9884	0.9887	0.9890
2.3	0.9893	0.9896	0.9898	0.9901	0.9904	0.9906	0.9909	0.9911	0.9913	0.9916
2.4	0.9918	0.9920	0.9922	0.9925	0.9927	0.9929	0.9931	0.9932	0.9934	0.9936
2.5	0.9938	0.9940	0.9941	0.9943	0.9945	0.9946	0.9948	0.9949	0.9951	0.9952
2.6	0.9953	0.9955	0.9956	0.9957	0.9959	0.9960	0.9961	0.9962	0.9963	0.9964
2.7	0.9965	0.9966	0.9967	0.9968	0.9969	0.9970	0.9971	0.9972	0.9973	0.9974
2.8	0.9974	0.9975	0.9976	0.9977	0.9977	0.9978	0.9979	0.9979	0.9980	0.9981
2.9	0.9981	0.9982	0.9982	0.9983	0.9984	0.9984	0.9985	0.9985	0.9986	0.9986
3.0	0.9987	0.9990	0.9993	0.9995	0.9997	0.9998	0.9998	0.9999	0.9999	1.0000

注：表中末行系函数值 $\Phi(3.0)$，$\Phi(3.1)$，…，$\Phi(3.9)$。

表 B-3 t 分布表

$P(t(n) > t_{\alpha}(n)) = \alpha$

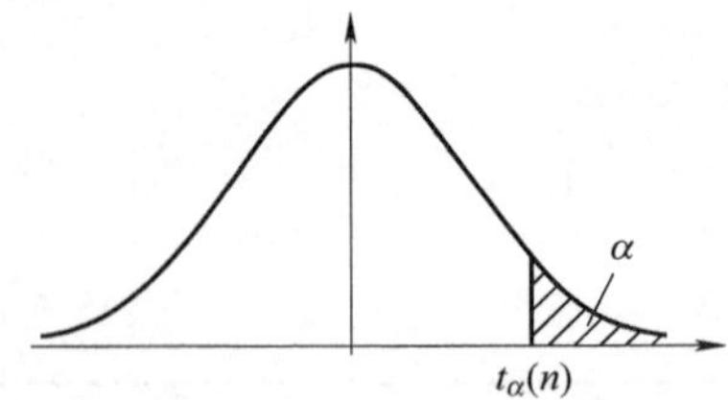

n \ α	0.25	0.10	0.05	0.025	0.01	0.005
1	1.0000	3.0777	6.3138	12.7062	31.8207	63.6574
2	0.8165	1.8856	2.9200	4.3027	6.9646	9.9248
3	0.7649	1.6377	2.3534	3.1824	4.5407	5.8409
4	0.7407	1.5332	2.1318	2.7764	3.7469	4.6041
5	0.7267	1.4759	2.0150	2.5706	3.3649	4.0322
6	0.7176	1.4398	1.9432	2.4469	3.1427	3.7074
7	0.7111	1.4149	1.8946	2.3646	2.9980	3.4995
8	0.7064	1.3968	1.8595	2.3060	2.8965	3.3554
9	0.7027	1.3830	1.8331	2.2622	2.8214	3.2498
10	0.6998	1.3722	1.8125	2.2281	2.7638	3.1693
11	0.6974	1.3634	1.7959	2.2010	2.7181	3.1058
12	0.6955	1.3562	1.7823	2.1788	2.6810	3.0545
13	0.6938	1.3502	1.7709	2.1604	2.6503	3.0123
14	0.6924	1.3450	1.7613	2.1448	2.6245	2.9768
15	0.6912	1.3406	1.7531	2.1315	2.6025	2.9467
16	0.6901	1.3368	1.7459	2.1199	2.5835	2.9208
17	0.6892	1.3334	1.7396	2.1098	2.5669	2.8982
18	0.6884	1.3304	1.7341	2.1009	2.5524	2.8784
19	0.6876	1.3277	1.7291	2.0930	2.5395	2.8609
20	0.6870	1.3253	1.7247	2.0860	2.5280	2.8453
21	0.6864	1.3232	1.7207	2.0796	2.5177	2.8314
22	0.6858	1.3212	1.7171	2.0739	2.5083	2.8188
23	0.6853	1.3195	1.7139	2.0687	2.4999	2.8073
24	0.6848	1.3178	1.7109	2.0639	2.4922	2.7969
25	0.6844	1.3163	1.7081	2.0595	2.4851	2.7874
26	0.6840	1.3150	1.7056	2.0555	2.4786	2.7787
27	0.6837	1.3137	1.7033	2.0518	2.4727	2.7707
28	0.6834	1.3125	1.7011	2.0484	2.4671	2.7633
29	0.6830	1.3114	1.6991	2.0452	2.4620	2.7564
30	0.6828	1.3104	1.6973	2.0423	2.4573	2.7500
31	0.6825	1.3095	1.6955	2.0395	2.4528	2.7440
32	0.6822	1.3086	1.6939	2.0369	2.4487	2.7385
33	0.6820	1.3077	1.6924	2.0345	2.4448	2.7333
34	0.6818	1.3070	1.6909	2.0322	2.4411	2.7284
35	0.6816	1.3062	1.6896	2.0301	2.4377	2.7238
36	0.6814	1.3055	1.6883	2.0281	2.4345	2.7195
37	0.6812	1.3049	1.6871	2.0262	2.4314	2.7154
38	0.6810	1.3042	1.6860	2.0244	2.4286	2.7116
39	0.6808	1.3036	1.6849	2.0227	2.4258	2.7079
40	0.6807	1.3031	1.6839	2.0211	2.4233	2.7045
41	0.6805	1.3025	1.6829	2.0195	2.4208	2.7012
42	0.6804	1.3020	1.6820	2.0181	2.4185	2.6881
43	0.6802	1.3016	1.6811	2.0167	2.4163	2.6951
44	0.6801	1.3011	1.6802	2.0154	2.4141	2.6923
45	0.6800	1.3006	1.6794	2.0141	2.4121	2.6896

表 B-4 χ^2分布表

$$P(\chi^2(n) > \chi^2_\alpha(n)) = \alpha$$

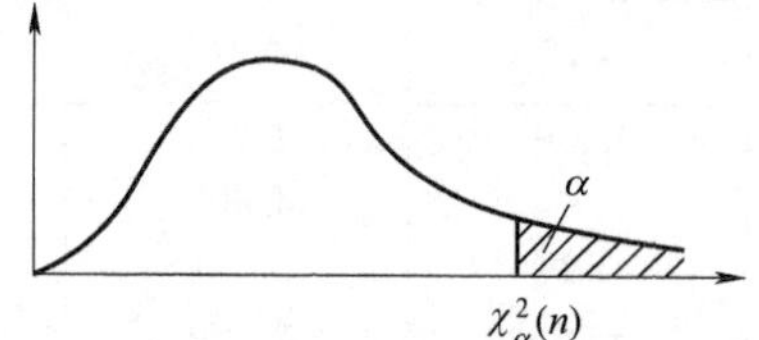

n \ α	0.995	0.99	0.975	0.95	0.90	0.75
1	—	—	0.001	0.004	0.016	0.102
2	0.010	0.020	0.051	0.103	0.211	0.575
3	0.072	0.115	0.216	0.352	0.584	1.213
4	0.207	0.297	0.484	0.711	1.064	1.923
5	0.412	0.554	0.831	1.145	1.610	2.675
6	0.676	0.872	1.237	1.635	2.204	3.455
7	0.989	1.239	1.690	2.167	2.833	4.255
8	1.344	1.646	2.180	2.733	3.490	5.071
9	1.735	2.088	2.700	3.325	4.168	5.899
10	2.156	2.558	3.247	3.940	4.865	6.737
11	2.603	3.053	3.816	4.575	5.578	7.584
12	3.074	3.571	4.404	5.226	6.304	8.438
13	3.565	4.107	5.009	5.892	7.042	9.299
14	4.075	4.660	5.629	6.571	7.790	10.165
15	4.601	5.229	6.262	7.261	8.547	11.037
16	5.142	5.812	6.908	7.962	9.312	11.912
17	5.697	6.408	7.564	9.672	10.085	12.792
18	6.265	7.015	8.231	9.390	10.865	13.675
19	6.844	7.633	8.907	10.117	11.651	14.562
20	7.434	8.260	9.591	10.851	12.443	15.452
21	8.034	8.897	10.283	11.591	13.240	16.344
22	8.643	9.542	10.982	12.338	14.042	17.240
23	9.260	10.196	11.689	13.091	14.848	18.137
24	9.886	10.856	12.401	13.848	15.659	19.037
25	10.520	11.524	13.120	14.611	16.473	19.939
26	11.160	12.198	13.844	15.379	17.292	20.843
27	11.808	12.879	14.573	16.151	18.114	21.749
28	12.461	13.565	15.308	16.928	18.939	22.657
29	13.121	14.257	16.047	17.708	19.768	23.567
30	13.787	14.954	16.791	18.493	20.599	24.478
31	14.458	15.655	17.539	19.281	21.434	25.390
32	15.134	16.362	18.291	20.072	22.271	26.304
33	15.815	17.074	19.047	20.867	23.110	27.219
34	16.501	17.789	19.806	21.664	23.952	28.136
35	17.192	18.509	20.569	22.465	24.797	29.054
36	17.887	19.233	21.336	23.269	25.643	29.973
37	18.586	19.960	22.106	24.075	26.492	30.893
38	19.289	20.691	22.878	24.884	27.343	31.815
39	19.996	21.426	23.654	25.695	28.196	32.737
40	20.707	22.164	24.433	26.509	29.051	33.660
41	21.421	22.906	25.215	27.326	29.907	34.585
42	22.138	23.650	25.999	28.144	30.765	35.510
43	22.859	24.398	26.785	28.965	31.625	36.436
44	23.584	25.148	27.575	29.787	32.487	37.363
45	24.311	25.901	28.366	30.612	33.350	38.291

（续）

n \ α	0.25	0.10	0.05	0.025	0.01	0.005
1	1.323	2.706	3.841	5.024	6.635	7.879
2	2.773	4.605	5.991	0.25	0.10	0.05
3	4.108	6.251	7.815	9.348	11.345	12.838
4	5.385	7.779	9.488	11.143	13.277	14.860
5	6.626	9.236	11.071	12.833	15.086	16.750
6	7.841	10.645	12.592	12.449	16.812	18.548
7	9.037	12.017	14.067	16.013	18.475	20.278
8	10.219	13.362	15.507	17.535	20.090	21.955
9	11.389	14.684	16.919	19.023	21.666	23.589
10	12.549	15.987	18.307	20.483	23.209	25.188
11	13.701	12.275	19.675	21.920	24.725	26.757
12	14.845	17.275	19.675	21.920	24.725	26.757
13	14.845	18.549	21.026	23.337	26.217	28.299
14	17.117	21.064	23.685	26.119	29.141	31.319
15	18.245	22.307	24.996	27.488	30.578	32.801
16	19.369	23.542	26.296	28.845	32.000	34.267
17	20.489	24.769	27.587	30.191	33.409	35.718
18	21.605	25.989	28.869	31.526	34.805	37.156
19	22.718	27.204	30.144	32.852	36.191	38.582
20	23.828	28.412	31.410	34.170	37.566	39.997
21	24.935	29.615	32.671	35.479	38.932	41.401
22	26.039	30.813	33.924	36.781	40.289	42.796
23	27.141	32.007	35.172	38.076	41.638	44.181
24	28.241	33.196	36.415	39.364	42.980	45.559
25	29.339	34.382	27.652	40.646	44.314	46.928
26	30.435	35.563	38.885	41.923	45.642	48.290
27	31.528	36.741	40.113	43.194	46.963	49.645
28	32.620	37.916	41.337	44.461	48.278	50.993
29	33.711	39.087	42.557	45.722	49.588	52.336
30	34.800	40.256	43.773	46.979	50.892	53.672
31	35.887	41.422	44.985	48.232	52.191	55.003
32	36.973	42.585	46.194	49.480	53.486	56.328
33	38.058	43.745	47.400	50.725	54.776	57.648
34	39.141	44.903	48.602	51.966	56.061	58.964
35	40.223	46.059	49.802	53.203	57.342	60.275
36	41.304	47.212	50.998	54.437	58.619	61.581
37	42.383	48.363	52.192	55.668	59.892	62.883
38	43.462	49.513	53.384	56.896	61.162	64.181
39	44.539	50.660	54.572	58.120	62.428	65.476
40	45.616	51.805	55.758	59.342	63.691	66.766
41	46.692	52.949	56.942	60.561	64.950	68.053
42	47.766	54.090	58.124	61.777	66.206	69.336
43	48.840	55.230	59.304	62.990	67.459	70.616
44	49.913	56.369	60.481	64.201	68.710	71.893
45	50.985	57.505	61.656	65.410	69.957	73.166

表 B-5 *F* 分布表

$$P(F(n_1,n_2) > F_\alpha(n_1,n_2)) = \alpha$$

$$\alpha = 0.10$$

n_2 \ n_1	1	2	3	4	5	6	7	8	9	10	12	15	20	24	30	40	60	120	∞
1	39.86	49.50	53.59	55.83	57.24	58.20	58.91	59.44	59.86	60.19	60.71	61.22	61.74	62.00	62.26	62.53	62.79	63.06	63.33
2	8.53	9.00	9.16	9.24	9.29	9.33	9.35	9.37	9.38	9.39	9.41	9.42	9.44	9.45	9.46	9.47	9.47	9.48	9.49
3	5.54	5.46	5.39	5.34	5.31	5.28	5.27	5.25	5.24	5.23	5.22	5.20	5.18	5.18	5.17	5.16	5.15	5.14	5.13
4	4.54	4.32	4.19	4.11	4.05	4.01	3.98	3.95	3.94	3.92	3.90	3.87	3.84	3.83	3.82	3.80	3.79	3.78	4.76
5	4.06	3.78	3.62	3.52	3.45	3.40	3.37	3.34	3.32	3.30	3.27	3.24	3.21	3.19	3.17	3.16	3.14	3.12	3.10
6	3.78	3.46	3.29	3.18	3.11	3.05	3.01	2.98	2.96	2.94	2.90	2.87	2.84	2.82	2.80	2.78	2.76	2.74	2.72
7	3.59	3.26	3.07	2.96	2.88	2.83	2.78	2.75	2.72	2.70	2.67	2.63	2.59	2.58	2.56	2.54	2.51	2.49	2.47
8	3.46	3.11	2.92	2.81	2.73	2.67	2.62	2.59	2.56	2.54	2.50	2.46	2.42	2.40	2.38	2.36	2.34	2.32	2.29
9	3.36	3.01	2.81	2.69	2.61	2.55	2.51	2.47	2.44	2.42	2.38	2.34	2.30	2.28	2.25	2.23	2.21	2.18	2.16
10	3.29	2.92	2.73	2.61	2.52	2.46	2.41	2.38	2.35	2.32	2.28	2.24	2.20	2.18	2.16	2.13	2.11	2.08	2.06
11	3.23	2.86	2.66	2.54	2.45	2.39	2.34	2.30	2.27	2.25	2.21	2.17	2.12	2.10	2.08	2.05	2.03	2.00	1.97
12	3.18	2.81	2.61	2.48	2.39	2.33	2.28	2.24	2.21	2.19	2.15	2.10	2.06	2.04	2.01	1.99	1.96	1.93	1.90
13	3.14	2.76	2.56	2.43	2.35	2.28	2.23	2.20	2.16	2.14	2.10	2.05	2.01	1.98	1.96	1.93	1.90	1.88	1.85
14	3.10	2.73	2.52	2.39	2.31	2.24	2.19	2.15	2.12	2.10	2.05	2.01	1.96	1.94	1.91	1.89	1.86	1.83	1.80
15	3.07	2.70	2.49	2.36	2.27	2.21	2.16	2.12	2.09	2.06	2.02	1.97	1.92	1.90	1.87	1.85	1.82	1.79	1.76
16	3.05	2.67	2.46	2.33	2.24	2.18	2.13	2.09	2.06	2.03	1.99	1.94	1.89	1.87	1.84	1.81	1.78	1.75	1.72
17	3.03	2.64	2.44	2.31	2.22	2.15	2.10	2.06	2.03	2.00	1.96	1.91	1.86	1.84	1.81	1.78	1.75	1.72	1.69
18	3.01	2.62	2.42	2.29	2.20	2.13	2.08	2.04	2.00	1.98	1.93	1.89	1.84	1.81	1.78	1.75	1.72	1.69	1.66
19	2.99	2.61	2.40	2.27	2.18	2.11	2.06	2.02	1.98	1.96	1.91	1.86	1.81	1.79	1.76	1.73	1.70	1.67	1.63
20	2.97	2.59	2.38	2.25	2.16	2.09	2.04	2.00	1.96	1.94	1.89	1.84	1.79	1.77	1.74	1.71	1.68	1.64	1.61
21	2.96	2.57	2.36	2.23	2.14	2.08	2.02	1.98	1.95	1.92	1.87	1.83	1.78	1.75	1.72	1.69	1.66	1.62	1.59
22	2.95	2.56	2.35	2.22	2.13	2.06	2.01	1.97	1.93	1.90	1.86	1.81	1.76	1.73	1.70	1.67	1.64	1.60	1.57
23	2.94	2.55	2.34	2.21	2.11	2.05	1.99	1.95	1.92	1.89	1.84	1.80	1.74	1.72	1.69	1.66	1.62	1.59	1.55
24	2.93	2.54	2.33	2.19	2.10	2.04	1.98	1.94	1.91	1.88	1.83	1.78	1.73	1.70	1.67	1.64	1.61	1.57	1.53
25	2.92	2.53	2.32	2.18	2.09	2.02	1.97	1.93	1.89	1.87	1.82	1.77	1.72	1.69	1.66	1.63	1.59	1.56	1.52
26	2.91	2.52	2.31	2.17	2.08	2.01	1.96	1.92	1.88	1.86	1.81	1.76	1.71	1.68	1.65	1.61	1.58	1.54	1.50
27	2.90	2.51	2.30	2.17	2.07	2.00	1.95	1.91	1.87	1.85	1.80	1.75	1.70	1.67	1.64	1.60	1.57	1.53	1.49
28	2.89	2.50	2.29	2.16	2.06	2.00	1.94	1.90	1.87	1.84	1.79	1.74	1.69	1.66	1.63	1.59	1.56	1.52	1.48
29	2.89	2.50	2.28	2.15	2.06	1.99	1.93	1.89	1.86	1.83	1.78	1.73	1.68	1.65	1.62	1.58	1.55	1.51	1.47
30	2.88	2.49	2.28	2.14	2.05	1.98	1.93	1.88	1.85	1.82	1.77	1.72	1.67	1.64	1.61	1.57	1.54	1.50	1.46
40	2.84	2.44	2.23	2.09	2.00	1.93	1.87	1.83	1.79	1.76	1.71	1.66	1.61	1.57	1.54	1.51	1.47	1.42	1.38
60	2.79	2.39	2.18	2.04	1.95	1.87	1.82	1.77	1.74	1.71	1.66	1.60	1.54	1.51	1.48	1.44	1.40	1.35	1.29
120	2.75	2.35	2.13	1.99	1.90	1.82	1.77	1.72	1.68	1.65	1.60	1.55	1.48	1.45	1.41	1.37	1.32	1.26	1.19
∞	2.71	2.30	2.08	1.94	1.85	1.77	1.72	1.67	1.63	1.60	1.55	1.49	1.42	1.38	1.34	1.30	1.24	1.17	1.00

$P(F(n_1,n_2) > F_\alpha(n_1,n_2)) = \alpha, \alpha = 0.05$ （续）

n_2 \ n_1	1	2	3	4	5	6	7	8	9	10	12	15	20	24	30	40	60	120	∞
1	161.4	199.5	215.7	224.6	230.2	234.0	236.8	238.9	240.5	241.9	243.9	245.9	248.0	249.1	250.1	251.1	252.2	253.3	254.3
2	18.51	19.00	19.16	19.25	19.30	19.33	19.35	19.37	19.38	19.40	19.41	19.43	19.45	19.45	19.46	19.47	19.48	19.49	19.50
3	10.13	9.55	9.28	9.12	9.01	8.94	8.89	8.85	8.81	8.79	8.74	8.70	8.66	8.64	8.62	8.59	8.57	8.55	8.53
4	7.71	6.94	6.59	6.39	6.26	6.16	6.09	6.04	6.00	5.96	5.91	5.86	5.80	5.77	5.75	5.72	5.69	5.66	5.63
5	6.61	5.79	5.41	5.19	5.05	4.95	4.88	4.82	4.77	4.74	4.68	4.62	4.56	4.53	4.50	4.46	4.43	4.40	4.36
6	5.99	5.14	4.76	4.53	4.39	4.28	4.21	4.15	4.10	4.06	4.00	3.94	3.87	3.84	3.81	3.77	3.74	3.70	3.67
7	5.59	4.74	4.35	4.12	3.97	3.87	3.79	3.73	3.68	3.64	3.57	3.51	3.44	3.41	3.38	3.34	3.30	3.27	3.23
8	5.32	4.46	4.07	3.84	3.69	3.58	3.50	3.44	3.39	3.35	3.28	3.22	3.15	3.12	3.08	3.04	3.01	2.97	2.93
9	5.12	4.26	3.86	3.63	3.48	3.37	3.29	3.23	3.18	3.14	3.07	3.01	2.94	2.90	2.86	2.83	2.79	2.75	2.71
10	4.96	4.10	3.71	3.48	3.33	3.22	3.14	3.07	3.02	2.98	2.91	2.85	2.77	2.74	2.70	2.66	2.62	2.58	2.54
11	4.84	3.98	3.59	3.36	3.20	3.09	3.01	2.95	2.90	2.85	2.79	2.72	2.65	2.61	2.57	2.53	2.49	2.45	2.40
12	4.75	3.89	3.49	3.26	3.11	3.00	2.91	2.85	2.80	2.75	2.69	2.62	2.54	2.51	2.47	2.43	2.38	2.34	2.30
13	4.67	3.81	3.41	3.18	3.03	2.92	2.83	2.77	2.71	2.67	2.60	2.53	2.46	2.42	2.38	2.34	2.30	2.25	2.21
14	4.60	3.74	3.34	3.11	2.96	2.85	2.76	2.70	2.65	2.60	2.53	2.46	2.39	2.35	2.31	2.27	2.22	2.18	2.13
15	4.54	3.68	3.29	3.06	2.90	2.79	2.71	2.64	2.59	2.54	2.48	2.40	2.33	2.29	2.25	2.20	2.16	2.11	2.07
16	4.49	3.63	3.24	3.01	2.85	2.74	2.66	2.59	2.54	2.49	2.42	2.35	2.28	2.24	2.19	2.15	2.11	2.06	2.01
17	4.45	3.59	3.20	2.96	2.81	2.70	2.61	2.55	2.49	2.45	2.38	2.31	2.23	2.19	2.15	2.10	2.06	2.01	1.96
18	4.41	3.55	3.16	2.93	2.77	2.66	2.58	2.51	2.46	2.41	2.34	2.27	2.19	2.15	2.11	2.06	2.02	1.97	1.92
19	4.38	3.52	3.13	2.90	2.74	2.63	2.54	2.48	2.42	2.38	2.31	2.23	2.16	2.11	2.07	2.03	1.98	1.93	1.88
20	4.35	3.49	3.10	2.87	2.71	2.60	2.51	2.45	2.39	2.35	2.28	2.20	2.12	2.08	2.04	1.99	1.95	1.90	1.84
21	4.32	3.47	3.07	2.84	2.68	2.57	2.49	2.42	2.37	2.32	2.25	2.18	2.10	2.05	2.01	1.96	1.92	1.87	1.81
22	4.30	3.44	3.05	2.82	2.66	2.55	2.46	2.40	2.34	2.30	2.23	2.15	2.07	2.03	1.98	1.94	1.89	1.84	1.78
23	4.28	3.42	3.03	2.80	2.64	2.53	2.44	2.37	2.32	2.27	2.20	2.13	2.05	2.01	1.96	1.91	1.86	1.81	1.76
24	4.26	3.40	3.01	2.78	2.62	2.51	2.42	2.36	2.30	2.25	2.18	2.11	2.03	1.98	1.94	1.89	1.84	1.79	1.73
25	4.24	3.39	2.99	2.76	2.60	2.49	2.40	2.34	2.28	2.24	2.16	2.09	2.01	1.96	1.92	1.87	1.82	1.77	1.71
26	4.23	3.37	2.98	2.74	2.59	2.47	2.39	2.32	2.27	2.22	2.15	2.07	1.99	1.95	1.90	1.85	1.80	1.75	1.69
27	4.21	3.35	2.96	2.73	2.57	2.46	2.37	2.31	2.25	2.20	2.13	2.06	1.97	1.93	1.88	1.84	1.79	1.73	1.67
28	4.20	3.34	2.95	2.71	2.56	2.45	2.36	2.29	2.24	2.19	2.12	2.04	1.96	1.91	1.87	1.82	1.77	1.71	1.65
29	4.18	3.33	2.93	2.70	2.55	2.43	2.35	2.28	2.22	2.18	2.10	2.03	1.94	1.90	1.85	1.81	1.75	1.70	1.64
30	4.17	3.32	2.92	2.69	2.53	2.42	2.33	2.27	2.21	2.16	2.09	2.01	1.93	1.89	1.84	1.79	1.74	1.68	1.62
40	4.08	3.23	2.84	2.61	2.45	2.34	2.25	2.18	2.12	2.08	2.00	1.92	1.84	1.79	1.74	1.69	1.64	1.58	1.51
60	4.00	3.15	2.76	2.53	2.37	2.25	2.17	2.10	2.04	1.99	1.92	1.84	1.75	1.70	1.65	1.59	1.53	1.47	1.39
120	3.92	3.07	2.68	2.45	2.29	2.17	2.09	2.02	1.96	1.91	1.83	1.75	1.66	1.61	1.55	1.50	1.43	1.35	1.25
∞	3.84	3.00	2.60	2.37	2.21	2.10	2.01	1.94	1.88	1.83	1.75	1.67	1.57	1.52	1.46	1.39	1.32	1.22	1.00

$P(F(n_1,n_2) > F_\alpha(n_1,n_2)) = \alpha, \alpha = 0.025$ （续）

n_2 \ n_1	1	2	3	4	5	6	7	8	9	10	12	15	20	24	30	40	60	120	∞
1	647.8	799.5	864.2	899.6	921.8	937.1	948.2	956.7	963.3	968.6	976.7	984.9	993.1	997.2	1 001	1 006	1 010	1 014	1 018
2	38.51	39.00	39.17	39.25	39.30	39.33	39.36	39.37	39.39	39.40	39.41	39.43	39.45	39.46	39.46	39.47	39.48	39.49	39.50
3	17.44	16.04	15.44	15.10	14.88	14.73	14.62	14.54	14.47	14.42	14.34	14.25	14.17	14.12	14.08	14.04	13.99	13.95	13.90
4	12.22	10.65	9.98	9.60	9.36	9.20	9.07	8.98	8.90	8.84	8.75	8.66	8.56	8.51	8.46	8.41	8.36	8.31	8.26
5	10.01	8.43	7.76	7.39	7.15	6.98	6.85	6.76	6.68	6.62	6.52	6.43	6.33	6.28	6.23	6.18	6.12	6.07	6.02
6	8.81	7.26	6.60	6.23	5.99	5.82	5.70	5.60	5.52	5.46	5.37	5.27	5.17	5.12	5.07	5.01	4.96	4.90	4.85
7	8.07	6.54	5.89	5.52	5.29	5.12	4.99	4.90	4.82	4.76	4.67	4.57	4.47	4.42	4.36	4.31	4.25	4.20	4.14
8	7.57	6.06	5.42	5.05	4.82	4.65	4.53	4.43	4.36	4.30	4.20	4.10	4.00	3.95	3.89	3.84	3.78	3.73	3.67
9	7.21	5.71	5.08	4.72	4.48	4.23	4.20	4.10	4.03	3.96	3.87	3.77	3.67	3.61	3.56	3.51	3.45	3.39	3.33
10	6.94	5.46	4.83	4.47	4.24	4.07	3.95	3.85	3.78	3.72	3.62	3.52	3.42	3.37	3.31	3.26	3.20	3.14	3.08
11	6.72	5.26	4.63	4.28	4.04	3.88	3.76	3.66	3.59	3.53	3.43	3.33	3.23	3.17	3.12	3.06	3.00	2.94	2.88
12	6.55	5.10	4.47	4.12	3.89	3.73	3.61	3.51	3.44	3.37	3.28	3.18	3.07	3.02	2.96	2.91	2.85	2.79	2.72
13	6.41	4.97	4.35	4.00	3.77	3.60	3.48	3.39	3.31	3.25	3.15	3.05	2.95	2.89	2.84	2.78	2.72	2.66	2.60
14	6.30	4.86	4.24	3.89	3.66	3.50	3.38	3.29	3.21	3.15	3.05	2.95	2.84	2.79	2.73	2.67	2.61	2.55	2.49
15	6.20	4.77	4.15	3.80	3.58	3.41	3.29	3.20	3.12	3.06	2.96	2.86	2.76	2.70	2.64	2.59	2.52	2.46	2.40
16	6.12	4.69	4.08	3.73	3.50	3.34	3.22	3.12	3.05	2.99	2.89	2.79	2.68	2.63	2.57	2.51	2.45	2.38	2.32
17	6.04	4.62	4.01	3.66	3.44	3.28	3.16	3.06	2.98	2.92	2.82	2.72	2.62	2.56	2.50	2.44	2.38	2.32	2.25
18	5.98	4.56	3.95	3.61	3.38	3.22	3.10	3.01	2.93	2.87	2.77	2.67	2.56	2.50	2.44	2.38	2.32	2.26	2.19
19	5.92	4.51	3.90	3.56	3.33	3.17	3.05	2.96	2.88	2.82	2.72	2.62	2.51	2.45	2.39	2.33	2.27	2.20	2.13
20	5.87	4.46	3.86	3.51	3.29	3.13	3.01	2.91	2.84	2.77	2.68	2.57	2.46	2.41	2.35	2.29	2.22	2.16	2.09
21	5.83	4.42	3.82	3.48	3.25	3.09	2.97	2.87	2.80	2.73	2.64	2.53	2.42	2.37	2.31	2.25	2.18	2.11	2.04
22	5.79	4.38	3.78	3.44	3.22	3.05	2.93	2.84	2.76	2.70	2.60	2.50	2.39	2.33	2.27	2.21	2.14	2.08	2.00
23	5.75	4.35	3.75	3.41	3.18	3.02	2.90	2.81	2.73	2.67	2.57	2.47	2.36	2.30	2.24	2.18	2.11	2.04	1.97
24	5.72	4.32	3.72	3.38	3.15	2.99	2.87	2.78	2.70	2.64	2.54	2.44	2.33	2.27	2.21	2.15	2.08	2.01	1.94
25	5.69	4.29	3.69	3.55	3.13	2.97	2.85	2.75	2.68	2.61	2.51	2.41	2.30	2.24	2.18	2.12	2.05	1.98	1.91
26	5.66	4.27	3.67	3.33	3.10	2.94	2.82	2.73	2.65	2.59	2.49	2.39	2.28	2.22	2.16	2.09	2.03	1.95	1.88
27	5.63	4.24	3.65	3.31	3.08	2.92	2.80	2.71	2.63	2.57	2.47	2.36	2.25	2.19	2.13	2.07	2.00	1.93	1.85
28	5.61	4.22	3.63	3.29	3.06	2.90	2.78	2.69	2.61	2.55	2.45	2.34	2.23	2.17	2.11	2.05	1.98	1.91	1.83
29	5.59	4.20	3.61	3.27	3.04	2.88	2.76	2.67	2.59	2.53	2.43	2.32	2.21	2.15	2.09	2.03	1.96	1.89	1.81
30	5.57	4.18	3.59	3.25	3.03	2.87	2.75	2.65	2.57	2.51	2.41	2.31	2.20	2.14	2.07	2.01	1.94	1.87	1.79
40	5.42	4.05	3.46	3.13	2.90	2.74	2.62	2.53	2.45	2.39	2.29	2.18	2.07	2.01	1.94	1.88	1.80	1.72	1.64
60	5.29	3.93	3.34	3.01	2.79	2.63	2.51	2.41	2.33	2.27	2.17	2.06	1.94	1.88	1.82	1.74	1.67	1.58	1.48
120	5.15	3.80	3.23	2.89	2.67	2.52	2.39	2.30	2.22	2.16	2.05	1.94	1.82	1.76	1.69	1.61	1.53	1.43	1.31
∞	5.02	3.69	3.12	2.79	2.57	2.41	2.29	2.19	2.11	2.05	1.94	1.83	1.71	1.64	1.57	1.48	1.39	1.27	1.00

$P(F(n_1,n_2)>F_\alpha(n_1,n_2))=\alpha,\alpha=0.01$ （续）

n_2 \ n_1	1	2	3	4	5	6	7	8	9	10	12	15	20	24	30	40	60	120	∞
1	4 052	5 000	5 403	5 625	5 764	5 859	5 928	5 982	6 022	6 056	6 106	6 057	6 209	6 235	6 261	6 287	6 313	6 339	6 366
2	98.50	99.00	99.17	99.25	99.30	99.33	99.36	99.37	99.39	99.40	99.42	99.43	99.45	99.46	99.47	99.47	99.48	99.49	99.50
3	34.12	30.82	29.46	28.71	28.24	27.91	27.67	27.49	27.35	27.23	27.05	26.87	26.69	26.60	26.50	26.41	26.32	26.22	26.13
4	21.20	18.00	16.69	15.98	15.52	15.21	14.98	14.80	14.66	14.55	14.37	14.20	14.02	13.93	13.84	13.75	13.65	13.56	13.46
5	16.26	13.27	12.06	11.39	10.97	10.67	10.43	10.29	10.16	10.05	9.89	9.72	9.55	9.47	9.38	9.29	9.20	9.11	9.02
6	13.75	10.92	9.78	9.15	8.75	8.47	8.26	8.10	7.98	7.87	7.72	7.56	7.40	7.31	7.23	7.14	7.06	6.97	6.88
7	12.25	9.55	8.45	7.85	7.46	7.19	6.99	6.84	6.72	6.62	6.47	6.31	6.16	6.07	5.99	5.91	5.82	5.74	5.65
8	11.26	8.65	7.59	7.01	6.63	6.37	6.18	6.03	5.91	5.81	5.67	5.52	5.36	5.28	5.20	5.12	5.03	4.95	4.86
9	10.56	8.02	6.99	6.42	6.06	5.80	5.61	5.47	5.35	5.26	5.11	4.96	4.81	4.73	4.65	4.57	4.48	4.40	4.31
10	10.04	7.56	6.55	5.99	5.64	5.39	5.20	5.06	4.94	4.85	4.71	4.56	4.41	4.33	4.25	4.17	4.08	4.00	3.91
11	9.65	7.21	6.22	5.67	5.32	5.07	4.89	4.74	4.63	4.54	4.40	4.25	4.10	4.02	3.94	3.86	3.78	3.69	3.60
12	9.33	6.93	5.95	5.41	5.06	4.82	4.64	4.50	4.39	4.30	4.16	4.01	3.86	3.78	3.70	3.62	3.54	3.45	3.36
13	9.07	6.70	5.74	5.21	4.86	4.62	4.44	4.30	4.19	4.10	3.96	3.82	3.66	3.59	3.51	3.43	3.34	3.25	3.17
14	8.86	6.51	5.56	5.04	4.69	4.46	4.28	4.14	4.03	3.94	3.80	3.66	3.51	3.43	3.35	3.27	3.18	3.09	3.00
15	8.68	6.36	5.42	4.89	4.56	4.32	4.14	4.00	3.89	3.80	3.67	3.52	3.37	3.29	3.21	3.13	3.05	2.96	2.87
16	8.53	6.23	5.29	4.77	4.44	4.20	4.03	3.89	3.78	3.69	3.55	3.41	3.26	3.18	3.10	3.02	2.93	2.84	2.75
17	8.40	6.11	5.18	4.67	4.34	4.10	3.93	3.79	3.68	3.59	3.46	3.31	3.16	3.08	3.00	2.92	2.83	2.75	2.65
18	8.29	6.01	5.09	4.58	4.25	4.01	3.84	3.71	3.60	3.51	3.37	3.23	3.08	3.00	2.92	2.84	2.75	2.66	2.57
19	8.18	5.93	5.01	4.50	4.17	3.94	3.77	3.63	3.52	3.43	3.30	3.15	3.00	2.92	2.84	2.76	2.67	2.58	2.49
20	8.10	5.85	4.94	4.43	4.10	3.87	3.70	3.56	3.46	3.37	3.23	3.09	2.94	2.86	2.78	2.69	2.61	2.52	2.42
21	8.02	5.78	4.87	4.37	4.04	3.81	3.64	3.51	3.40	3.31	3.17	3.03	2.88	2.80	2.72	2.64	2.55	2.46	2.36
22	7.95	5.72	4.82	4.31	3.99	3.76	3.59	3.45	3.35	3.26	3.12	2.98	2.83	2.75	2.67	2.58	2.50	2.40	2.31
23	7.88	5.66	4.76	4.26	3.94	3.71	3.54	3.41	3.30	3.21	3.07	2.93	2.78	2.70	2.62	2.54	2.45	2.35	2.26
24	7.82	5.61	4.72	4.22	3.90	3.67	3.50	3.36	3.26	3.17	3.03	2.89	2.74	2.66	2.58	2.49	2.40	2.31	2.21
25	7.77	5.57	4.68	4.18	3.85	3.63	3.46	3.32	3.22	3.13	2.99	2.85	2.70	2.62	2.54	2.45	2.36	2.27	2.17
26	7.72	5.53	4.64	4.14	3.82	3.59	3.42	3.29	3.18	3.09	2.96	2.81	2.66	2.58	2.50	2.42	2.33	2.23	2.13
27	7.68	5.49	4.60	4.11	3.78	3.56	3.39	3.26	3.15	3.06	2.93	2.78	2.63	2.55	2.47	2.38	2.29	2.20	2.10
28	7.64	5.45	4.57	4.07	3.75	3.53	3.36	3.23	3.12	3.03	2.90	2.75	2.60	2.52	2.44	2.35	2.26	2.17	2.06
29	7.60	5.42	4.54	4.04	3.73	3.50	3.33	3.20	3.09	3.00	2.97	2.73	2.57	2.49	2.41	2.33	2.23	2.14	2.03
30	7.56	5.39	4.51	4.02	3.70	3.47	3.30	3.17	3.07	2.98	2.84	2.70	2.55	2.47	2.39	2.30	2.21	2.11	2.01
40	7.31	5.18	4.31	3.83	3.51	3.29	3.12	2.99	2.89	2.80	2.66	2.52	2.37	2.29	2.20	2.11	2.02	1.92	1.80
60	7.08	4.98	4.13	3.65	3.34	3.12	2.95	2.82	2.72	2.63	2.50	2.35	2.20	2.12	2.03	1.94	1.84	1.73	1.60
120	6.85	4.79	3.95	3.48	3.17	2.96	2.79	2.66	2.56	2.47	2.34	2.19	2.03	1.95	1.86	1.76	1.66	1.53	1.38
∞	6.63	4.61	3.78	3.32	3.02	2.80	2.64	2.51	2.41	2.32	2.18	2.04	1.88	1.79	1.70	1.59	1.47	1.32	1.00

$P(F(n_1,n_2)>F_\alpha(n_1,n_2))=\alpha,\alpha=0.005$ （续）

n_2 \ n_1	1	2	3	4	5	6	7	8	9	10	12	15	20	24	30	40	60	120	∞
1	16 211	20 000	21 615	22 500	23 056	23 437	23 715	23 925	24 091	24 224	24 426	24 630	24 836	24 940	25 044	25 148	25 253	25 359	25 465
2	198.5	199.0	199.2	199.2	199.3	199.3	199.4	199.4	199.4	199.4	199.4	199.4	199.4	199.5	199.5	199.5	199.5	199.5	199.5
3	55.55	49.80	47.47	46.19	45.39	44.84	44.43	44.13	43.88	43.69	43.39	43.08	42.78	42.62	42.47	42.31	42.15	41.99	41.83
4	31.33	26.28	24.26	23.15	22.46	21.97	21.62	21.35	21.14	20.97	20.70	20.44	20.17	20.03	19.89	19.75	19.61	19.47	19.32
5	22.78	18.31	16.53	15.56	14.94	14.51	14.20	13.96	13.77	13.62	13.38	13.15	12.90	12.78	12.66	12.53	12.40	12.27	12.14
6	18.63	14.54	12.92	12.03	11.46	11.07	10.79	10.57	10.39	10.25	10.03	9.81	9.59	9.47	9.36	9.24	9.12	9.00	8.88
7	16.24	12.40	10.88	10.05	9.52	9.16	8.89	8.68	8.51	8.38	8.18	7.97	7.75	7.65	7.53	7.42	7.31	7.19	7.08
8	14.69	11.04	9.60	8.81	8.30	7.95	7.69	7.50	7.34	7.21	7.01	6.81	6.61	6.50	6.40	6.29	6.18	6.06	5.95
9	13.61	10.11	8.72	7.96	7.47	7.13	6.88	6.69	6.54	6.42	6.23	6.03	5.83	5.73	5.62	5.52	5.41	5.30	5.19
10	12.83	9.43	8.08	7.34	6.87	6.54	6.30	6.12	5.97	5.85	5.66	5.47	5.27	5.17	5.07	4.97	4.86	4.75	4.64
11	12.23	8.91	7.60	6.88	6.42	6.10	5.86	5.68	5.54	5.42	5.24	5.05	4.86	4.76	4.65	4.55	4.44	4.34	4.23
12	11.75	8.51	7.23	6.52	6.07	5.76	5.52	5.35	5.20	5.09	4.91	4.72	4.53	4.43	4.33	4.23	4.12	4.01	3.90
13	11.37	8.19	6.93	6.23	5.79	5.48	5.25	5.08	4.94	4.82	4.64	4.46	4.27	4.17	4.07	3.97	3.87	3.76	3.65
14	11.06	7.92	6.68	6.00	5.56	5.26	5.03	4.86	4.72	4.60	4.43	4.25	4.06	3.96	3.86	3.76	3.66	3.55	3.44
15	10.80	7.70	6.48	5.80	5.37	5.07	4.85	4.67	4.54	4.42	4.25	4.07	3.88	3.79	3.69	3.58	3.48	3.37	3.26
16	10.58	7.51	6.30	5.64	5.21	4.91	4.69	4.52	4.38	4.27	4.10	3.92	3.73	3.64	3.54	3.44	3.33	3.22	3.11
17	10.38	7.35	6.16	5.50	5.07	4.78	4.56	4.39	4.25	4.14	3.97	3.79	3.61	3.51	3.41	3.31	3.21	3.10	2.98
18	10.22	7.21	6.03	5.37	4.96	4.66	4.44	4.28	4.14	4.03	3.86	3.68	3.50	3.40	3.30	3.20	3.10	2.99	2.87
19	10.07	7.09	5.92	5.27	4.85	4.56	4.34	4.18	4.04	3.93	3.76	3.59	3.40	3.31	3.21	3.11	3.00	2.89	2.78
20	9.94	6.99	5.82	5.17	4.76	4.47	4.26	4.09	3.96	3.85	3.68	3.50	3.32	3.22	3.12	3.02	2.92	2.81	2.69
21	9.83	6.89	5.73	5.09	4.68	4.39	4.18	4.01	3.88	3.77	3.60	3.43	3.24	3.15	3.05	2.95	2.84	2.73	2.61
22	9.73	6.81	5.65	5.02	4.61	4.32	4.11	3.94	3.81	3.70	3.54	3.36	3.18	3.08	2.98	2.88	2.77	2.66	2.55
23	9.63	6.73	5.58	4.95	4.54	4.26	4.05	3.88	3.75	3.64	3.47	3.30	3.12	3.02	2.92	2.82	2.71	2.60	2.48
24	9.55	6.66	5.52	4.89	4.49	4.20	3.99	3.83	3.69	3.59	3.42	3.25	3.06	2.97	2.87	2.77	2.66	2.55	2.43
25	9.48	6.60	5.46	4.84	4.43	4.15	3.94	3.78	3.64	3.54	3.37	3.20	3.01	2.92	2.82	2.72	2.61	2.50	2.38
26	9.41	6.54	5.41	4.79	4.38	4.10	3.89	3.73	3.60	3.49	3.33	3.15	2.97	2.87	2.77	2.67	2.56	2.45	2.33
27	9.34	6.49	5.36	4.74	4.34	4.06	3.85	3.69	3.56	3.45	3.28	3.11	2.93	2.83	2.73	2.63	2.52	2.41	2.29
28	9.28	6.44	5.32	4.70	4.30	4.02	3.81	3.65	3.52	3.41	3.25	3.07	2.89	2.79	2.69	2.59	2.48	2.37	2.25
29	9.23	6.40	5.28	4.66	4.26	3.98	3.77	3.61	3.48	3.38	3.21	3.04	2.86	2.76	2.66	2.56	2.45	2.33	2.21
30	9.18	6.35	5.24	4.62	4.23	3.95	3.74	3.58	3.45	3.34	3.18	3.01	2.82	2.73	2.63	2.52	2.42	2.30	2.18
40	8.83	6.07	4.98	4.37	3.99	3.71	3.51	3.35	3.22	3.12	2.95	2.78	2.60	2.50	2.40	2.30	2.18	2.06	1.93
60	8.49	5.79	4.73	4.14	3.76	3.49	3.29	3.13	3.01	2.90	2.74	2.57	2.39	2.29	2.19	2.08	1.96	1.83	1.69
120	8.18	5.54	4.50	3.92	3.55	3.28	3.09	2.93	2.81	2.71	2.54	2.37	2.19	2.09	1.98	1.87	1.75	1.61	1.43
∞	7.88	5.30	4.28	3.72	3.35	3.09	2.90	2.74	2.62	2.52	2.36	2.19	2.00	1.90	1.79	1.67	1.53	1.36	1.00

习题答案与提示

习题1 答案

1. (1) $\Omega=\{111,110,101,011,100,010,001,000\}$,其中 1 表示命中目标,0 表示未命中目标;

(2) $\Omega=\{2,3,4,\cdots,36\}$;

(3) $\Omega=\{1,2,3,\cdots\}$;

(4) $\Omega=\{\mathrm{d} \mid \mathrm{d}\geqslant 0\}$;

(5) $\Omega=\{(x,y) \mid x^2+y^2<1\}$.

2. (1) $A\bar{B}\bar{C}$; (2) ABC;(3) $\bar{A}\bar{B}\bar{C}$;(4) $AB\bar{C}\cup A\bar{B}C\cup \bar{A}BC$;(5) $A\cup B\cup C$;

(6) $AB\bar{C}\cup A\bar{B}C\cup \bar{A}BC\cup ABC$ 或 $AB\cup AC\cup BC$;

(7) $A\bar{B}\bar{C}\cup \bar{A}B\bar{C}\cup \bar{A}\bar{B}C\cup \bar{A}\bar{B}\bar{C}$ 或 $\bar{A}\bar{B}\cup \bar{B}\bar{C}\cup \bar{A}\bar{C}$ 或$\overline{AB\cup AC\cup BC}$;

(8) $AB\bar{C}\cup A\bar{B}C\cup \bar{A}BC\cup A\bar{B}\bar{C}\cup \bar{A}B\bar{C}\cup \bar{A}\bar{B}C\cup \bar{A}\bar{B}\bar{C}$ 或$\overline{ABC}$;

(9) $(A\cup B)\bar{C}$.

3. (1) {目标被击中} $=A\cup B\cup C$,{目标被击中一次} $=A\bar{B}\bar{C}\cup \bar{A}\bar{B}C\cup \bar{A}B\bar{C}$;

(2) $AB\cup AC\cup BC=$ {甲、乙、丙三人至少有两人击中目标},$\overline{A\cup B}=$ {甲、乙都未击中目标},$\overline{AB}=$ {甲、乙二人至少有一人击中目标}.

4. $A_i\subset B(i=0,1,2,3)$,A_0,A_1,A_2,A_3,C 两两互不相容,B 与 C 互不相容,B 与 C 互为对立事件.

5. 略.

6. (1) 对;(2) 错;(3) 对.

7. 0. 57,0. 47,0. 97.

8. (1) 0. 6,0. 4;(2) 0. 6,0. 4;(3) 0,0. 2,0. 4.

9. (1) 0. 8;(2) 0. 2;(3) 0. 3.

10. (1) 0. 69;(2) 0. 17.

11. (1) $\frac{15}{28}$;(2) $\frac{9}{14}$.

12. (1) $\frac{1}{17}$;(2) $\frac{4}{17}$.

13. 0. 0073.

14. 0. 27.

15. $\frac{7}{8}$.

16. $\frac{5}{12}$.

17. (1) 0. 988;(2) 0. 058.

18. 0. 25.

19. （1）$\frac{8}{45}$；（2）$\frac{16}{45}$；（3）$\frac{28}{45}$；（4）$\frac{1}{5}$.

20. （1）$\frac{24}{55}$；（2）$\frac{38}{55}$.

21. 0.949.

22. （1）0.943；（2）0.85.

23. 0.477.

24. 0.8.

25. $\frac{2}{3}$.

26. 4 名.

27. 略.

28. （1）0.0729；（2）0.40951.

29. 0.0512.

30. （1）$\frac{81}{256}$；（2）$\frac{27}{128}$；（3）$\frac{255}{256}$.

习题 2 答案

1. $\frac{3}{31}, \frac{12}{31}, \frac{30}{31}$.

2. 分布律

X	-3	1	2
P	$\frac{1}{3}$	$\frac{1}{2}$	$\frac{1}{6}$

分布函数 $F(x)=\begin{cases}0, & x<-3,\\ \frac{1}{3}, & -3\leqslant x<1,\\ \frac{5}{6}, & 1\leqslant x<2,\\ 1, & x\geqslant 2.\end{cases}$

3. $X \sim \begin{pmatrix}0 & 1 & 2 & 3 & 4\\ 0.0016 & 0.064 & 0.032 & 0.16 & 0.8\end{pmatrix}$.

4. $X_1 \sim \begin{pmatrix}2 & 3 & 4 & 5 & 6 & 7 & 8 & 9 & 10 & 11 & 12\\ \frac{1}{36} & \frac{2}{36} & \frac{3}{36} & \frac{4}{36} & \frac{5}{36} & \frac{6}{36} & \frac{5}{36} & \frac{4}{36} & \frac{3}{36} & \frac{2}{36} & \frac{1}{36}\end{pmatrix}$,

$X_2 \sim \begin{pmatrix}1 & 2 & 3 & 4 & 5 & 6\\ \frac{11}{36} & \frac{9}{36} & \frac{7}{36} & \frac{5}{36} & \frac{3}{36} & \frac{1}{36}\end{pmatrix}$

5. $p=\frac{1}{2}, \frac{15}{64}$.

6. 9.

7. 0. 004676.

8. $a=-\frac{3}{2}, b=\frac{7}{4}$.

9. (1) $\frac{1}{2}$;(2) $\frac{1}{2}(1-e^{-1})$;(3) $F(x)=\begin{cases}\frac{1}{2}e^{x}, & x<0,\\ 1-\frac{1}{2}e^{-x}, & x\geqslant 0.\end{cases}$

10. (1) $F(x)=\begin{cases}0, & x<0,\\ \frac{1}{2}x^2, & 0\leqslant x<1,\\ -\frac{1}{2}x^2+2x-1, & 1\leqslant x<2,\\ 1, & x\geqslant 2.\end{cases}$ (2) 0. 125,0. 245,0. 66.

11. (1) $C=\frac{2}{\pi}$;(2) $F(x)=\begin{cases}0, & x<0,\\ \frac{2}{\pi}\arcsin x, & 0\leqslant x<1,\\ 1, & x\geqslant 1.\end{cases}$

12. (1) $b=e$;(2) $F(x)=\begin{cases}0, & x<1,\\ x\ln x-x+1, & 1\leqslant x<e,\\ 1, & x\geqslant e.\end{cases}$

13. $f(x)=\begin{cases}0, & x\leqslant 0,\\ xe^{-x}, & x>0,\end{cases}$ $1-2e^{-1}, 3e^{-2}$.

14. $f(x)=\begin{cases}100, & -0,005<x<0.005,\\ 0, & \text{其他}.\end{cases}$.

15. 0. 6.

16. (1) e^{-2};(2) 0. 8617.

17. 0. 5328,0. 9996,0. 6977,0. 5.

18. 0. 0456.

19. 31. 25.

20. (1) $X+2$ 的分布律

$X+2$	0	1.5	2	4	6
P	$\frac{1}{8}$	$\frac{1}{4}$	$\frac{1}{8}$	$\frac{1}{6}$	$\frac{1}{3}$

(2) $1-X$ 的分布律

$1-X$	-3	-1	1	1.5	3
P	$\frac{1}{3}$	$\frac{1}{6}$	$\frac{1}{8}$	$\frac{1}{4}$	$\frac{1}{8}$

(3) X^2的分布律

X^2	0	0.25	4	16
P	$\frac{1}{8}$	$\frac{1}{4}$	$\frac{7}{24}$	$\frac{1}{3}$

21. (1) $Y_1=\frac{2}{3}X+2$ 的分布律

Y_1	2	$2+\frac{\pi}{3}$	$2+\frac{2\pi}{3}$
P	$\frac{1}{4}$	$\frac{1}{2}$	$\frac{1}{4}$

(2) $Y_2=\cos X$ 的分布律

Y_2	-1	0	1
P	$\frac{1}{4}$	$\frac{1}{2}$	$\frac{1}{4}$

22. (1) $f_Z(z)=\begin{cases}\frac{z}{2}, & 0<z<2,\\ 0, & \text{其他};\end{cases}$

(2) $f_Z(z)=\begin{cases}2(1-z), & 0<z<1,\\ 0, & \text{其他};\end{cases}$

(3) $f_Z(z)=\begin{cases}1, & 0<z<1,\\ 0, & \text{其他}.\end{cases}$

23. $f_Y(y)=\begin{cases}\frac{1}{\sqrt{2\pi y}}e^{-\frac{y}{2}}, & y\geqslant 0,\\ 0, & \text{其他}.\end{cases}$

24. $f_Y(y)=\begin{cases}1, & 0<y<1,\\ 0, & \text{其他}.\end{cases}$

25. $f_Y(y)=\frac{2}{\pi(1+e^{2y})}e^{y}, -\infty<y<+\infty$.

26. $f_Y(y)=\begin{cases}\frac{1}{2}e^{-\frac{y}{2}}, & y>0,\\ 0, & \text{其他}.\end{cases}$

习题3答案

1.

X \ Y	1	2	3	$p_{i\cdot}$
1	$\frac{1}{3}$	0	0	$\frac{1}{3}$
2	$\frac{1}{6}$	$\frac{1}{6}$	0	$\frac{1}{3}$
3	$\frac{1}{9}$	$\frac{1}{9}$	$\frac{1}{9}$	$\frac{1}{3}$
$p_{\cdot j}$	$\frac{11}{18}$	$\frac{5}{18}$	$\frac{1}{9}$	

2. (1)

X \ Y	0	1	2
0	0	0	$\frac{1}{35}$
1	0	$\frac{6}{35}$	$\frac{6}{35}$
2	$\frac{3}{35}$	$\frac{12}{35}$	$\frac{3}{35}$
3	$\frac{2}{35}$	$\frac{2}{35}$	0

(2) 0.8.

3.

X \ Y	0	1	2	3	4
0	$\frac{1}{70}$	$\frac{4}{35}$	$\frac{3}{35}$	0	0
1	0	$\frac{4}{35}$	$\frac{12}{35}$	$\frac{4}{35}$	0
2	0	0	$\frac{3}{35}$	$\frac{4}{35}$	$\frac{1}{70}$

4.

$X \backslash Y$	1	2	3	4	5	6	$p_{i\cdot}$
1	$\frac{1}{36}$	$\frac{1}{36}$	$\frac{1}{36}$	$\frac{1}{36}$	$\frac{1}{36}$	$\frac{1}{36}$	$\frac{1}{6}$
2	0	$\frac{1}{18}$	$\frac{1}{36}$	$\frac{1}{36}$	$\frac{1}{36}$	$\frac{1}{36}$	$\frac{1}{6}$
3	0	0	$\frac{1}{12}$	$\frac{1}{36}$	$\frac{1}{36}$	$\frac{1}{36}$	$\frac{1}{6}$
4	0	0	0	$\frac{1}{9}$	$\frac{1}{36}$	$\frac{1}{36}$	$\frac{1}{6}$
5	0	0	0	0	$\frac{5}{36}$	$\frac{1}{36}$	$\frac{1}{6}$
6	0	0	0	0	0	$\frac{1}{6}$	$\frac{1}{6}$
$p_{\cdot j}$	$\frac{1}{36}$	$\frac{1}{12}$	$\frac{5}{36}$	$\frac{7}{36}$	$\frac{1}{4}$	$\frac{11}{36}$	

不独立.

5. $\frac{5}{8}$.

6. $f_X(x)=\begin{cases}2.4x^2(2-x), & 0\leqslant x\leqslant 1\\ 0, & 其他\end{cases}$, $f_Y(y)=\begin{cases}2.4y(3-4y+y^2), & 0\leqslant y\leqslant 1\\ 0, & 其他\end{cases}$.

7. (1) $f(x,y)=\begin{cases}6, & (x,y)\in G\\ 0, & 其他\end{cases}$;

(2) $f_X(x)=\begin{cases}6(x-x^2), & 0\leqslant x\leqslant 1\\ 0, & 其他\end{cases}$, $f_Y(y)=\begin{cases}6(\sqrt{y}-y), & 0\leqslant y\leqslant 1\\ 0, & 其他\end{cases}$.

8. (1) $A=15$;

(2) $f_X(x)=\begin{cases}\frac{15}{2}x^2(1-x^2), & 0<x<1,\\ 0, & 其他.\end{cases}$ $f_Y(y)=\begin{cases}5y^4, & 0<y<1,\\ 0, & 其他.\end{cases}$

(3) $\frac{17}{64}$.

9. (1) $k=12$;

(2) $F(x,y)=\begin{cases}(1-\mathrm{e}^{-3x})(1-\mathrm{e}^{-4y}), & x>0, y>0,\\ 0, & 其他.\end{cases}$

(3) $(1-\mathrm{e}^{-3})(1-\mathrm{e}^{-4})$.

10. (1) $f_X(x)=\begin{cases}\mathrm{e}^{-x}, & x\geqslant 0,\\ 0, & 其他.\end{cases}$ $f_Y(y)=\begin{cases}y\mathrm{e}^{-y}, & y\geqslant 0,\\ 0, & 其他.\end{cases}$

(2) 不独立.

11. 略.

12. (1)

Z_1	0	1	2	3	4
P	0.05	0.1	0.3	0.25	0.3

(2)

Z_2	0	1	2	3
P	0.05	0.2	0.45	0.3

(3)

Z_3	0	1	2
P	0.45	0.45	0.1

13. (1)

Z_1	0	1	2
P	0.5625	0.3750	0.0625

(2)

Z_2	0	2
P	0.75	0.25

14. $f_Z(z)=\begin{cases}0, & z\leqslant 0,\\ 1-\mathrm{e}^{-z}, & 0<z\leqslant 1,\\ (\mathrm{e}-1)\mathrm{e}^{-z}, & z>1.\end{cases}$

15. $\frac{4}{5},\frac{3}{5}$.

16. (1) $U\sim\begin{pmatrix}0 & 1\\ \frac{4}{9} & \frac{5}{9}\end{pmatrix}, V\sim\begin{pmatrix}0 & 1\\ \frac{8}{9} & \frac{1}{9}\end{pmatrix}$;

(2)

U \ V	0	1
0	$\frac{4}{9}$	0
1	$\frac{4}{9}$	$\frac{1}{9}$

习题 4 答案

1. 乙机床较好.

2. 3.

3. 1.2.

4. $\frac{1}{3},\frac{2}{3},\frac{35}{24}$.

5. $k=3,a=2$.

6. (1) 1;(2) 1;(3) $\frac{19}{6}$;(4) $\frac{14}{3}$.

7. (1) 2;(2) $\frac{1}{3}$.

8. 4.

9. 0.501,0.432.

10. 1.

11. 2,2.

12. 27.

13. $-\frac{1}{2}(1+\ln 2)$.

14. $\frac{1}{\lambda},\frac{1}{\lambda^2}$.

15. 0,0.5.

16. $[1+(a-1)p]^n-2$.

17. 略.

18. $\frac{7}{6},\frac{7}{6},-\frac{1}{36},-\frac{1}{11},\frac{5}{9}$.

19. 不独立.

20. 61,21.

21. $\sqrt{\frac{2}{\pi}},1-\frac{2}{\pi}$.

22. 0.

23. $\sum_{i=1}^{n} p_i$.

24. $\frac{a}{3},\frac{a^2}{18}$.

25. 60s,1200s^2.

26. 4.5,0.45.

27. 2,2.

28. $0,\frac{\pi^2}{12}-\frac{1}{2}$.

29. $\frac{1}{2},\frac{3}{4}$.

30. $\frac{1}{2},\frac{13}{4}$.

31. $\frac{4}{5},\frac{3}{5},\frac{1}{2},\frac{16}{15}$.

32. $\frac{1}{\pi}\ln 2+\frac{1}{2}$.

33. $\frac{1}{18}$.

34. 0.

35. (1) $\frac{1}{3}$,3;(2) 0.

36. $\frac{2}{3}$,0,0.

37. (1) $\frac{1}{3}$,3;(2) 0;(3) 相互独立.

38. (1) $\frac{1}{4}$;(2) $-\frac{2}{3}$.

39. 略.

40. 略.

41. $\mu_k=\begin{cases}0, & k \text{ 为奇数},\\ \lambda^k k!, & k \text{ 为偶数}.\end{cases}$

42. 略.

习题5答案

1. $\frac{1}{3},\frac{1}{3}$.

2. $P(|X+Y|\geqslant 6)\leqslant\frac{1}{12}$.

3. 0.95.

4. 20,6.

5. 0.9544.

6. 0.0021.

7. 224.

8. 0,0.5

9. 0.0003,0.5.

10. $\frac{1}{12}$.

11. $\frac{1}{2}$.

12. 略.

13. 略.

14. 略.

习题 6 答案

1. 略.
2. 略.
3. $P(X_1=x_1,X_2=x_2,\cdots,X_n=x_n)=p^{\sum\limits_{k=1}^{n}x_k}(1-p)^{n-\sum\limits_{k=1}^{n}x_k}$.
4. $f(x_1,x_2,\cdots,x_n)=\begin{cases}\lambda^n e^{-\lambda\sum\limits_{k=1}^{n}x_k}, & x_1,x_2,\cdots,x_n>0,\\ 0, & \text{其他}.\end{cases}$
5. $f(x_1,x_2,\cdots,x_{10})=\dfrac{1}{(2\pi\sigma^2)^5}e^{-\sum\limits_{i=1}^{10}\frac{(x_i-\mu)^2}{2\sigma^2}}$.
6. (1)(3)(4)是;(2)(5)(6)不是.
7. $\bar{x}=10,s^2=\dfrac{52}{6},m_2=\dfrac{52}{7}$.
8. $E(\bar{X})=\dfrac{1}{\lambda},D(\bar{X})=\dfrac{1}{n\lambda^2},E(S^2)=\dfrac{1}{\lambda^2}$.
9. (1) 9.39;(2) 2.528;(3) 2.6025;(4) 3.01;(5) $\dfrac{1}{3.24}$;(6) 2.33.
10. 略.
11. $a_1=\dfrac{1}{2},a_2=\dfrac{1}{3},a_3=1$,自由度为3.
12. $a=\dfrac{1}{5},b=\dfrac{1}{25}$,自由度为2.
13. (1) 0.673;(2) 16.
14. 0.01.
15. 0.9.
16. 0.3156.
17. 略.

习题 7 答案

1. $\hat{\theta}=2\bar{X}-1$.
2. $\bar{x}=3.301,s^2=0.03281$.
3. $\hat{\theta}=\dfrac{1}{4}$.
4. $\bar{X},\bar{X}$.
5. 0.00049.
6. $\hat{\theta}=\dfrac{2\bar{X}-1}{1-\bar{X}},\hat{\theta}=-\dfrac{n}{\sum\limits_{i=1}^{n}\ln X_i}-1$.

7. $\hat{\theta} = \left(\frac{\bar{x}}{1-\bar{x}}\right)^2$, $\hat{\theta} = \frac{n^2}{(\sum_{i=1}^{n} \ln x_i)^2}$.

8. (1) $\hat{\theta} = -\bar{X}$,(2) $\hat{\theta} = \frac{2n}{\sum_{i=1}^{n} \frac{1}{X_i}}$.

9. $\hat{\theta} = 2\bar{X} - \frac{1}{2}$,是无偏估计.

10. 略.

11. $\hat{\mu}_1$,$\hat{\mu}_3$是无偏估计,$\hat{\mu}_3$更有效.

12. (4.2304,6.7096).

13. (2722.827,3257.173).

14. (1)(573.619,576.781);(2)(568.975,581.425).

15. (14.9576,15.0024).

16. (−1.8695,2.4251),(3.5606,28.64).

17. (0.0013,0.0058).

18. (92.65,207.35).

19. (1209.7,1290.3).

20. (1)(18.826,41.174);(2)(9.226,50.774);(3)(0.6617,10.747).

习题8答案

1. 略.

2. 略.

3. 不合格,不合格.

4. 可认为平均成绩为70分.

5. 患者脉搏与正常人脉搏有显著性差异.

6. 不能认为当前猪肉的价格高于去年的价格.

7. 改革后重量的方差与改革前无显著性差异.

8. 产品寿命的波动比以往是有显著性增大.

9. (1) 可以认为该地区的初婚年龄已超过25岁;(2) 可以认为该地区的初婚年龄的标准差为3岁.

10. (1) 可以认为熔断时间的平均值大于60ms;(2) 可以认为熔断时间的标准差大于10ms.

11. 机器生产不正常.

12. 甲、乙两厂灯泡的平均寿命有显著差异.

13. $\alpha = 0.05$ 时认为这两所学校的学生智商有显著差异;$\alpha = 0.01$ 时不能认为这两所学校的学生智商有显著差异.

14. 可以认为两个样本是来自于相同方差的正态总体.

15. (1) 不能认为两种香烟的尼古丁含量有显著差异;(2) 可以认为两种香烟的尼古丁含量有显著差异.

16. (1) 两机床加工的产品精度无显著差异;(2) 可以认为两机床加工的产品直径的均值相等.

17. 两个班学生的概率统计成绩的平均值无显著性差异.

习题9答案

1. 略.
2. 略.
3. 略.
4. $\hat{y}=9.273+1.436x$.
5. (1) 略;(2) 0.953;(3) $\hat{y}=-1.5+7.5x$;(4) 19.167.
6. $\hat{y}=0.05+0.96x$.
7. (1) $\hat{y}=2.56+0.56x$;(2) 略.
8. (1) 略;(2) $\hat{y}=6.5-1.6x$;(3) 略;(4) 1.38.
9. $\hat{y}=103.513+0.955x$, 112.108.

参 考 文 献

[1] 同济大学数学系.概率统计简明教程[M].2版.北京:高等教育出版社,2003.

[2] 李博纳,赵新泉.概率论与数理统计[M].北京:高等教育出版社,2006.

[3] 龚德恩,范培华,胡显佑.经济数学基础:第三分册[M].成都:四川人民出版社,2005.

[4] SHELDON M ROSS.概率论基础教程[M].7版.郑忠国,詹从赞,译.北京:人民邮电出版社,2007.

[5] DIMITRI P BERTSEKAS,JOHN N TSITSIKLIS.概率导论[M].2版.郑忠国,童行伟,译.北京:人民邮电出版社,2009.

[6] Peter Olofsson.生活中的概率趣事[M].赵莹,译.北京:机械工业出版社,2014.

[7] 肖宇谷.数学[M].北京:中国财政经济出版社,2010.

[8] 葛余博.概率论与数理统计[M].北京:清华大学出版社,2005.

[9] 刘舒强,金明爱.概率论与数理统计[M].北京:科学出版社,2010.

[10] 吴赣昌.概率论与数理统计(理工类)[M].4版.北京:中国人民大学出版社,2006.

[11] 李其琛,曹伟平.概率论与数理统计[M].2版.南京:南京大学出版社,2013.

[12] 李昌兴.概率论与数理统计及其应用[M].北京:人民邮电出版社,2012.

[13] 李俊林.概率统计与建模[M].北京:科学出版社,2015.

[14] 赵喜林,李德宜,龚谊承.应用数理统计与SPSS[M].武汉:武汉大学出版社,2014.

[15] 唐年胜.应用回归分析[M].北京:科学出版社,2014.